"兵头将尾"的客户中心管理

万号大学

10000 UNIVERSITY

CREATE A CUSTOMER CENTER LEARNING ORGANIZATION

打造客户中心学习型组织

李梁 潘红梅◎编著

成都时代出版社

图书在版编目(CIP)数据

万号大学 ：打造客户中心学习型组织 / 李梁，潘红梅编著. -- 成都 ：成都时代出版社，2019.1

ISBN 978-7-5464-2240-4

Ⅰ. ①万… Ⅱ. ①李… ②潘… Ⅲ. ①企业管理－组织管理学 Ⅳ. ①F272.9

中国版本图书馆CIP数据核字(2018)第263454号

万号大学 —— 打造客户中心学习型组织
WANHAO DAXUE — DAZAO KEHU ZHONGXIN XUE XIXING ZUZHI
李梁 潘红梅 编著

出 品 人 李文凯
责任编辑 蒋雪梅
责任校对 李茜蕾
装帧设计 风入松文化
责任印制 唐莹莹

出版发行 成都时代出版社
电　　话 (028) 86742352（编辑部）
　　　　 (028) 86615182（发行部）
网　　址 www.chengdusd.com
印　　刷 北京人教方成彩色印刷有限公司
规　　格 170mm × 240mm
印　　张 15.75
字　　数 280千
版　　次 2019年1月第1版
印　　次 2019年1月第1次印刷
书　　号 ISBN 978-7-5464-2240-4
定　　价 46.00元

人机耦合时代，运营依然是客户契动的核心!

2016 年因为一个看似偶然的事件（AlphaGo 与李世石的世纪大战）而成为人工智能的元年。从那一天开始，我们就在密切地关注着 AI 对传统语音呼叫中心以及以此为代表的传统客服场景的颠覆。截至本书付印的 2018 年底，我们基本上同意一个观点：传统语音呼叫中心的时代已经结束了，人机耦合的“新客服”时代刚刚翻开崭新的一页。

生产力水平的突飞猛进必然导致生产要素的重新组合以及生产关系的重新构建。互联网、大数据、新趋势、大潮流，各种变化正在深刻改变着客户交互与服务的形态及内涵。伴随着客户互动的革命，“新客服”的运营日益规模化、精准化、多通路化、智能化和普适化。作为集语音和非语音渠道为一体、人工与智能服务共协同、物理与数字的通路大融合，随着以客户理念、人文为中心时代的来临，客户契动（Customer Engagement）正从企业价值链的一侧走向价值传递的中央，与日益服务化的产品创新一起发挥着客户体验创造的核心角色。

人工智能成为技术社会和消费社会的主旋律，正深刻改变着客户交互与服务的介质、效率与体验。而人机耦合将会是未来很长一个阶段客服场景的运营常态。因此，客服行业的发展除了需要加强对于 AI 技术的关注，我们更深刻地意识到：运营依然是客户契动的核心!

从 2017 年“客户世界”在业界提出“新客服”的概念开始，如何用智能化的手段来重塑客服业务？如何真正实现低成本和高效率的运营？如何顺利实现传统客服向“新客服”的成功转型？……这些问题就开始接踵而至。以运营能力为基础的“场景化 AI 赋能”引起了我们格外的关注。对于企业客户来讲就是要聚焦如下三个涉及运营的关键：

1. 聚焦业务场景。新场景、新变化，提升应对场景变化的综合能力。业务场景或业务主管的 KPI 决定了智能座席的 KPI，将智能座席做到“精准、实用、高效”。

2. 聚焦机器训练。机器训练师直接影响智能座席 AI 技术的商业落地水准。AI 技术水平的边界决定了智能座席的能力，但决定不了智能座席的上岗表现。而聚焦机训师是优化智能座席上岗表现的关键。

3. 聚焦数据分析。数据分析在智能座席应用领域从结构化数据转向客户对话的非结构化数据，从会话过程和内容中分级关键数据，从而优化智能座席的表现。

围绕着“场景化 AI 赋能”的理念，企业可以制定更加切实可行的智能座席岗位路线图和策略，建立智能座席相关的专业团队，以高效和稳妥的方式，逐步升级企业的管理能力和运营效率，优化企业客服座席综合成本。

而这一切的核心，依然是提炼于传统语音呼叫中心时代的运营管理经验、流程、方法和工具。在中国过往短短二十年的呼叫中心运营实践中，通信运营商自有客服体系的流程梳理和知识沉淀尤为可贵。这些宝贵的财富都将为人机耦合的客户契动以及场景化 AI 赋能提供基础。

十年前(2008 年，从夏至秋) 在浙江电信台州 10000 号陆陆续续穿梭过 3 个月的时间，作为 CC-CMM 标准体系导入的第一个项目，我们提出了“将呼叫中心用类似大学的方式来建设和运营”的思路。在此基础上有了后来在业界赫赫有名的“万号大学”。我们感恩这个历史的机缘，同时我们也珍惜这份积累的价值。在浙江电信 10000 号运营中心历任领导和同仁们的努力之下，我们今天终于可以站在历史的转折点，奉上这本凝聚了很多人心血的作品。全书从责任、激励、评价、能力提升、支撑配套五个方面系统地阐述如何打造一个优秀的客服团队。书中不仅包含了大量实操案例，而且附录了一整套视频辅导课程。因此，我们可以非常自豪地说：这本书是国内第一本客户中心运营体系的系统讲解，同时也是国内公开出版的第一套客服员工培训的完整辅导课程。

参与编撰这部作品的绝大多数成员都来自业务一线、之前并没有出版图书和音像作品的经历，所以今天呈现的书作和视频课程一定会有很多毛糙的地方，希望得到行业同仁的批评指正。我们期待这个作品可以为行业转型期的客服运营管理者带来可资参考的体系和思路。

赵溪

客户世界机构创办人，CC-CMM 标准组织主席

2018 年 11 月于北京

第一章

[从这里来，到那里去]

伴随客户对服务体验要求的不断提升，呼叫中心成为许多企业必不可少的职能部门之一，它不仅是公司面向客户的第一触点和门户，也是企业维系客户，提升产品服务的重要渠道和眼睛。面对新的市场环境和技术的革新，呼叫中心急需转型升级，从成本型呼叫中心转向价值型呼叫中心建设。由此“万号大学”应运而生，它一方面夯实了公司的服务基础，提升客户与客服的满意度；另一方面激发人员活力，创造价值，为公司培养和输送了大批人才，5 年来得到公司及行业内外的一致赞赏。

□ 第一节：为什么要有一个万号大学

在呼叫中心行业，运营管理一直是行业内经久不衰的议题，特别是大型呼叫中心，面对新生代员工特性、智能时代发展特性及企业责任感的背景驱动，企业急需搭建一个平台，培养业绩、修养、身体全面发展的有用人才，实现企业与员工价值双提升。

一、新生代员工带来管理瓶颈

随着时代的发展，呼叫中心的人员结构也随之变化，现有的呼叫中心团队基本是由“85 后”“90 后”刚出校园的学生或是新新一族组成。这个群体有着时代赋予的特征，即思维活跃、充满激情、目标高远，乐于接受新鲜事物，尤其对有个性的事物感兴趣。但同时存在工作的职业化精神欠缺；尚无合理、科学的职业规划；常以自我为中心，团队协作意识较弱；缺乏健康的生活和工作习惯等问题。面对新生代员工成为呼叫中心的主力队伍时，完全沿袭传统的管理手段，难以达到企业预期的人员管理与激励效果。如何创造员工满意的工作环境，充分发挥员工主观能动性，使其成长为企业发展的中坚力量，是呼叫中心管理者共同思考的课题。

二、新时代发展促使转型升级

智能技术的快速发展给各行各业的组织架构、业务形态、资源管理都带来了新的变化，创新技术在服务领域的采用，极大拓展了客户体验的想象空间。当前呼叫中心行业，以劳动密集型为主，客服人员的人工成本占据了服务运营成本的大部分。随着智能技术的不断发展进步，智能客服机器人将承载更多复杂业务，极大减轻客服人员的工作量。未来的客服人员将被赋予更高价值的职能，他们不仅需要处理沟通难度高及个性化强的业务，具备关联营销和深度服务的能力，还要对智能机器人的服务程度进行不断训练和提升，具备更高的综合能力素质。因此，呼叫中心要坚定不移的深化转型升级，为员工搭建全方位能力提升和发展的平台，加强人才队伍建设。

三、企业社会的责任感

员工是企业的基本要素和第一生产力，培养员工是企业重要的社会责任之一。企业应当在保障员工合法权益的基础上，使员工得到发展和有成就感，积极培养会工作、能生活、懂道德、有责任的社会公民。呼叫中心作为企业面向客户的第一触点和重要门户，不仅代表企业倾听客户声音，为客户提供高品质服务，促进企业的优化发展，对于社会热点问题的接应和处理也责无旁贷。中国电信的服务理念是“用户至上，用心服务”，浙江 10000 号作为浙江电信服务热线，在努力追求客户、员工和企业间互惠共赢的同时，也应积极关注社会民生、承担社会责任，全面践行企业成长与社会责任的有机统一。

□ 第二节：茁壮成长的万号大学

随着职工队伍中年轻员工占比越来越高，如何激发员工的工作积极性、提高职业素养和岗位责任心，成了中国电信浙江 10000 号运营中心管理工作的重点之一。为全面激发各层级员工积极性和整体团队执行力，浙江 10000 号运营中心以“万号大学”为载体，为员工提供发展的平台与土壤。“万号大学”的成长从 0 到 1，经历了准备、启动到如今的深化推进阶段，得到了呼叫中心及其他行业的一直认可和赞赏。

一、准备阶段

浙江 10000 号运营中心自 2011 年 4 月完成话务及人员集中后，于 2011 年 7 月启动岗位大练兵，推进蝶状标准化运营，改变分模块专业化运营的模式，通过整合部门间的资源，聚焦一线服务能力提升。2012 年 9 月建立员工能力模型与职业发展的分层分类培训体系，针对新员工、成熟员工、骨干员工分别实施“破茧、蜕变、成龙”三大培养计划，以不同的评价标准和方法去评价处于不同发展水平的员工。

2012 年年底，公司提出了打造“万号大学”的概念，通过这样一个体系去改变区域集中、人员急速膨胀等所带来的现状，让员工在业绩好、收入高的同时，更要修养好、身体健康，打造一所没有围墙的大学，培养不仅会工作，而且能生活，懂道德的年轻一代。

二、启动阶段

2013 年 5 月 20 日，浙江 10000 号运营中心正式启动由“责任、激励、能力、支撑、评价”五大体系组建的“万号大学”运营体系，打造“业绩好、修养好、身体好”的“三好”员工。这是浙江万号体系化搭建“培养人、激励人、成就人”平台的开始，这个体系既是企业培养德智体全面发展的员工的摇篮，也同步为员工搭建起了成长环境和展示舞台。通过对员工的体系化培养，来激发员工内在动力和核心需求，从而实现要我做向我要做的转变，让员工利益与公司利益一致化，让员工满意与客户满意一致化。2013 年 8 月正式出台万号大学建设的实施办法，为万号大学的全面推进提供基础依据。

三、推进阶段

2014 年，建立涵盖“需求、执行、效果评估、结果应用”四个关键点的培训管理流程，确保五大体系在“培养人”和“激励人”过程的有序、有效运转。启动员工关爱“五大计划”，即暖心计划、健康计划、快乐计划、激励计划、成长计划，构建员工满意之家。2015 年，员工培养更加突出“实用性”原则，在话务和骨干能力培养过程中结合训与练，使落实动作更扎实。2016 年，创建万号大学“破茧、蜕变、成龙”三大学院，将全省万号老师的工作经验萃取出来，形成体系化课程，以对应不同岗位、不同阶段能力要求，并统一扎口到“万号讲堂”快速分享和落地。2016 年 7 月成立创新工作室，打造万号优秀骨干建功立业的平台，全面激发一线创新活力。

2017 年，提出“三感四全”深化推进万号大学建设，“三感”即员工获得感、管理成就感、平台幸福感，“四全”即打造全媒体、全智能、全客户、全专业的四全呼叫中心。2017 年

7月启动万号大学管理输出项目，将浙江万号多年以来的管理经验、管理办法，形成一整套解决方案，整体输向外部单位，形成销售能力。2017年11月成立万号研究院，立足于搭建平台、整合资源、集约支撑、培养人才四大目标，聚焦全省资源，开展专题研究，探讨新技术、新手段，并集合全省之力，实施集约支撑，提升运营效率和能力。

万号大学建设坚持体系化推进、坚持管理促效益、坚持内部组织关系变革，让每个班组、每位员工都做到自身目标明确、提升计划明确、奖励晋升明确。2016年万号大学体系获中国电信集团公司“一团一品”评选一等奖和浙江省公司管理创新奖，员工满意度从85%提升至92%，连续两年列公司内部各渠道人员第一。2017年呼叫中心行业客户世界机构为表彰浙江省10000号中心积极推动客户管理轻学院的建设、促进行业人才培养规范化方面所作出的积极努力和突出贡献，颁发了“金耳麦杯最佳客户中心年度特别奖”。

□ 第三节：万号大学的价值和核心

万号大学的核心价值是为各层级员工搭建成长的环境和展示的舞台，培养全面发展、对社会有用的人，让员工得到业务能力和行为修养的全面提升，最终实现员工与客户感知双提升，企业价值与员工价值双提升。万号大学总体由5大体系组成，分别是责任制体系、激励体系、能力提升体系、支撑配套体系、评价体系。通过5大体系建设，优化落实所有内部管理工作和生产任务，让员工在这一道路上更加快乐地追逐彼此的梦想，真正做到快乐工作、快乐生活、快乐成长。

一、责任制体系

责任制体系通过团队和事项两个方面的划小，落实责任，实施精细化管理。一是团队划小，每一个划小的团队做为一个责任单元，每个责任单元建立值班长负责制，各分中心须全面落实值班长选拔竞聘机制、考评机制和优化淘汰机制；每个责任单元可以下设班组，辅助强化过程管控。二是事项划小，在划小团队的基础上，一方面从时间、指标、客户等维度，全面实施精细化管理。时间维度上按日、时段进行管控；指标维度上将结果指标细化成各项过程管控指标进行管理；客户维度按客户所属区域、客户等级属性、客户类型进行细分管理。另一方面结合重点管控事项进行细化管理。

二、激励体系

激励体系通过外在激励和竞争环境的创造与内在意愿的激发相结合，落实激励闭环管理，持续激发员工内生动力。激励体系包含岗位薪酬体系、岗位认证体系和职业发展体系。一是岗位薪酬体系，根据员工所从事的工作表现、年度绩效考核以及岗位认证等情况，对员工进行定岗，并对岗位实行动态管理，充分体现劳动成果和价值的关系。二是岗位认证体系，结合岗位体系梳理优化各岗位的职责、工作流程，建立完善全方位的岗位认证管理体系。三是职业发展体系，结合薪酬与岗位体系建立员工职业发展通道。

三、能力提升体系

能力提升体系旨在结合员工的成长特性，分别做好不同阶段员工的能力培养。通过破茧计划做好新员工能力培养，通过蜕变计划做好成熟员工能力培养，通过成龙计划做好骨干员工能力培养。坚持体系化的实施推进三大计划，过程中兼顾与公司重点业务、阶段性重点工作，及员工个人成长特征的结合。通过能力提升体系发掘并培养培训骨干队伍，在推动一线整体服务水平提升的同时带动管理人员整体培训能力的上升，全面提升各层级人员能力。

四、支撑配套体系

支撑配套体系是通过科学的资源配置为划小单元提供全方位的服务与支撑。支撑配套体系包括投诉流程管理、业务流程管理、培训流程管理、全方面的质量监督体系、智慧运营体系、排班流程管理、人财物的管理管控、团队文化建设等。所有的支撑配套均以运营为核心，立足于减负一线，强化支撑服务意识，做好对各责任单元的支撑。支撑配套体系全面有效落实满意度提升管控，通过员工满意度调查、关爱计划、团队活动、家园式团队建设等举措，做好各层级人员工作、生活等方面的支撑。

五、评价体系

评价体系通过落实三个维度的评估，建立三个层级的成效测评机制。在万号大学整体的评价体系中，包括两个维度，一是建立“KPI”、“KCI”、“KBI”为导向的团队成长体系，即 KPI 关键业务指标、KBI 关键行为指标、KCI 关键能力指标；二是培养“业绩好、修养好、身体好”的三好个人成长体系，以万号大学学分作为对个人评价的衡量依据，学分可以用于年终奖励、工资晋级、先进评选、旅游奖励以及实物兑换等。

□ 第四节：万号大学可以在任何地方生根发芽

万号大学以“五大体系”为纲领，全力打造并培养“三好员工”“三好班组”，以实现“双满意、双提升”目标，营造“万号一家人”的文化。通过万号大学系统建设，全面激发了员工的内生动力，培养出一大批优秀的骨干专家，使员工与企业共成长。万号大学体系运作已有 5 年，积累了许多先进经验，提出不少创新举措，可以提供给其他行业及其他类型的人力密集型运作团队进行借鉴学习。

一、体系化培养

为全方位提升员工综合能力，浙江 10000 号运营中心建立员工能力模型与职业发展的分层分类培训体系，通过“破茧、蜕变、成龙”三大计划对应不同层级的人员，以不同的评价标准和方法去评价处于不同发展水平的员工，真正有助于员工的专业成长，解决了培训缺乏系统性、针对性和培训效果不明显的问题。一是设计差异化的培养模式和实施流程，适配多岗位、多技能、多序列的人员培养需求。通过千人千面培养计划、个性化培训课程、实时在线学习考培及评估、游戏化操作等，搭建个性化自助管理平台和工具。二是建立人员健康模型，围绕“人和运营”两个维度，面向“全省万号、团队和个人”三个主体，实现动态培养和干预式培训。依赖大数据、即时反馈等智慧运营手段，更关注客服的个性化和内生动力的激发，实现差异化培养模式。三是采用“破茧、蜕变、成龙”三大计划，提升新员工业务能力及团队适应能力，提升成熟员工针对性业务能力，提升骨干员工管理能力及综合业务能力。

二、学分制管理

学分制管理办法是浙江 10000 号运营中心为员工量身定制的评价依据。通过学分的累计对个人工作表现、素质修养及综合能力进行全方位评价，最终呈现每一位员工的成长轨迹。万号学分由业绩，行为及上级评价三个维构成，业绩学分即绩效得分，占比 70%，以员工平衡计分卡为标准，激发员工个人能力提升；行为类学分包括了修养好和身体好，占比 20%，如参与文体类活动等，让学分更容易获取，激发员工积极性；上级评价以季度为单位，占比 10%。

学分既可用于员工绩效评价，也可用于实物奖励兑换，同时还是员工年度评优、岗位晋升等的重要依据。为了能够让学分更加透明，直观，便于查询，配套开发了员工学分查询及兑换平台，以秒杀、抽奖等趣味化游戏方式开展学分兑换。通过学分制管理办法使员工的自觉性和工作积极性都有了明显提高，有效保障公司运营稳定和各项工作高效开展。

三、责任制划小

面对客户服务要求的不断提升，人员招聘压力增加，如何确保在产量上升的同时质量不下降，更好地彰显服务价值，浙江 10000 号运营中心根据市场化责任目标实施划小与承包，划小到责任单元及个人。对每一个划小的层级落实承包责任，建立评价指标、并落实考核激励，做到责、权、利的统一，极大地提升了员工获得感及主人翁意识，让员工明确所能得到的收入，并获得成长。

实施划小的过程中要坚持四点原则：

（一）指标明确，统一认识。通过统一宣贯，与员工讲清楚划小的意义和好处；团队成员共同认领团队目标，团队内部认领个人目标，将目标量分解到日、到人。

（二）日清日结，及时反馈。对产量进行日分解，根据忙闲日合理管控进度，形成一种今日事今日毕的工作氛围，从而达成业绩、产量上的均衡性。

（三）资源倾斜，营造氛围。通过市场化签约，增加划小承包的仪式感；多渠道展示员工个人业绩进度，营造比学赶帮的工作氛围。

（四）及时复盘，良性循环。每月定期盘点，当出现收入较低人员或是收入人员占比较多的班组，及时介入绩效帮扶，缩小极差，让每一层的人员都能往上进一步。测算新一轮的承包量，给予划小单元规划建议，周而复始，从而形成良性循环。

第二章

[责任制体系——解决谁来做的问题]

责任意识，是“想干事”；责任能力，是“能干事”；责任行为，是“真干事”；责任制度，是“可干事”；责任成果，是“干成事”。

呼叫中心作为企业的一个部分，“麻雀虽小五脏俱全”，不能让人浮于事，就得有一套标准的、规范的、明确的责任制体系去保障整个呼叫中心运营工作的开展。作为领头羊，如果要管理好一个团队，如果想要在工作中取得好的成绩，就必须比别人更加加倍的努力。责任最终的具体表现就是领头羊的主动意识，是推动整个工作前进的前提和保证。

□ 第一节：什么是责任制体系

随着互联网发展环境不断变化，呼叫中心也随着社会环境和架构在不断升级，人工服务在与机器智能的融合中也在不断重新定位升级，无论如何改变，有人的地方就有江湖，有江湖的地方就有管理。在智能化的大背景下，呼叫中心的管理体系应该如何与时俱进地变革？人员管理该以什么样的方式进行才会更加高效可行？

根据调查显示：自世界成立组织以来，现在仍然用同样的名字、以同样的方式做着同样的事情的组织只有 85 个。这 85 个组织中有 70 个是大学，占 82.35%，其次是宗教组织。

为什么仅有这两类组织？因为，它们的组织目标是改变人的灵魂。

所以，其实管理工作中最本质的东西不在事物层面，而在理念层面。管理的最高境界是：心态管理、信仰管理、文化管理、价值观管理。此所谓：欲动天下者，先动天下心。

2013年5月20日，万号大学扬帆起航。这所呼叫中心的管理者们提出了打造“万号大学”的概念，通过这样一个体系去改变区域集中、人员急速膨胀等所带来的现状，让员工在业绩好、收入高的同时，更要修养好、身体健康，希望打造的不仅仅是一个提供生计的企业，而是想更多的承担起社会和家庭的责任，打造一所没有围墙的大学，培养不仅会工作，而且能生活、懂道德的年轻一代群体。

在万号大学构建的5大体系中，责任制体系是为首任。在谈责任制体系之前，我们首先来了解一下什么是责任？从字面上的理解就是把自己的事情做好，做好自己的岗位，这是责任；作为子女，对父母好是责任；作为父母，教育好子女，是责任；爱情里，对对方负责，是责任……在百度词条里“责任”的定义就是明白个人、家庭、社会还有国家对自己的期望并且切实做到。在呼叫中心的管理中，责任制分为两个部分，一是团队划小，主要体现在责任落实上；二是事项划小，主要体现在精细化管理，也就是具体事件的项目制管理上。

简单来说，团队划小就是在组织结构上进行调整优化，通过对呼叫中心各部门的部门职责、岗位职责进行梳理，进而梳理出来贯穿整个部门的对内对外的业务流程，通过业务流程建立能够快速反应的组织架构，最终通过组织扁平化来解决问题；在这个过程中需要完成组织架构模型搭建、部门及岗位工作职责说明书、运营管理指标体系模型、以及各岗位人员比例配比模型的搭建。

如果说团队划小能直观地确定部门职责权限，保证责、权、利的统一，同时以便于后期对各项工作任务进行分工、分组和协调合作，那么事项划小则是对团队划小的有利补充。事项划小可以通过时间、指标、客户维度都多角度实现对某一事件的精细化管控。可以由不同模块的成员围绕某一个项目组成团队，选出项目管理者，在时间、服务质量、人力资源、业务流程等各个方面对项目进行全方位的管理，帮助解决需要跨领取的复杂问题，以实现更高的运营效率。在下文中，我们还会详细讲解具体的做法。

□ 第二节：责任制体系的特点

作为领头羊，如果要管理好一个团队，想要在工作中取得好的成绩，就必须比别人更加加倍的努力。责任制最终的具体表现就是领头羊的主动意识，是推动整个工作前进的前提和保证。

一、组织架构模型

Peter F. Drucker说，战略决定组织，组织决定人事。组织的框架体系，一般有3个表征：复杂性、正规化和集权化。其中复杂性体现了组织分化的程度，正规化是依靠着规则、流程或者是规章和各类手册去引导员工行为的程度，集权化可以通过分权和集权制定权利的分布程度。在呼叫中心，也需要根据整体的运营需要对组织架构结合这三个表征，对组织的结构进行设立，并根据变革的需要进行调整，创造出适合自己的组织设计，准确定位各模块的核心职能，达成各模块之间在分工上的默契，消除执行过程中的障碍，理顺渠道，最终明确谁应该做什么，谁来协助并做好支撑，谁需要对结果负责。

以万号大学为例，这是一所全省为单位区域集中的大型呼叫中心，在省内设3个点，以责任制为基础，将全省的团队成员划分为若干个运营责任单元；划小对象包括话务运营、投诉处理、故障处理、互联网服务、省级知识运营团队；业务支撑、质量监督、业务培训、综合与运营支撑等全部纳入支撑配套体系，以支撑整个呼叫中心整体战略目标和策略的实现。此外，每一个划小的团队均作为一个责任单元，设立值班长岗位，每个划小责任单元建立值班长负责制，各分中心须全面落实带头人选拔竞聘机制、考评机制和优化淘汰机制。

每个划小责任单元采用“标准命名＋个性命名”两种方式，标准命名由省中心统一制定，对外宣传时要求采用标准命名，个性命名由分中心自行结合团队特点制定并在内部使用。标准命名规则如下：分中心＋业务模块＋编号＋区，如“所在地区”话务运营一区；省级知识运营团队和互联网专区直接作为标准名；新进人员纳入话务运营系列，统一标准命名为话务运营预备区。

除标准化命名外，在基本保持一致的组织架构树下，根据分中心的实际运营情况，结合每个运营模块的专业性，会对组织架构的分支进行优化调整。以万号大学其中一个下属中心为例，具体如下：

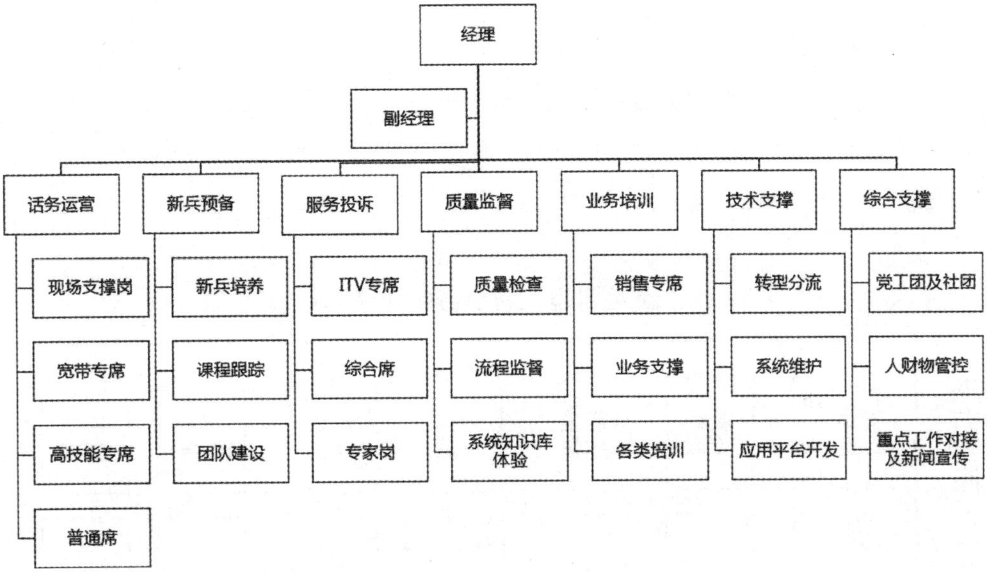

组织架构

应该说这种架构的设置，整体考虑到了现阶段的工作重点，也考虑到了未来的发展方向，比如在业务培训模块考虑到做好培训管理和承接各项培训外，还肩负了对一线生产团队每天10个批次的业务班前会，由专职培训师负责开讲，最大程度地确保的业务口径传达的一致性，避免了由于信息传递点过多、过分散或沟通不畅导致的信息散落、扭曲。此外，在这种组织设计中，通过分层级设定管理职位可以多方面的培养各类人才，建立有效的人员选拔机制。在后期在员工的职业发展规划中也设置了诸多的“虚拟职位”，也考虑到了人员的发展通道问题。在下文中，我们也会有提到。核心点还是要突出，人是呼叫中心最宝贵的资源。

这里要说明的是，组织架构的梳理主要是明确主体责任，最大程度地考虑到了“管人”和“管事”的结合，通过专业模块的团队划小来落实责任；通过事项划小落实精细化管理。管理是盯出来的，技能是练出来的，办法是想出来的，潜力是逼出来的。比如值班长负责制，就是由一个值班长对应 N 名客服代表（建议不超过 20 人），做好对整个团队的管人和管事相结合。在整个过程中也就相当于锻炼并培养了班组长的领导力、抓执行的能力和把事情讲透的能力。但这种授权也不是一股脑地把所有的压力都传递给班组长，在这个过程中也要讲究方式方法，除了在前期给到必备的制度、流程外，在后期也要给到一定的支撑。

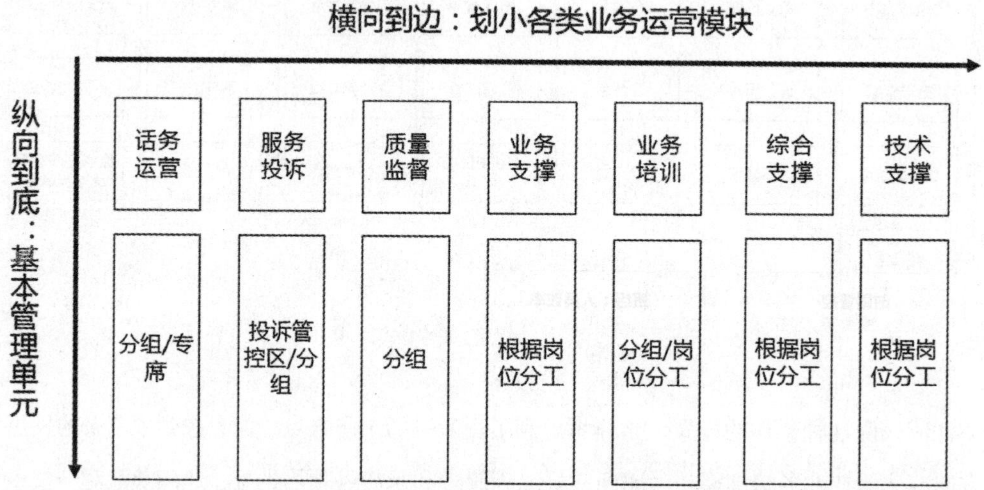

团队划小

事项划小则是精细化管理的体现。要体现一个事件的具体颗粒度，比如对话务接通率的评价，时间维度上要求分别按月、周、日、时段进行管控；在指标维度上可以根据这个指标将关联的各类结果指标细化成过程管控指标进行管控；客户维度要求分别根据客户类型、所属区域、等级属性、服务类型、消费特性、渠道偏好等特点进行客户分群的分析、管控。比如满意度提升、接通率管控、业务能力提升、投诉集约与能力提升等都可以通过事项划小来做，可以开展项目式的管理方式。

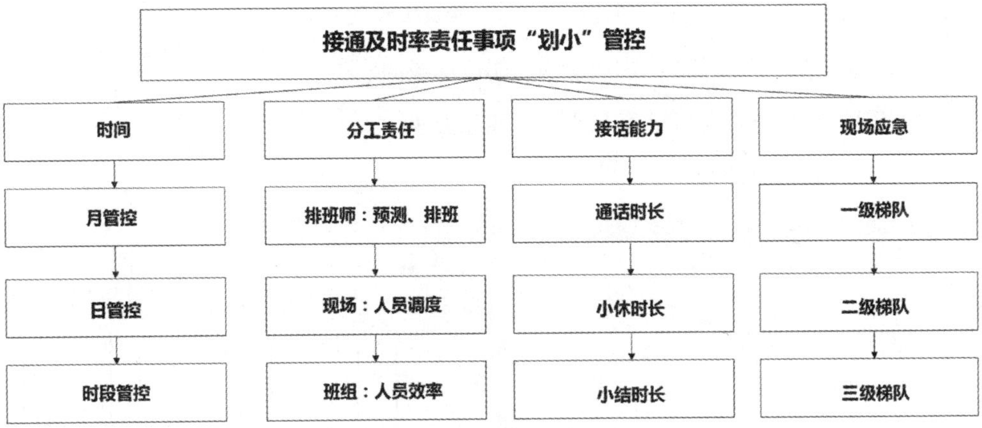

事项划小

二、岗位工作职责

想要家庭和睦相处，必须要分工明确。小家如此，大家亦如是。在呼叫中心这个领域，人的管理是非常重要的。在前面我们已经有了一个良好的组织结构是作为整个呼叫中心这台机器的正常运转的基础，而作为各个零件部位的各个岗位职能则是确保正常运转的重要保障。在万号大学的五大体系当中，责任制体系就是通过明确一个岗位在组织与业务流程中所承担的功能，将个人与组织、个人目标与组织目标联系起来，从上到下，进而提升组织与个人绩效，促进目标达成的一套管理方法与管理工具。是实现部门目标及公司发展战略的基础管理保障。建设好岗位责任体系可以促进岗位工作效率与工作效果的提高。最终形成：职责一条线，目标一条线。

以呼入前台班组为例，我们在做岗位工作职责的时候，就需要先明确 3 方面要素：

☆ 目标有哪些？它的短期、阶段性或者长期的目标怎么来设定？

☆ 要实现这个目标，必须做哪些事？这个模块的职责是什么？它要承担哪些工作或者任务？这些事情应该怎么做？由谁来做？

☆ 如何保证把事情做对、做好？涉及哪些考核指标？哪些是关键指标？哪些是关联指标？

在明确了每个模块的工作职责后，接下来需要进一步理顺工作流程，对这个班组涉及的所有岗位进行职责的进一步梳理，给每个岗位都量身定制一张岗位说明书。岗位说明书里可以包括：

☆ 岗位信息：岗位名称、岗位定级、岗位层级。

☆ 任职要求：学历程度、年龄要求、素质要求。

☆ 工作关系：上下级……

☆ 岗位职责：具体工作职责的描述，可以用1、2、3……扩展。

其中岗位信息中，岗位名称是对应岗位关键工作内容的写实，岗位定级和岗位层级是根据所在公司薪酬架构对岗位级别的认定，并能够对应到员工日常的薪资所得当中；任职要求是判定适合岗位需要的能力背景，需要对该岗位的学历程度、年龄及素质要求要有详细的说明；工作关系是对所经过岗位的工作流及输入输出；岗位职责需要对该岗位的工作内容予以清楚的描述，明确需要通过做哪些事从而实现价值，同时也是避免不同岗位之间职责的交叉或重复。比如，在某个流程点上设立一个岗是否可以了？如果工作量过重的话，是否需要再设岗，或者将一部分的工作量交由另一岗位？

职位：呼叫中心总经理	工作关系
使命与职责 全面主持中心工作，负责组织呼叫中心业务受理，投诉处理、故障处理等业务，并配合前端其他部门做好电信市场调查、预测、分析及主动营销工作，提高客户满意度，确保服务工作和经营指标的完成。	**领导或参与的关键流程** 业务处理流程、障碍和投诉处理流程、订单和计费处理流程，数据统计与分析流程 市场预测、营销策划指导和监督 关键业绩考核流程
主要工作 一、贯彻落实客服运营管理的相关制度、规范和标准，承接并落实上级单位下达的运营计划、运营指标及各项客户服务要求和举措。 二、负责各区域中心的生产组织，为区域内各类客户提供客户服务，包括业务咨询、业务受理、故障受理及预处理、投诉受理及预处理等服务。杭州中心承担全省越级投诉的日常处理及全省统一知识内容的日常维护和更新。 三、负责区域中心内部日常生产运营，包括话务现场管理、人员培训、质检及运营分析等内容。 四、负责区域中心内客户投诉的回访和统计分析工作。 五、接应并落实中心在日常综合行政管理及安全生产工作要求，负责区域中心内部的人员招聘和管理，协助中心及所在地分公司做好员工劳资关系管理、固定资产管理等工作。	**关键业绩指标** 客户满意度 接通率 一次性解决率 重复话务率 投诉处理及时率 产品销售量 安全生产 重大投诉 **技能与经验要求** 本科以上学历，原则上具备助级及以上专业技术资格。 了解电信业务知识，熟悉各类业务的受理流程和质量指标。 有较强组织协调和沟通能力。 有较强的劳动组织能力。 有前、后端的工作经验。 在下一职级岗位上工作 2 年以上。

职位说明书

通过岗位工作职责的建表，来确定部门的岗位任务，包括明确工作内容，界定价值活动，理顺工作流程，最终通过业绩评估（计划或绩效考评表）来体现该岗位的价值，是否取得优异的岗位业绩。

同时可以按岗位为基点，同一岗位按相同的规范进行打分，在公平、公开、公正的环境下，让员工通过积分进行工作上的比较，使员工找出自己的不足，正视存在的差距，从而自加动力努力工作。此外，我们还针对对于每个岗位设置了对等的不同的岗位达标分值，建立员工的优胜劣汰机制，以红黄牌制度体现万号大学运营管理的科学与严谨，当员工在第 1 个月没有达到本组规定的达标分值时，直属主管就会以面谈的形式予以口头警告；当员工连续第 2 个月没有达到本组规定的达标分值时，该名员工就会接到来自中心发出的书面警告信；当员工连续第 3 个月没有达到本组规定的达标分值时，则将根据《员工手册》的规定退出本岗位。在此期间，员工还会接到一份《个人改进计划书》，详细说明存在短板的指标及改进建议，以此为参考不断改进和对自己的业务处理能力进行提升。

在呼叫中心当中，往往根据人员的岗位性质会分为一线生产岗位、一线支撑岗位以及管理岗位，其中一线生产岗位包括班长、客服代表（含 IM、夜服）、专席客服代表（含高技能、政企等）、宽带专席（后台）、投诉处理（后台）、业务受理、业务回访岗位。一线生产支撑岗位包括培训师、值班长、质量监督、业务支撑（含信息协同及信息采编）、运营支撑、数据支撑、投诉支撑、综合支撑、转型及互联网岗位。

为了能够体现在岗人员的价值，充分调动人员的工作积极性，同时也为了体现职业发展通道的纵向发展，于员工更多的发展空间，一般都会建立星级评定以及职级评定的制度。那么怎么评定比较科学合理呢？首先要遵循 3 个原则：

☆ 市场化和竞争性原则。根据各岗位在企业经营活动和价值创造中的要求及作用，建立各岗位认证上岗标准，并对上岗人员实施动态管理。

☆ 差异化原则。将个人的岗位认证层级与岗位薪资挂钩，易岗易薪，激励先进。

☆ 公平性原则。认证标准规则明确，认证过程公开透明，公平竞争。

在三个原则的大前提下，经过充分的对照和沟通，在兼顾公平的情况下建立每个岗位的能力胜任模型。其中生产岗位序列认证分为上岗认证和星级认证，其中星级认证分为一星、二星、三星、四星及五星认证；支撑岗位序列认证分为上岗认证和初级、中级、高级、资深四个层级。对于每个岗位建立与之匹配的岗位能力测评考核办法，以及能力测评标准。整体架构可以包括基本条件、知识技能、所需能力。

其中知识技能是指为正确完成本岗位职责所应必须具备的专业知识或技能；（如人力资源岗位的人力资源理论基础知识、财务人员的财会知识等），可以从两个方面来描述：知识技能的范围，即要求列出需要什么样的知识和技能；知识技能要有等级或水平的描述；（如客服代表三星以上要求具备普通话水平等级测试二甲以上等）。

岗位名称	岗位职责	岗位能力要求及说明	星级	岗位能力测评考核办法	能力测评标准
普通客服代表（含im客服）	主要负责：话务或各类新媒体在线服务	1. 沟通表达能力：具有较好的语言表达能力、倾听能力、提问能力及应便能力；具备一定的职业操守，如：首问责任制、信息保密机制等。 2. 系统应用能力：能够熟练的使用计算机，员工打字速度大于30个/分钟；能够灵活运用“10000号”门户系统，能在线解决用户咨询、简单投诉、一键受理范围的业务受理等。 3. 业务理解能力：能熟练掌握各类业务知识点，能熟练的找到专家知识库中的知识节点并予以运用，能够较快的理解用户的真实需求，并给予对应的解决方案。	一星级	免试	通过集团客服五级认证
					半年度平均绩效排名前70%
					话后满意度（对客服不满意率）≤0.8%
					破茧学院的必修课和2门选修课
			二星级	免试	通过集团客服四级认证成绩
					半年度平均绩效排名前60%
					话后满意度（对客服不满意率）≤0.8%
					蜕变学院的必修课和2门选修课
			三星级	笔试	通过集团客服四级认证
					半年度平均绩效排名前40%
					话后满意度（对客服不满意率）≤0.7%
					普通话等级三甲及以上
					工作年限满一年
					蜕变学院的必修课和3门选修课
			四星级	笔试	通过集团客服三级认证成绩
					（若集团未进行该级别认证，取集团最高级别认证成绩）
					半年度平均绩效排名前30%
					话后满意度（对客服不满意率）≤0.6%
					普通话等级二乙及以上
					工作年限满二年
					蜕变学院的必修课和4门选修课
			五星级	笔试+结构化面试	通过集团客服三级认证成绩
					（若集团未进行该级别认证，取集团最高级别认证成绩）
					半年度平均绩效排名前20%
					话后满意度（对客服不满意率）≤0.5%
					普通话等级二乙及以上
					工作年限满三年
					通过省统一考试或测评
					获得省“10000号”专家称号（2018年上半年暂不作为申报条件限制）
					获得过省级、集团级及以上骨干称号、年度个人劳动竞赛、技能比赛、小微创新奖项或优秀案例评选等奖项，或近3年省“10000号”的各类竞赛获得个人前三名，以相应级别的行政、党委、工会发文或证书为依据
					蜕变学院的必修课和5门选修课

岗位能力胜任模型

对于通过岗位胜任力评价的人员，需经公示通过后，次月予以岗级晋升，并配带相应标识(例如徽章或坐席标牌等)。此外还可以在各种激励配套体系中把对应的激励措施予以配套，比如高星级或高级、资深人员在各类培训的推荐和安排、各类荣誉评选等方面优先考虑；比如可以在内部的积分商城中根据不同的星级匹配各种对应的 VIP 优惠折扣力度，让员工能够在各种场合、各种工作场景中都能感受得到，让员工从内心深处明白岗位的工作性质，从而转变为主动工作的动力，在这个过程中也可以邀请员工一起讨论，参与设定岗位的目标，并在过程中努力激励他实现这个目标。让他意识到他的上级仅仅只是起辅助他的作用，他的岗位工作是为他自己做的，而不是为他上级或者老板做的，这个岗位是他个人展现能力和人生价值的舞台，需要靠他自己的自我努力和自我协调的能力去完成。

概括来说，万号大学正是通过人力资源内部的自我改造，包括定位、核心能力的提升，岗位工作职责的梳理，真正转换为人力资本经营，确保了各级管理者理念的统一，确保心往一处想；全体员工价值观的一致，确保劲往一处使。最终形成了责权利的统一，管理制度(绩效考评系统、薪酬体系、目标管理体系）的统一，使大家在内心深处能够互相认同，抱团打天下，上下同欲者胜。

三、运营指标管理体系

现有的呼叫中心已越来越趋向精细化、在日常我们会遇到各种类型的数据以及展现方式，数字化管理、KPI 管理已成为一种有效的管理手段。如何有效地实施专业化呼叫中心管理，改善服务质量、提高客户满意度和盈利能力，已成为呼叫中心管理者们待解决的问题。常见的关键指标一般可以有以下几种类型：

☆ 接通能力指标:反映客服台硬件系统及人员配备充足状况,包括“人工接通率”“应答及时率”“人工接听时间”。

☆ 在线处理能力指标：反映客服台话务人员对业务知识的掌握水平和运用能力等，重在考察人工座席话务员在对用户咨询的处理和故障预处理等过程中体现出来的对业务知识的掌握程度以及系统支撑能力等。

☆ 服务亲和力指标：反映客服台话务人员的工作态度和沟通技巧，包括“礼貌程度”“沟通技巧”，最终体现在客户满意度，或者是不满意率指标上。

☆ 营销能力指标：反映人工座席话务员在对客户提供服务时体现出来的主动营销

意识和营销技巧等，如：在用户咨询业务过程中话务员能否结合近期营销重点向客户推介相关业务。

☆ 转型分流能力指标：根据呼叫中心价值体现的需要，对简单话务进行分流，可以设计如“自助话务占比”“人工引导占比”“协同分流自助占比”等指标。

这些指标的定义和解释在这里就不一一列举，根据每个行业、专业的运营需要，指标设定和公式计算上可能都会有一定的差异。

前台一次性解决率 =（接通用户数总量 − 三单派单量）/ 接通用户数总量

但是，万号大学在实际运营过程中，会发现每天管理人员第一件事就是花费大量时间取数，支撑手段却是只能通过取数分析数据后才能发现异常，发现问题时已存在严重的滞后性，甚至由于分析视角的偏差，不利于问题的定位和解决，导致方向性错误，对于迫切需要解决的问题无法及时处理，非常被动。面对形形色色的考核指标，我们就需要系统性地去进行归类，并加以甄别，不要让报表系统过于繁杂，而要更加具有针对性、代表性，能够反映和体现出整个呼叫中心的运营水平。

比如万号大学，就是从运营效率、质量指标、重点产品能力、投诉能力、分流能力、新兵服务能力大小各类指标 60 项，为此，我们打造了一个 360 度监控平台。全面展现各个重点指标的平台，管理人员每天一上班，第一件事打开平台就能看到各项关键指标和各个专业岗位模块的各项运营情况，而 360 度运营监控平台孕育而生。这个平台扁平化地将指标全覆盖展示，360 度监控平台，更加一目了然。同时将几十项指标结合专业部门进行区块划分归纳组合，用大数据的方式对指标进行直观化展示，并嵌入菜单页使各关键指标，不仅仅能看大数据更可选择性观看单项指标，同时对各单项指标进行预警监控，异常问题一目了然，发现问题及时介入，提高管理效率，以面到点的方式快速倒查问题根源，快速定位解决问题，提高管理效率。

平台共由 12 个模块组成，分别为：坐席接入情况、省级拨测 / 质检、班组接话效率 / 营销积分排行榜、三地话务整体情况、中心关键指标情况、关键预警、话务整体情况、新兵能力、投诉能力、宽带 ITV 处理能力、重点产品能力情况、知识库搜索热点。举例来说：

1. 省级拨测 / 质检：主要以省测和质检为主，本部分对拨测整体情况进行数字化展示，同时通过柱形图将拨测情况与上月进行对比，对历史拨测和当前拨测一目了然，对员工整体能力全面了解。

2. 人员接话效率／班组营销积分排行榜：对员工及各个班组较为关注的接话效率以及营销情况进行全面展示，促接话及营销班组动力。

3. 中心关键指标情况：本区域全面展示了中心昨日运营情况，包括话务情况、话务质量、达标情况、重复率等，同时显示 T–1 和全月指标，并通过颜色预警对指标进行全面监控。

4. 关键预警区：预警区包括了 3 类预警信息：第一类是所有重点运营指标，超出达标值即预警；第二类是接通重复话务：接通类话务中呼入次数异常增高（高于 4/5/10 次）进行监控，并可做清单式展示；第三类是高频呼入 IVR 次数，高频呼入 IVR 类话务，对高于 10–15、16–50、50 次以上用户进行监控，同时可查看清单。

5. 知识库搜索热点：该模块主要为员工接话中知识库的搜索热点信息，通过该模块不单单能看到员工的搜索情况，同时能从侧面反映热门话务。

整个平台的图文和数据指标的实时监控，做到了数据可视化，话务预警一目了然，将单调的数据通过图文形式多维度展现，让管理人员对指标变化和趋势一目了然。优化后的数据平台更具可视化，管理支撑人员使用起来简单、明了。划小团队负责人通报分析的数据，从原来每天要用几张报表，到现在看一张报表就能一目了然，异常数据用颜色自动标示出来。

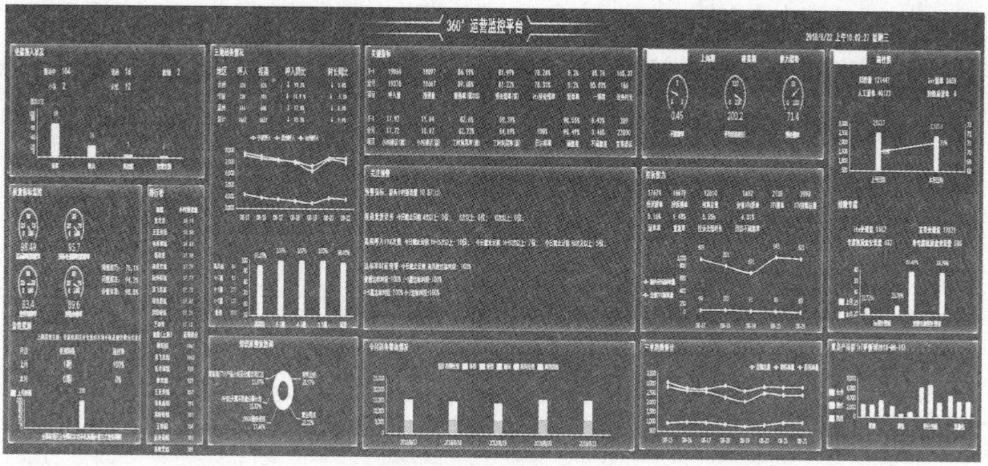

运营监控平台

上面说到的是呼叫中心整体运营指标的监控和分析。在互联网时代，员工也希望能够实时掌握自己的指标、薪酬动态情况，也可以看到身边其他员工的指标情况，通过日结日清促进积极性，在个人业绩上你追我赶的同时创造出更高的个人价值。那么怎么来做呢?

在万号大学，我们借助了借助万宝 APP 平台，对数据指标进行内涵式场景设计，打造日结日清平台，能针对员工个人目标值结合自身能力进行自动评测，同时能对目标值完成情况自动评估，并对员工关注的营销金额进行自动结算，更能对本周各项指标完成情况进行全面地解析。员工还能对其他同事进行点赞互动，相互认识，增进同事情谊。让班组长和员工实时了解自己的市场化认领目标的完成进度，为市场化承包的完成助力。员工可以通过手机随时随地查看团队排名、个人话务量、销售量、标杆人员指标等数据情况，同时每月推送月度绩效账单（最多可展现近 6 个月），让员工更清楚自身长短板，便于班组长实时管控、跟进，下阶段做针对性地改进。

在员工层面，看到的报表系统是：

进入后是日维度、周纬度：首先展示位用户个人信息包含星级、入职时间等信息；

第二块包含当天所排班工时给出的接话目标、员工实际接话量、当月累计的营销金额、接话和营销奖励排名。目标量和完成量可以用来提升员工的工作效率，营销排名和接话排名可提升员工之间的良性竞争。

第三块展示中心第一位到你的排名所有人员，可以对荣誉员工的展示，也可以对比自己好的员工，可以向他们请教一些技巧。

四、岗位人员配置

在呼叫中心，做好人力资源配置是人力资源管理的基础，简单地说就是将合适的人放在合适的岗位上，真正做到适才适所。配置应该包括两层意思：一是人员数量的配置，二是配置的合适与否。要做到人力资源的合理配置，第一，要预测岗位数量，要按岗配人，不能按人设岗。第二，通过竞争上岗实现合理配置。第三，组织结构设置需合理，必须根据生产经营情况，对机构科学设置，做到精简高效。

在前文，我们已经说到了组织结构设置的合理性，接下来就分享下人员预测和配置的合理性分布。

一般情况来说，如果是基于业务量预测为前提的，还要细致地测算出不同月份的人员配置比例。如果是没有具体工作量的，则要进行具体工作的写实和对比，最终决定人员比例。呼叫中心的人员配比主要衡量一个呼叫中心各级岗位之间的人员比例，尤其是一线员工与班组长之间的比例。既不能太紧张，也不能太松。需要根据整个呼叫中心运营的生产效率情况，精确每个岗位的人员配比。这里有几个公式可以提供作为参考。

（一）客服代表人数

客服代表人数＝月均话务总量×人工接通率指标×人工平均通话时长／每人月额定工时×工时利用率×出勤率

	项目	数据	单位	人员（人）
客服代表人数	月均话务总量		次	#DIV/0!
	人工接通率指标		比率	
	人工平均通话时长		秒	
	每人每月额定工时		小时	
	工时利用率		比率	
	出勤率		比率	

客服代表人数配置

（二）座席数量配置

座席数＝忙时人工呼叫次数（次／小时）×人工接通率指标／平均每座席每小时服务人数

	项目	数据	单位	坐席（台）
坐席数量配备	忙时人工呼叫次数（次／小时）		次	#DIV/0!
	人工接通率指标		比率	
	平均每座席每小时服务人数		人	

座席数量配置

（三）专席坐席人员配置

可以根据所在呼叫中心的实际情况制作一张人员测算工具表，具体如下：

编号	运算方式	参数	计算结果	备注
专家座席人数				
呼叫中心业务量				
1	月投诉工单处理量		3,000	投诉工单月均增长比例＊邻近月投诉工单量
2	单位投诉工单平均处理时长	300		平均处理单张投诉工单所需时间（秒）
3	月投诉工单处理总工作量（小时）		250	投诉工单处理量＊单位投诉工单平均处理时长/3600 秒
4	月业务办理工单处理量		15,000	业务办理工单月均增长比例＊邻近月业务办理工单量
5	业务办理工单平均处理时长	180		平均处理单张业务办理工单处理所需时间 /3600 秒
6	月业务办理工单处理总工作量(小时)		750	业务办理工单处理量＊业务办理工单平均处理时长
其他渠道业务量（如网上营业厅）				
7	月其他渠道投诉工单量		500	其他渠道投诉工单月均增长比例＊邻近月其他渠道生成投诉工单量
8	单位投诉工单平均处理时长	180		平均处理单张投诉工单所需时间（无法估算值，假设每个需要 3 分钟）
9	月其他渠道投诉工单处理总工作量		25	其他渠道投诉工单量＊单位投诉工单平均处理时长 /3600 秒
总工作量				
10	月业务专家座席总工作量		1025	投诉工单处理总工作量＋业务办理工单处理总工作量＋其他渠道投诉工单处理总工作量
单位人员工作能力				
11	单个人员月平均工作时间	176		每周工作 44 小时 *4 周 / 月 *3600 秒 / 小时
12	人员工作效率	60%		除了处理投诉及业务工单外，还需要大量时间协调推动相关部门解决问题，以及进行投诉分析
13	单个人员月有效工作时间		106	单个人员月平均工作时间＊人员工作效率
业务专家座席所需人员			10.0	月业务专家座席总工作量 / 单个人员月有效工作时间
考虑备员情况需配备人员			11.0	在实际需要人员基础上建立 20% 人员备员

专席人数测算

其他各管理支撑岗的人员配置也可以根据生产人员的比重进行配置，比如班组长的配比可以是 1∶15，质检人员的配比可以是 1∶25 等等。

整个呼叫中心的人员用工成本可以按照定编人数 × 人均人工成本作为年度的成本包，在合理的人员配比之下，可以和能力提升、激励考评机制进行有效结合，对于节约出来的人员及成本包作为竞赛激励的方式奖励到团队或个人，拉开差距，上不封顶，体现多劳多得，拉高标杆，在考核机制的设定中，要体现个人业绩与团队业绩挂钩考核。

□ 第三节：责任制体系划分

责任制体系的划分体现在“团队划小”和“事项划小”上，从字面上来解释的话，可以将它解读为：团队人员的划小分层和关键指标的分层承包。如果在日常的工作中，只将“划小承包”的重点放这两点上是远远不够的。推动“划小承包”的真正动力和关键的是“支撑”。从呼叫中心的管理层到一线骨干，从责任单元值班长到各支撑团队，以问题为导向，以支撑一线为方向，全力做好“划小承包”的的和整体性开展。

一、团队划小：2017 年开春，一场新的挑战拉开序幕

呼叫中心的重要特点是人力密集型、技术密集型、知识密集型，其中人是最根本的基础。月流失率超过 30%，可以说是随处可见，万号大学也不例外，因此我们经常陷入人员流失大，拼命招聘新兵，社会对服务要求的剧增导致新兵培训期拉长，促使老兵工作压力剧增，结果就是造成更大的人员流失。业内有一种说法，当新兵占比超过 30% 时，就会进入如上恶性循环中。2017 年开春万号大学第一生命线又迎来了挑战……

挑战 1：随着智慧客服建设和走心服务的推进，话务能力持续提升，各类 KPI 面临瓶颈。经过三年的话务分流，万号大学人工服务量从 210 万 / 月下降至 175 万 / 月，简单的账务查询、故障报修和业务受理等服务由 IVR、QQ 客服等取代，疑难的话务主要由人工承接。随着话务结构的改变，对于人工服务的要求也逐步提升，从 2016 年开展 16 个话务场景的话务脉络梳理和标准化执行，到 2017 年开展“走心”服务活动，探索差异化服务，追求用户体验感知和服务价值体现，用户满意度从 97% 提升至 98%，质检鉴定的用户优良感知率达到最大限度的 85%。然而这“一点”的进度，却让衡量人员效率的小时接话量从 20 个缩减至 16 个，员工 KPI 受质量指标制约，效率很难释放。

挑战 2：行业招聘困难，而收入水平、指标压力、班次是导致员工流失的三大核心因素。目前呼叫中心最核心的部分还是人工座席，现在的客户对于服务意识的强化、对服务体验的要求多元化，因此我们需要的是有服务意识和自我心态调整机能的高素质人才，然而事实上人工坐席的社会地位却跟要求不匹配，或者说我们很难招聘到有能力且脚踏

实地的、愿意从基层做起的人才。老员工还在不断的流失，尤其是核心的骨干员工，导致流失的主要原因：在高要求的服务标准下，感觉获得的薪酬收入不对等；众多的指标要求，每天都要保持谨慎的接话态度，感觉非常疲倦；随着工作年限的增加，一部分一线座席已步入中年化，对家庭的职责、对孩子的教育成为人生的侧重点，现有的班次已经最大的焦虑点。

挑战 3：销售能力逐渐成为衡量呼叫中心价值的核心指标之一。现下的呼叫中心肯定不再是成本中心，而是基于优质服务提高顾客的满意度和忠诚度，从而实现主动营销的价值中心。以台州分院为例，最早开始销售理念宣贯和技能提升，实现的销售规模保持三个分院领先，但是一线的工作时长从 160 秒直线上升至 180 秒，让效率又大打折扣。

在困难面前，万号大学没有退缩！面临人力开源遇阻和人工效率提升的瓶颈，从台州分院开始，进行了内部效率挖潜的划小承包活动。

（一）划小承包创造的奇迹

划小承包的初衷是追求效率，因此锁定话务产量和销售量两项核心效率指标，进行激励重构，设计“以产量为主体，提升效率；以销售为辅助，彰显价值”的承包方案。

在设计方案之前，台州分院带着问题做了详细的调研，明确了划小承包方案初心。

1. 为何员工会受限 KPI，效率指标如何释放？

目前呼叫中心均采用平衡积分卡来评价客服的工作表现，如下表：

产量指标	销售指标	能力指标 50%								值班长打分	KPI得分
话务量	营销金额	宽带预处理率	重复呼入率	派单率	工作时长	岗位技能	用户满意度	话务质量	业务优良率	上级评价	
20%	20%	10%	10%	10%	10%	10%	15%	30%	5%	10%	

平衡积分卡

其中，产量和销售各占 KPI 中的 20%，能力指标占据 50%，上级评价占 10%，意味着客服大部分的精力会放在服务质量和值班长要求事项的执行上。

客服计件计量薪酬由接话量 × 话务单价来决定，话务单价挂钩 KPI 得分区间，区间越高单价则越高，例如台州分院设置如下：

<table>
<tr><td rowspan="11">原以 KPI 为主导</td><td colspan="8">KPI 组成：各项指标有权重占比，且得分区间不同</td></tr>
<tr><td>共 15 项</td><td>话务量（15%）</td><td>宽带预处理率（10%）</td><td>派单率（10%）</td><td>重复呼入率（15%）</td><td>平均工作时长（10%）</td><td>岗位技能（5%）</td><td>用户不满意率（15%）</td></tr>
<tr><td>话务质量（15%）</td><td>业务优良率（5%）</td><td>工单质量</td><td>服务态度投诉／表扬</td><td>业务差错投诉</td><td>劣质录音</td><td>行为绩效评价（10%）</td><td>其他加扣分</td></tr>
<tr><td colspan="8">KPI 得分决定话务单价</td></tr>
<tr><td>KPI 分等级</td><td>＞ 90</td><td>（80,90）</td><td>（70,80）</td><td>（60,70）</td><td colspan="2">（50,60）</td><td>≤ 50</td></tr>
<tr><td>话务单价计酬</td><td>0.6</td><td>0.5</td><td>0.35</td><td>0.3</td><td colspan="2">0.20</td><td>0.18</td></tr>
<tr><td colspan="8">KPI 决定市场化奖励系数</td></tr>
<tr><td>目标档次</td><td>R2</td><td>R1</td><td>R0</td><td colspan="2">未达标</td><td colspan="2"></td></tr>
<tr><td>KPI 考核分</td><td>＞ 85</td><td>（80,85）</td><td>（75,80）</td><td colspan="2">＜ 75</td><td colspan="2"></td></tr>
<tr><td>达标奖励（产量绩效）</td><td>*1.3</td><td>*1.1</td><td>*1</td><td colspan="2">*0.9</td><td colspan="2"></td></tr>
</table>

客服 KPI 评价表

客服为了保证能拿到最高的话务单价，在话务量达到基础值时，会放慢速度接话，确保 KPI 总得分，牺牲基础值外的话务量空间。为了突破这个瓶颈，就必须减少 KPI 对话务量单价的关联性。

2. 如何提高客服对效率的感知？

呼叫中心可能都有这么一种现象，当现场大屏显示一长溜外等时，客服却漠不关心，慢慢悠悠的接着电话，事实上大家都明白接通率的重要性，究其原因，跟运营管理密切相关。平时我们的报表和系统能够实时提示客服个人用户满意度、重复率等指标情况，客服也十分清楚满意度的达标值，也懂得 1 个用户不满意需要用户多少个用户满意来补回，但是效率指标只有简单的工作时长和接话量的显示，跟最终的绩效如何关联、如何影响都不能做到心中有数，从而导致了效率成为客服忽视的指标。所以划小承包的方案设计中，指标要简单，计算也要简单，更重要的是客服能每天知道自己收入值。

3. 如何催生内生动力，让客服自发的多接电话？

现下客服代表都是“80后”“90后”，注重个性解放和独立人格，对团队的概念弱化，往往觉得“自己管自己的，团队如何跟我又有什么关系呢？”所以经常出现，完成了KPI中要求的量或者是值班长分解的产量后，就毫无接话的动力和意愿。怎么才能让客服能自发自愿的接话呢？那么就要把个人的利益与团队的利益挂起钩来，并且设置达量后的倍增机制，促使客服从“要我接话”向“我要接话”转变。

遵循划小承包方案设计初心，借鉴工分制模式，将客服激励模式进行重构。

(1) 产量、销售量拿出来划小团队承包

市场化激励在台州分院已经实行多年，一般的做法是对于服务能力均衡且优秀的团队值班长和个人进行激励，但是团队和个人激励没有关联性，因此我们在原模式的基础上增加关联性要求，团队和个人荣辱与共。

R值目标认领	话务量承包量	成功奖励		团队话务能力（关联项）
		话量绩效	对应团队／值班长	
R3	＞班组排班总工时×（平均小时接话量+1）	×1.3	1000	5项话务能力：话务质检、不满意率、接通重复率、宽带预处理率、派单率。每增加一项未达标，奖励×0.9
R2	＞班组排班总工时×（平均小时接话量+0.8）	×1.2	800	
R1	＞班组排班总工时×（平均小时接话量+0.5）	×1.1	500	
R0	＞班组排班总工时×平均小时接话量	×1	−	
未达标	＜班组排班总工时×平均小时接话量	×0.9	−	

划小承包：产量认领公式

台州分院以月为单位，根据团队排班总工时×不同要求的小时接话量来设定团队产量承包的四档目标值，各团队认领当月产量目标值。若全月完成目标产量值，则团队和团队内的个人享受同幅度的激励系数，若全月未完成目标产量值，则团队和团队内的个人接受同度的处罚系数。

产量认领的公式看起来已经实现了指标简单、计算简单以及团队和个人激励实现正相关，但在实际的运营过程中，需要更精密的调控：

①享受激励的前提是服务质量不下降

将KPI众多服务质量指标简化成话务质检、不满意率、接通重复率、宽带预处理率、派单率共五项，五项指标的阈值为原KPI中的60分得分档次要求，看似降低了要求，但不代表放松了对服务质量的追求。这五项话务能力指标未达成一项，产量激励×0.9，未达成两项，产量激励 ×0.9×0.9，一次类推，折扣不封顶，以此来促进客服对服务质量的重视。KPI 分值月度还是会计算，应用于话务单价的鉴定以及月、季度、年岗位评级和评优评先，KPI 跟月度话务单价的关系从原先按分值区间来分档决定调整为只要满足达标值即可享受最高话务单价。

举个例子：

小万某月话务量 3000 个，全月 KPI 得分 72 分（台州分院 KPI 达标值设定为 70 分），5 项关联话务质量指标中不满意率和话务质检没有达到及格线，其他 3 项均达成，那么小万可享受的话量绩效为：3000×0.6×0.9×0.9=1458。

②团队要理性认领目标值，避免为了高激励盲目认领过高目标值

目标值激励设置已系数方式倍增，意味着完成的目标值越高，享受的激励越大，而话务量完全可以靠加班来堆积完成，团队和个人往往会对工作强度预计不足，出现盲目认领高目标值的状况。所以罚的力度要大于奖的力度，未达到认领承包值，将按达到值降档处理。举个例子：认领 R3 值，但只达到 R2 值，给予 R1 奖励。

③团队认领值要和整体话务量承接值匹配

目标值的设定十分关键，也十分不易。如果出现团队认领的目标值总和超出了需接通的话务量总和，就会造成人人等电话的局面；如果出现团队认领的目标值总和不足以应付需接通的话务总量时，整体接通率无法达标。这就对话务测算和目标值设定的科学性提出了很高的要求。

话务量测算要精准：话务量测算需要有经验、懂业务的排班师来完成，在日话务量测算时既要考虑话务月初、月中、月末的常规走势，也要考虑休假日对话务量的影响，在月度总话量的测算中既要考虑和去年的同比，也要加入当下营销政策和话务热点的影响因素。

团队民主认领目标值：月初认领目标值阶段，每个团队需要召开公投会，公投会上值班长需要说明全月话务走势以及本团队效率状况，思想上引导员工在规定工时内完成承包量，做到日结日清，最终目标值由全员投票决定。

月中逐日通报进度值：每日向各团队通报话量承包完成进度和工时进度匹配度，以及人均加班工时，注重每个时段的达标情况，对于异常数据进行监控和预警，督促团队合理完成承包值。

(2) 指标、收入日结日清

产量＝排班工时 × 小时接话量，公式十分简单，对于团队来说，团队产量＝团队排班工时 × 团队小时接话量，对于个人来说，个人产量＝个人排班工时 × 个人小时接话量。在 KPI 绩效达成 70 分最低要求的前提下，话务单价统一为 0.6 元／通，个人收入＝个人产量 ×0.6× 认领目标系数。客服每天通过自身计算和万宝（日结日清）等方式精准的掌握个人和团队的完成情况、自身和他人的差距。同时，个人和团队能够实现以日为单位，日结日清的完成承包量。

(3) 日产出多劳多得

为了鼓励多劳多得，激励高产量的客服能再垫垫脚，在日结日清的基础上，设置日产量达标激励，如下表：

话务量日产出	产量单价	团队话务能力（关联项）	团队系数加惩
≤排班日实际工时 × 平均小时接话量	×0.6	5 项话务能力：话务质检、不满意率、接通重复率、宽带预处理率、派单率。 每增加一项未达标，奖励 ×0.9。	根据团队认领的话务／销售达标情况，对应项目 × 达标系数
超出（排班日实际工时 × 平均小时接话量）部分	×1		

日产量达标激励

月度	团队人均销售积分	团队个人激励系数	团队对应值班长激励
R3	****	1.3	1000
R2	****	1.2	800
R1	****	1.1	500

划小承包：销售认领公式

销售产量的相对话务产量来说月度预测的精确度会较低，这与企业的销售政策和社会的大环境有关，所以很难简单的同比或者环比来测定目标值，一般的操作是根据月初的具体表现来确定全月目标。

销售和效率不是绝对的互斥关系，但确实影响客服效率的充分发挥，为了鼓励大家在接话中多做销售，在激励上采用达标激励的方式，即团队月度达到哪档 R 值，就可以获得相应销售奖励。

销售产量的认领过程中，我们以销售积分的形式来展现结果，为了能实现激励实时可感知，因此遵循“1 个销售积分 =1 元”公式去设置每个销售项目的分值。一般，销售的积分为用户真正安装使用的产品总和的累加值，人工销售费力度大的产品积分要高于费力度小的产品分值。以某通信运营商的月度消费 129 元的套餐为例，该套餐包括手机、宽带产品，若客服推荐成功，待用户安装完毕后，可获得的激励 =10 分(手机) +15 分(宽带)。

划小团队的承包带来了效率的解放，在缺员的情况下保证了接通率。台州分院实施划小承包三个月后，在缺员 30 人的状况下，实现月人均话量提升 17%，15 秒接通率从 80% 提升至 85%；月人均销售积分提升 40%，员工收入四分之一来自销售红利，帮助月收入 4000 元以下人员占比从 35% 下降至 7%。最年能可贵的是用户满意度并未下降，反而上升 0.2 百分点至 98.2%。2017 年 10 月，划小承包机制推广到杭州分院和丽水分院。

（二）划小承包要求运营一定要变化

诚然，划小承包充分激发了员工的主观能动性，带来了产量的提高和收入的提升，员工成就感和幸福感提升，人员流失出现断崖式的下降。同时，划小承包也带来了更多的压力，会出现高要求与当下员工的能力不完全匹配的状况，因此整体运营水平的提高才是确保划小承包效果最大化的重要基础。

对支撑的要求高了。

文化支撑，理念无处不在。呼叫中心都有个魔咒，效率和服务难两全，过分的追求效率会带来服务的滑坡，过分的追求服务会造成一线花更多的时间照顾用户的情绪。划小承包在运营之初就意识到这个问题，所以我们倡导产量日结日清的理念，强调产量逐日均衡的完成，避免“月初想偷懒，月末疲加班”状态，从而缓解高产量下客服工作的疲惫感。

为了能让日结日清理念深入人心，就要让万号大学到处充满日结日清的元素：大屏每日传递运营主管的一句话，“日结日清，从第一天开始！”、“高效查账，有效说话！”……

话房里制作超大展板，每天更新划小团队完成进度；每个划小团队都拥有自己的文化园地，实时盘点团队内日结日清标兵；电视机等宣传途径循环播放效率方法、技巧，并且让优秀的标杆上电视。

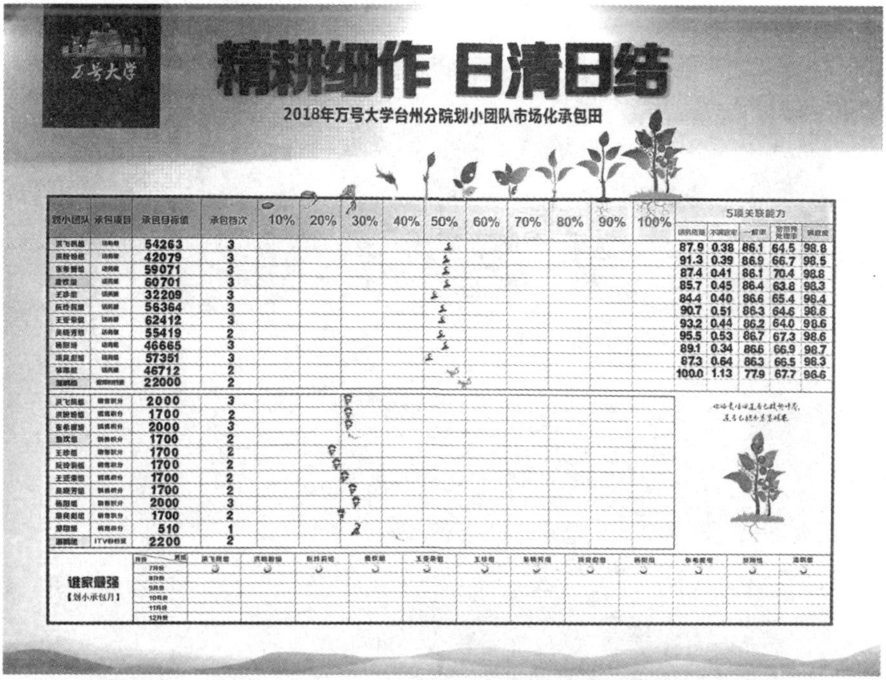

机房展板

技术支撑，业绩、激励随时随地可查。日结日清要真正被所有客服接受和认可，那就必须与客服个体密切相关的收入关联起来，每个客服需要随时随地能看到今天自己做了多少、收入有多少？上班时，在客服间通讯的电脑客户端上开发实时查询模块；下班时，开发万宝 APP，团队及个人随时可查业绩、激励情况。

万号吉尼斯

能力支撑，内涵式提升效率。划小承包深入运作后，会存在外延式管理大于内涵式的能力帮扶，在部分人从划小承包中获得回报先“富起来”时，会有另一部分人员能力与划小承包要求不完全匹配，在辛苦付出没有收到想象中的回报时，这部分人员压力感倍增，最终导致流失。为此，台州分院策划“充电计划”，通过忙闲时的人员调度，以小时为单位安排忙时接话、闲时脱产培训，保证月度人均 6 小时的充电时间，在划小团队负责人的规划下，协同各支撑班组人员结对帮扶，以能力提升换效率，摒弃以加班来冲量的做法。

（三）管理工具：循环训练，话术被真正应用于服务

差不多每个呼叫中心管理人员都会从一线总结一些标杆的服务经验或者是服务话术，复制推广到全员，通过这种方式来支撑一线服务能力成长，在划小承包执行过程中也特别需要内涵式的提升员工效率，而非靠加班或者每天加一点班来实现。此时，就非常需要有更多的服务方法被总结并被运用起来。然而，方法可以总结很多，但是一线的应用率却只能徘徊在五成左右，无法带来高效的产出。问题出在哪里呢?

从万号大学对于服务标准的追求来看，经历了话务脉络阶段，我们实现了服务的标准化，同样的用户诉求不同的客服代表可以提供一致性的服务；接着进入“走心”服务阶段，我们希望能够提供千人千面的差异化服务，这就不是同一的话务处理步骤同一就能实现的，需要客服能够识别用户类型、能找准用户的真正心理诉求、能顺着用户说“不”……，总之，对客服的沟通技巧提出了更高的要求，沟通的技巧就不是通过几场培训、N 个话术就能“走进”客服的心里，再被运用于实际的话务。

因此，对于标杆的方法，我们更多的是通过一系列标准化定制动作来做落实：

1. 结合“盲区”看标杆：听案例学技巧，标杆也是杠杆的着力点，借力标杆学优秀，复制优秀经验；给方法、享方法、用方法。

2. 反思“问题”定方向：反思问题案例，反复对反面案例做抽丝剥茧，重复纠正，以助推能力提升的速度。

3. 阶段复盘可闭环：利用好 360 度反馈评测与报告，对成效和周期做调整。

运营支撑，与一线走的更近。为了能更好的带领团队向高绩效冲击，划小团队负责人学会每月复盘，总结得失，对目标认领有清晰的规划，也更重视对组内成员的了解，深入一线沟通，讲指标必讲方法，提升组员效率能力；为了忙的时候让更多的人接话，闲时最大程度的安排充电学习，话务和排班要高度拟合，因此排班师预测话务要更周全，

结合话务热点、周期性来研究话务规律，话务调度要更及时、有效。目前，工时利用率保持 85% 以上，员工也更偏爱在规定工时内接到更多的话务，不希望出现等电话的现象。

（四）划小承包带来的思考

1. 要认同和理解后才去做，否则对中间可能出现的问题没法主动设防。划小承包对传统的 KPI 考核方式是一种颠覆性的突破，因此在设想方案的时候需要想明白为何做、做什么，只有认同和理解方案的本身，才能积极面对可能出现的管理风险，见招拆招。

2. 实际上是对运营能力的全面检验，管理支撑的压力最大。 划小承包之所以在万号大学发芽和生根，不在于方案多完美，而是运营能一致向一线看齐，了解一线的难处、困惑和需求，不能一包了之，要帮助一线完成，而不能把压力直接加在一线身上。

3. 过程要跟踪好，不断优化。 要建立复盘的观念，月初的签约仪式固然重要，月末的及时复盘更有意义，盘激励，看收益与成本是否对等，盘员工收入，是否态势健康，盘不足，目标设定是否合理，只有及时复盘，才能保证划小承包模式进入良性循环轨道，越走越远。

二、事项划小：积累“身资”的项目制

呼叫中心的发展可谓“非常快”，只比光速发展的科技慢那么一丢丢而已。从初期的电话中心，到营销中心、利润中心，再到多媒体呼叫中心，再至人工智化时代的智能化呼叫中心。呼叫中心定位的变迁，与时代与技术的衍进息息相关。

做为呼叫中心的客服人，无不希望所服务的呼叫中心在业界是排位一流的行列，这样不仅可以学到和实践到更多呼叫中心的运营经验，还可以为自身积累出不斐的“身资”。当然，排位一流不是说说就能实现的，更需要“干出来”，必竟有付出才会有回报，有努力才有可能得到。

那问题就来了，作为客服人，是不是会有这样的感觉：

☆ 做不完的事。为什么这件事没干完，下件事、下下件事、下下下件事……已经排在行程表上了，到底要先做哪件呢，真想泪奔啊，世界那么大，好想说走就走呀。

☆ 时间不够用。我们仅仅是公司的其中之一部门，为什么对内面向公司要通晓百科，对外面向行业还要事事兼知，时间，你都到哪里去了，好想打白条赊账呀。

诚然，人有压力才会有动力，但长时间的持续压力很容易消耗人的精力，产生身体与心理的双重疲惫感，从而影响到工作的效率与质量。既然我们希望跻身业界一流的呼叫中心的目标不能变，积累不斐身资的目标不可变，那唯一能变的就是方式与方法，项目制就是一把金钥匙，它给予的最大改变是将骨干的“单兵作战”转化为“团队作战”，将单人的压力与困境以团队的智慧去化解。

呼叫中心的项目制与常规意义上的项目有定位上的不同，常规意义上的项目通常是解决一个问题而成立的小组，而呼叫中心的项目通常是为了解决一类问题而成立的，这是两者本质上的区别。实际上呼叫中心的项目制就是将需要体现中心价值的事项进行梳理整合，以明确清晰的目标为纬度，将其分割成 N 个项目，各项目组既分开运营，又协同运营，以确保项目的运作始终以既定的目标为方向，以产出的贡献来助力呼叫中心价值最大化的体现。可以为呼叫中心带来的好处有：

力量集中化，最精锐的人员去做最重要、最关键的事，速度与质量有保证。项目制要解决的是彰显呼叫中心价值的事项探索与研究，其对人员的能力建有底限要求，相近层次多元思维不同性格的组合，更易将“三个臭皮匠，顶个诸葛亮”的成效发挥至最大，更易在专业的纵深面，举措的“举一反三”上探寻出不一样的天地。

命运共同体，让最精锐的人员始终与呼叫中心有共同的使命感，从而相对也使其与呼叫中心有共同的荣誉感，关键人员稳定性有保证。项目制将事交予人，用事激励人的方式，使“90 后”的年轻群体更容易体会与感悟到呼叫中心对其的重视与认同。留住了最精锐的人员，其他人员的适度流失对呼叫中心而言是新鲜血液的置换，流失对呼叫中心的影响也将缩小。

人才发源地，运用思维与技能的交流，使知识迅速衍化为能力，人员的能力持续提升有保证。项目制的小组运作方式，使得参与项目制小组的人员既是能一顶一的专长骨干，又必须得成为团队中其他人员的 B 角，有潜力有学习力的人员在运作推进中，可以获得快速成长，使自身的能力得到快速地积累，从而使呼叫中心的人才蓄水池更加丰盈。

（一）“简单粗暴”的项目制

项目制该怎么做呢？答案是简单粗暴。从整体而言，创建项目制只需要完成两件事：“做什么”？和“谁来做”？

1. 做什么？

答案是凡是能体现呼叫中心价值的都可做，但并非“眉毛胡子一把抓”地做，而是要做那些普通人员要花较长时间或很没有思路，但却又非常重要的事项。

项目的设定范围如果单用业绩来定义，那是狭义的。除此外，技术的突破、技术在IVR、多媒体自助渠道、业务或服务侧的应用、业务链条优化或缩短对效率的提升、人员的能力提升、培训在效率或质量的突破、人员综合素养的优化等等都可以纳入。总之，凡是能在现阶段或未来短时间内对呼叫中心的价值产出有最大助益的，均是项目制可做的范围。

项目的方向要单一且清晰。单一的方向有助于项目在颗粒度细化上有更纵深的研究，切勿出现项目与项目之间交叉。如人员的能力提升与人员综合素养的优化之间就有相互交叉或包含的关系，这样未来在事项推进中，容易出现项目组间的分工不明确，以致造成事项的无法落地，影响项目的进度与成效。

同时，项目的方向能用一个词或两个词表达清楚的为最佳，也可直接将方向命名为项目组名称，"粗暴式"的命名更易使项目成员时时谨记初心。

项目的关键方向确定后，并非就"一锤定音"解决了项目做什么的问题。呼叫中心的项目明确后,是需要运行一段时间去解决同一类问题的。因而也就要求在项目推进过程中，要不断地根据呼叫中心运营现状、外部环境的变化，持续地梳理、挑拣出与项目方向相关的事项融入项目的事件范畴，丰富项目的内涵。

以管理效能专项小组的定位为例：

管理效能专项小组组建于 2016 年 1 月份，工作室的成员来自于分中心的各个专业模块，均是各专业梯队中的骨干人才，集运营管理、运营支撑、业务培养、综合支撑于一体的。团队成员协同作战，紧密配合，主旨是对当前管理过程中遇到的难点和日常工作中常态化事项进行剖析，通过以制定标准化的管理动作和标准化工作流程的方式推动解决，提升管理人员的管理效率和能力，从而提升整体运营效率。

从 1 月份创建至今，工作小组前后分别推出了"3+3"管理办法，分别是现场行为管理办法、重点业务学习管理办法、绩效提升管理办法 3 个管理 办法和重点业务抽查标准化、班组例会标准化、录音分享标准化 3 个标准化。同时"3+3"管理办法获分中专项 PK 一等奖，并运用推广至全省运营。

2. 谁来做?

项目制的推进载体是项目组，通常项目组是由项目负责人及若干成员构成。那么，该如何挑选，又如何搭配成员呢？

项目负责人是项目组的灵魂，而适度的竞争能形成有效的思维交流，并能使竞争者对获取的项目产生强烈的珍惜与荣誉感。采用呼叫中心内部招标形式，选拔项目负责人这样创新性岗位的领袖人物是最简单最易运作的方式。首先向内部员工发起项目招募的认领通知、员工通过自愿报名，招标会的方案设计发布后，即可轻松挑选出意愿强，有想法，思维逻辑、表达能力与协调能力俱佳的人员。在圈定人员时，同步要对其历史的执行力与执行能力进行评估，会说只能证明有想法，说完后会做且正确地做才会产出成效，只有会将“说”与“做”有效结合的骨干，才能带领项目组完成初心与既定的目标，才有可能深化探索项目的深度与各种可行方案，发挥出项目组最大的价值，产出更多的成果。该方式对呼叫中心而言，筹备简单，只需发布招标的项目即可，及排定招标议程即可，有意愿有想法的员工就会自动“找上门”。

当项目负责人选定后，项目成员的选聘工作可以直接由项目负责人推荐侯选。一方面可以考验项目负责人的领导与协调能力，另一方面经验也告诉我们，只有具有同样“灵魂”的团队，才会拥有最强大的“团魂”。

当然，交由项目负责人推荐侯选并非是指呼叫中心管理层对项目成员的选配即放任不管，而是指在成员选择时授权的度可以向项目负责人做倾斜。各个项目的负责人并不一定都具有人力资源的经验，在选人过程中呼叫中心经理、HR 可以适时进行指导并提供建议，支撑项目组的组建。在人员最终圈定的权限上，要向项目负责人的选择做倾斜。哪怕呼叫中心经理、HR 等觉得“我一眼看去，这人就是不合适”的，也不要以强制的命令或批评的暗示在当下进行干预，而是可以在事实后果出现后进行引导性地分析与指导。没有什么比事实与亲身实践更容易教会人认识到错误，从而在挫折中吸取经验，思考式、领悟式地快速成长。一次在内部的小失败可以让我们收获能力不断强化的骨干，这是一个投资回报率极高的事，何乐而不为呢? 更何况充分的信任与授权，可以使项目责任人建立起更强的责任担当意识，对呼叫中心这个团队产生更强烈的归属感与获得感。

通常在成员选择时的基础原则：

☆　合作原则：一个人即使是才华横溢，能力超群，但如果不懂得与人合作，不懂得将长处借团队变得更长，不懂得把短处借由团队互补而消融，团队就无法形成最大的合力。通常，无法合作的人也会因付出未得到团队认可而产生负面的抱怨，影响整个团队的运作。三个臭皮匠，顶个诸葛亮，只有合力才能让“诸葛亮”亮相。

☆ 互补原则：在知识、技能上要考虑互补原则，这样可以使项目团队在实操能力上不致于出现明显的短板，以避免因此而造成项目推进过程中出现某一方面的瓶颈而无法解决。

☆ 相似原则：在价值观、对项目制的理解上要考虑相似原则，只有拥有共同理念的团队才能走得更稳与更远。

（二）简单中的不简单

项目组的组建，从呼叫中心管理层上可以通过授权方式，最大化利用与发挥骨干人员的能力，而简单粗暴地创建起“梦之队”。但项目组建立后的运营是实现项目价值的关键过程，呼叫中心需要对其进行管控与监督，时不时地对项目组拽拽手、踢踢脚、领领路，使项目运营始终走在正确的路上。因而呼叫中心对项目组的运营管控或引领必须要坚持“不简单”的原则，抓好关键点。

1. 做好项目方向的管控与引领。项目组的计划与举措通常会实行阶段制，每阶段的方向都牢牢地以项目大目标为牵引了吗，还是目标只是目标，规划只是规划，那些只是凑巧写在了一张纸上而已，明天做什么永远在明天来临的那刻才慢悠悠地被脑细胞榨出；列出的阶段小目标可以有效衡量举措的有效性吗？还是小目标已是目前能达到的，无难度的设计只是为了让项目“听”起来似乎很有成效而已；要实施的方案与动作可以解决短板的大部分问题吗，还是每一次都只是将简单地、最容易做的做了，难的还丢在一边无人理睬无人研究……。方向是灯塔与路引指示牌，只有正确地指引，才能让项目组在摸索的黑暗中找到正确的航道。

常用且易操作的方式有：

☆ 固定周期的沟通例会，可单周或双周，视项目进度的难易与阶段决定。沟通内容可包含口头汇报、现阶段成果或具体进程实例展示、下阶段预期成效框架解说、需支撑问题沟通等环节。

☆ 固定周期的计划与盘点表，在每个固定时间点项目组向呼叫中心递交计划与当前阶段的成效盘点，呼叫中心管理层根据既定时序安排检查进度与质量，并指导。

2. 做好瓶颈期的员工激励与压力疏导。项目组的成员是由"志同道合"的骨干人员组成，成员间一般都能以"共同目标"为激励，运用超强的自我修复能力化解。但若遇上始终无法攻克且持续时间长的瓶颈时，在自我要求高与久攻不下的心里燥动的矛盾冲突的循环下，再加上进度落后的压力，容易出现团队在自我能力的"全盘否定"，即有可能会出现崩溃式的坍塌。而呼叫中心管理层的管控需要在坍塌前就能预警到苗头，并及时界入化解。稳步走过这个阶段，项目组的凝聚力与问题解决能力将可呈现明显的阶梯式上升。

☆ 如何识别苗头。连续两次及以上没有明确的项目新进展或突破，进程开始落后、发言风格明显从实转向虚、项目会议时间明显增多尤其是非工作时间的占用比例幅度上升快且大、项目成员的精气神下滑、与中心管理层就项目的日常主动沟通频次趋于下降或停摆等，都是项目组在运营过程中出现某方面问题的细节体现。

☆ 如何化解，唯有沟通。一是借由沟通，重新勾起、强化并放大项目组建的"初心"，用回顾初心的形式再次去勾勒出未来的蓝图，用目标牵引，进而填充、融入、激荡起项目组成员似"勇士的战斗力"。二是借由沟通，获取瓶颈的关键，并提供关键资源的支撑。如对自身无法突破的瓶颈，寻找到专门的培训课程、其他部门专精的研究人员等，以送培或师徒结对等形式，为其铺就技能提升的有效途径，传授技术与方法。三是借由沟通，传递呼叫中心对项目组的信任与信心，运用"历史事件认可举例"的形式，帮助项目成员找回自信心，进而演化成形于内的动力。

3. 做好项目成果评估与激励。在呼叫中心，项目制运营有专职与兼职两类，选用哪种方式是根据呼叫中心的资金与人员配置情况、组织结构及呼叫中心未来规划等因素而决定的，两种方式各有利弊。人员与资金相对充裕的大型呼叫中心一般以项目组或项目部形式研究与探索，其人员成本与激励单列。但大部分呼叫中心项目组是采用兼职的形式，即在正常工作职责基础上，叠加项目组工作，并以项目组最终产出价值为效果评估依据，拨出价值的百分之 X 给予项目组激励。那么如何评估成果呢? 成果评估可以从三个纬度推进。

☆ 数据评估。即将项目组最终达成的成果目标与立项时的最初目标进行对比，完成的、超额完成的按承诺方式进行激励奖金的拨配。这是以结果数据为导向的一种评估方式。

☆ 联席评估。即在目标完成情况的数据评估基础上，再增加项目推行过程中相关配合团队、受益团队对项目组的评估，从配合度、举措或方法或平台或技术的应用有效性上进行叠加评估，各评估项设定权重，最后以累加的分值与达标值间的比例来评定项目的价值。这是将结果与过程进行同步评估的方法。

☆ 一线感知与客户感知评估。即从应用层的感知角度上去评估项目的有效性，该方式适合需一线配合操作应用较多的系统或流程类优化、创新项目。

三个纬度的评估，可单独也可叠加使用，数据评估更适用于业绩型提升的项目，联席评估更适用于跨部门联动支撑的项目，一线感知与客户感知评估则更适用于对一线与客户操作或改变较大的项目评估时运用。

（三）从 1 到 10000 的岗位创新机制

项目制的设立是通过集结智慧，突破瓶颈，解决影响呼叫中心效率、能力、感知等一系列的关键问题，促进呼叫中心的价值进一步提升或扩大。项目组在实施过程中总结的体系性的解决方案即是一个浓缩着智慧，经实践检验具有可行性、操作性地创新成果。项目成果如单以项目组为终点那它只能是一个项目成果而已，无法展现其最大的价值，会非常可惜。那么，如何助力其价值的延伸与扩展呢？岗位创新机制应运而生。岗位创新机制即借助标杆工作室等载体宣传项目成果，并通过有组织有计划地推广，进一步使成果在更多领域、或更多同类场景中被应用，其定位是做“举一反三”的探索者与推广者。

当然，岗位创新机制所推广的并不单以项目成果为内容，它还包含员工的微创新，如服务小技巧，系统操作小决窍，营销成功率提升小方法，绩效进阶小妙招等等。凡是方法只要兼具价值，均是岗位创新所要服务的对象，以使其价值从 1 提升到 10、100、1000、10000……。

1. 岗位创新的宣传与推广要有载体。即机构，如标杆工作室、创新部。该机构可单独设立，也可以是虚拟团队形式组建。

(1) 成员配置。考虑创新成果的推广需要计划性与体系性，且需要从“举一”中去探索“反三”的模式，在成员组成上要考虑配置设定承担固定职责的人员，以满足或保证创新成果可以及时被挖掘或关注到，并得到推广。其它成员则可根据项目的不同，邀请项目组的主创人员加入。

(2) 岗位创新机构的运行要建立制度，明确机构职能、运作方式及激励机制等。

2. 如何发现有价值的成果。两个原则，一是主动原则，二是被动原则。

(1) 主动原则。有成果、有方法、有经验的员工或项目组向岗位创新机构主动申报，填写申报书，涵盖方法名称、可解决的问题及亮点介绍。

(2) 被动原则。即由标杆工作室主动出击去寻找与发现成果。目标人员有项目组、标杆员工、某一方面业绩突出的小达人、有特长的骨干等．

3. 做好标杆方法的萃取。主要萃取人是申报人，标杆工作室负责对其进行指导与支撑。

(1) 化繁为简。一篇1000字的经验介绍与一页被提炼成3～5句话的动作说明，让一线客服人员挑选，哪个会被选择？无疑是后者。越简单越容易被学习、被应用、被口口相传地推广。项目组的成果通常是体系性地一系列地举措，标杆工作室需要对举措进行拆解、细分，将大的举措拆解成若干成小方法，便于后期推广时分步骤推进，更便于学习。

(2) 深化提炼。源于一线客服人员的经验与方法，其最大的好处是“原汁原味”。但由于一线客服人员的素养不同，其提炼的操作方法或内容在层次与目标的“度”上可能会与呼叫中心想要的水平存在差距，标杆工作室要做的是在“原汁原味”基础上深化，使提炼地内容能深层次解决呼叫中心存在的短板问题。

(3) 讨论式检验。提炼好地方法在向一线推广前，最好召集申报人、员工代表及方法推广或应用后涉及的相关部门人员一起参加一次“头脑风暴”会议，从多纬度去检验提炼的“工作方法”，最终形成标杆方法。

4. 推广的三个阶段。推广过程中，由于目的不同，通常可分有试验期、终审期与推广期、复制期四个阶段。

(1) 试验期。申报人可将提炼好的标杆方法，自行选择一个班组（如管理方法类）或是部分员工（如技能提升类）进行试验，并提供最终的成效数据。

(2) 终审期。由申报人试讲，工作室小组成员对优化后的“经验分享”形成的课件进行再次审核。审核通过即表示该工作方法的专利申请成功，工作室向其授予专利称号，称号名称为“申报人名字＋主题场景经验分享”，如“张三现场管理方法经验分享”。

(3) 推广期。原则上以培训＋实操相结合方式进行推广，具体推广方式可结合标杆方法的特性进行定制。在推广的培训师资上，要赋予申报人优先权，建立成就感。

(4) 复制期。可以强弱结合的方式复制标杆方法的落地，由弱项人员主动提升结对，需要根据具体自身情况、班组能力定制具体计划。

案例展示：管理效能专项小组的标准班组会工作法示例

【标准班组会流程】

一、定目标

每一场班组会在召开前都要明确当日班组会的主题、要达到什么目的和目标，要解决什么问题、达到什么效果。

二、备材料

1. 价值引领部分材料准备（常态班组会）

2. 班组指标分析部分（常态班组会）

3. 录音分享部分（专题分享会）

4. 近期重点业务（学习分享会）

5. 其他重要内容

三、会议准备及通知

1. 参与的人员（班组成员、观摩人员、领导嘉宾）

2. 定时间选地点

3. 会议通知（要求通知发布 2 次。首次在会议三天前或者班组可以根据班次固定班组例会时间，便于提前安排；第二次安排在会议当天，再次进行通知，作为提醒）

班组会常规事务

第一步，会前怎么看

1. 日常多积累：碎片化学习，通过 APP、公众号、书籍、各种文献，增加知识储备。

2. 日常多分享：制定班组分享学习时间，班组会必须涵盖，其他沟通提升会中不定期宣贯。

第二步，会中怎么说

（一）价值引领怎么说

1. 时间要求：开场 10 分钟（可根据实际班组时间及事项安排增减）

2. 内容涵盖：价值引领文献（故事、价值观、杂文等）、优秀文章、宣贯文化理念、减压方式（形式上尽量丰富，如文章、视频、现场带动等）

3. 内容宣贯：

（1）与本期主题内容紧密联系举例

（2）与万号大学倡导的价值观与近期重点主题相符

（3）与本组现阶段主要问题相结合

第三步，会后怎么盯

1. 每周或每月抽检：笔试、随机检查、随机抽问等形式可根据落实问题的类型进行选择。

2. 走动式管理：现场行为习惯、员工的心态、对中心员工行为或心态不能视而不见排除"老好人"管理方式

3. 员工分享：设立固定时间点，要求员工互相分享形成人人学习的大环境，让员工影响员工

5. 激励机制

激励根据职能的不同，需要对申报人给予方法创新的激励，对方法审核人员提供支撑激励，对员工给予有成效的应用激励。

在激励形式上，一是可由标杆工作室召开专题的应用发布会，对申报人方法的创新性，及推广应用后取得的价值成效进行结果公布，以点带面在呼叫中心内激起创新浪潮。二是向申报人提供的激励可以以现金为倾向，其他人员的则可视呼叫中心的机制，在个人绩效、学分等方面进行嘉奖。奖励形式的差异也是进一步让员工感知到创新价值的一种方式。

第三章

[激励体系——解决愿意不愿意做的问题]

员工需要被激励，就如同植物需要阳光，动物需要氧气，它是必需品，是企业健康发展不可或缺的一部分。好的激励体系包含着合理而规范的制度、可持续发展的晋升渠道，也需要企业文化的加持。运用好激励，让员工不仅仅会“认真工作”，而是可以做到“热爱工作”。打造一个有热情度的企业，员工对内把企业当成家来维护，对外每个人都是企业的活招牌。让员工愿意做、抢着做、笑着做，是激励体系存在的意义。

□ 第一节：什么是激励体系

作为企业管理者首先要清楚，工作内容、工作时间、工作挑战等，无一不在考验着员工的士气、热诚和敬业度。了解员工的心态，是要在激励之前做好的事。结合“10000号”的人员构成情况，以及“10000号”人员结构的不稳定性，必须做好精神激励和物质激励双抓手。对内可以保证企业的热情度，对外提高企业的美誉度，对员工自身来说，也可以得到归属感，因此激励的设置与执行至关重要。

一、激励体系的概念

激励体系是指通过特定的方法与管理体系，将员工对组织及工作的承诺最大化的过程。

激励两字拆分来看，“激”字有激发、刺激之意，而“励”字，传达了劝勉、振奋的感情。对于解读“10000号”的激励体系来说，简而言之，就是企业通过某种形式的刺激对员工起到振奋精神提高效率的作用。

二、为什么要建立激励体系

通用电气的 CEO 杰克·韦尔奇用以下的比喻来强调激励的重要性："公司的员工就像你的种子一样，你给他们的鼓励就像灌溉和浇水，他们会不断地成长，你在花园中，公司里的花园会长杂草，将他们拔掉，将绩效不好的员工赶出去，你的工作不是吓别人，而是帮助员工不断地发展，就像美丽的植物和花朵一样，能够长得非常漂亮。"

可见激励对于员工，就如同灌溉之于花园，"10000 号"作为一个大型呼叫中心，有着一些不容忽视的特殊属性。人力资源已成为一种战略性资源，是企业发展中不容忽视的因素。而在人力资源管理的众多手段中，激励体系又是重要内容之一。

目前"10000 号"面临两个主要问题，需要使用激励手段去解决。

（一）人员流失量较大，是呼叫中心面对的共性问题，面对企业的人才外流现象，如何留住人才是管理的难点之一。建立有效的激励体系是解决此问题的关键。"10000 号"目前的人员构成，员工综合素质相对较弱，他们中的大多数只能从事一般的、技术含量低的工作，真正懂得经营、管理、技术、业务等全方面知识的复合型人才很少；另一方面，企业中一些有能力、有经验的管理者和技术、业务骨干流失却相对严重，由此造成的人才匮乏成为当前发展的障碍。由此看来，建立有效的激励机制，可以用以留住和吸引人才。

（二）激励体系更是提高"10000 号"整体绩效的重要手段，有了好的绩效才能更好的生存和发展。而"10000 号"想要达到整体绩效的提升，就要专注于先提升员工的个人绩效。一百根发丝拧成一股绳，力量才会翻倍的成长。然而我们在以往的管理中，常常会发现，有些能力较好的员工，绩效未必能高过资质平平的员工，可见好的绩效水平未必和个人能力成正比，出现如此现象的原因，很大程度上，是因为激励运用不当。个人绩效与激励方式、工作环境有很大的关系。员工能力再好，如果缺失了工作积极性，也是不可能有良好的行为表现的。

所以，在"10000 号"建立一套适用于内部的，乃至呼叫中心行业的激励体系，对整个行业的健康发展，尤为重要。

三、激励体系的原则

对于员工的激励问题，每个公司由于实际情况不同，都会有自己的激励政策和措施。激励政策与其他人力资源政策的不同之处在于：激励政策有更大的风险性，如果它不给公司带来正面的影响，就很可能带来负面的影响。

所以，在制定和实施激励政策时，一定要谨慎。如果在制定和实施激励政策时能够注意一些必要原则，则有助于提高激励的效果。

（一）目标契合激励原则

此处的目标契合，指对员工实施激励时，一定要符合“10000 号”的发展方向，也就是激励时要明确，此次激励会给我们“10000 号”带来何种利益。比如这个月重点考核话务时长，那么激励必然是围绕话务时长缩减的。设置激励的方向，也就是传达给员工短期内重点发展的方向。企业内部激励如果出现指东打西的情况，就不是让“对手”防不胜防了，恐怕遭殃的是企业自身了。所以目标契合激励原则对员工来说，是行动的灯塔，是最重要的原则。

（二）预告计划激励原则

要有计划有预告的进行激励，比如发布劳动竞赛，设定绩效目标，达成目标值可以获得奖励。对员工层面来说，也会有“做”有所值的感受。“10000 号”的一大特色即为团队化，在团队的基础上，有组织有计划的开展竞赛，实施激励，可最大程度的管控目标完成情况。管理者可将“10000 号”内部的年度计划，分解成小的单位，如月度计划，再分解到各部门，设定目标值，管控全局，使激励发挥最大效应。

（三）精神物质结合原则

马斯洛需求层次理论将人类需求像阶梯一样从低到高按层次分为五种，分别是：生理需求、安全需求、社交需求、尊重需求和自我实现需求。所以“10000 号”在设置激励时，不仅仅进行物质激励，还伴随着非常丰富的精神激励。尤其是“10000 号”人员构成特殊，年轻人占比非常高，在事业上升期的阶段，工作得到肯定，对积极性的提升有着显著作用。有了积极性，才有迸发更多活力和潜能的可能。

（四）平等公开激励原则

“10000 号”的平等激励原则，对员工来说，本身就是一种激励。在工作环境中，对于同一事件在同一阶段时间内，对员工进行平等激励，是增加员工奋斗动力的决定性因素。平等激励的同时也意味着公开激励，对于员工设定自身目标，并有计划的完成，可以起到推动作用。前期获得某种荣誉奖励的员工，在“10000 号”内部会产生模范作用，达到整个集体氛围向上的态势。所以，奖励的平等公开性，是激励的基本原则。

(五) 及时精准激励原则

及时精准激励,要求无论是正激励还是负激励都讲究一个及时性。做个不恰当的类比,我们观察到驯兽师在训练动物时,做的最多的就是及时激励。完成一个动作,当下马上奖励食物,而做了错误的动作后,也要在错误事件发生地,精准的快速进行惩罚。及时的激励或惩罚,是让激励产生最大效用的最好时机。人类是高级的动物,也是本性善于遗忘,容易产生惰性的动物。所以对产生价值的员工,我们及时激励,可以让激励对象获得心理获得感,以延续正向的行为。而负激励也就是惩罚层面,也要做到及时,有效率的终止员工惰性。

四、如何建立有效的激励体系

如何有效的激励员工,是很多企业管理者都很关注的问题。很多时候,明明给了员工高薪酬,但员工好像"不吃这套",仍然干劲不足,表现平平。那么,如何建立有效的激励体系,反过来,就是要研究明白,员工的脑子里,究竟在想什么?

某知名企业,从事中草药健康行业已有120余年,在业绩稳定而快速增长的同时,公司荣获了由国际权威人力资源咨询机构翰威特咨询公司颁发的"2005亚洲最佳雇主"和"2005中国最佳雇主"两项殊荣。企业内85%~90%的员工敬业度超过了中国最佳雇主70%的平均值,控制在3%以内的离职率更足以招来保健品同行的嫉妒。这亮眼的成绩,离不开此企业的管理理念——员工认可。

他们对员工的认可,通过"表扬"来完成。该公司的掌舵人曾对公司的高管说:需要我去表扬你们的下属时,尽管开口。及时的表扬鼓励,会让员工知道,自己的工作是值得尊重的,是被看到并且被认可的,认可的力量,同样很重要。对其他的员工来说,也是发出了一个信号:公司支持这种行为。

纵观"10000号"的人员结构,平均年龄只有25岁,大部分人都处在一个事业的上升期,这样年轻的一个团队,需要"面包"也需要"掌声"。我们对此处"掌声"的理解,对应马斯洛层次需求理论,即"尊重需求"与"自我实现需求"。所以我们在激励时,采取了物质激励与精神激励相结合的方式,是目前在实践中,建立的最有效的激励方式。

经过数年的理论结合实践的运用,现在"10000号"已经形成一套完整的激励体系。

(一) 在物质激励层面

物质激励包括了薪酬、年度奖励、福利发放、专项奖励、年度抢盘等。

薪酬由岗位工资、绩效工资和各项补贴三大部分组成。“10000 号”的员工可通过基础的工作获取岗位所对应的固定工资，即岗位工资。接下来可通过团队认领，完成团队认领的形式，获取绩效工资，这部分的工资实行计件计量制，也就是想要获取多少薪酬，与个人的努力和团队的努力是分不开的。这样的薪酬制度，便于管理“10000 号”内部的划小团队，利于目标的设置与完成，对于“10000 号”员工来说，也是劳有所得，增加工作动力。

除此之外，“10000 号”为了奖励在年度工作中表现出色的员工，设置年度奖励，也就是年终奖。按照 KPI+ 万号学分 + 上级评价组成的年度评优评先的考核标准，结合日常的考勤关联，做好年度评优评先，结合基数、岗位系数、年工系数、年终考核系数、缺勤考核为总和，表彰员工的同时给予激励性的补贴。

同时激励内容中还有一项企业关怀的激励——福利发放。为了给员工营造一个良好的团队氛围，鼓励员工长期为企业服务并增强企业的凝聚力，提高员工的满意度及对公司的认同度，通过如：生日慰问金、生育慰问金、节假日补助等。以及根据员工的年限以及日常考核，给予员工季度性及年度性的表彰，根据表彰的结果给予补贴上的奖励。

同时“10000 号”长期设置的各项丰富的专项奖励，为更多员工，提供了争取的动力。如三好员工奖励、各项万号吉尼斯纪录奖励、服务明星奖励、运动会奖励、创新奖励、优秀案例奖励、培训师 PK 奖励、技能大赛奖励等等形式，员工可在“10000 号”发挥自己的各类特长，展示自我，获取奖励。这部分的激励内容也展现了“10000 号”企业的包容性，为员工潜力的开发，起到很重要的作用。

最后，“10000 号”设置了有竞争力的抢盘奖励，如：月度业绩指标类抢盘奖励、业务能力竞赛类抢盘奖励、销售抢盘奖励等等。抢盘奖励注重员工价值，充分体现了“10000 号”企业的公平性，激发了员工的工作积极性。

（二）在精神激励层面

我们曾对“10000 号”的员工做过一项调查：工作的过程中，你最希望获得什么？结果显示 71% 以上的员工，对工作的基础要求是，能够获得自身满足感，享受愉快的工作环境。可见现阶段的求职者，更多的是对工作环境、氛围、乃至个人价值提升层面去考虑。我们把这些需求，归类为精神需求，相应的企业要做的，就是要提供能够满足这些需求的精神激励。

“10000 号”当前实行的精神激励，包括岗位星级、优秀表彰、培训福利、晋升轮岗激励、员工关怀等。

岗位星级是指每个岗位都按照在岗年限，绩效指标等，开通星级晋升渠道，使在相应岗位有持久奉献的员工能够获取一定的成就感。在“10000 号”大团队中我们通过月度、季度、年度或其他周期性的表彰，来肯定在阶段内表现优异的员工。表彰注重仪式感，可以使被表彰人获得实现自身价值的满足感，对于其他员工来说，也是一种指引。而在内部分划小团队中，主管、值班长等角色也会对组员进行形式不一的激励，如设立小组长、师徒结对、或面谈鼓励等形式。除了以上基础工作中的激励，“10000 号”会阶段性的邀请内外部优秀讲师，做提升工作能力的授课，获得此类培训提升的机会，在获得肯定的同时，提升自身能力，这也是一笔丰厚的精神激励。与此同时全面打通晋升通道，每年安排岗位竞聘，通过面试笔试相结合的形式，提供晋升空间。表现优秀的员工，可获取轮岗或晋升的机会。

最后，最值得一提的是员工关怀，员工关怀是一门虽不需物质成本，但很难做好的学问。“10000 号”采取了多方沟通、问卷调查、半年度、年度计划建议提交等方式，经常性的了解员工诉求。结合目标与实际，做相应调整，使全体员工在“10000 号”中能够找到适合自己的角色定位。在开展团队建设的活动中，根据不同类型员工的需求，开展多种类多层次的活动，如竞技类、文化类，动静结合，并给予优胜者奖励，使员工不仅工作上得到精神满足，业余爱好也有所寄托，使激励发挥最大效应。

“10000 号”的团队文化，推崇心灵沟通式的亦师亦友模式。要做好心灵沟通，就要求管理层面从基层到高层都具有敏锐的观察力，根据员工不同阶段的心理变化以及外在表现做判断，及时的发现问题，提供帮助、鼓励或赞美，这些“走心”的沟通，使用得当会使员工时刻有好精神投入到工作中去。更深层次来说，可以适当的启动与员工的心灵契约关系，与员工建立深厚的朋友关系，此刻管理者与员工无高低之分；适当关心一下私人空间也不是不可以，相反还可以起到意想不到的效果。这样得当的关心，可以使团队更具亲和感，更具凝聚力。

□ 第二节：岗位薪酬体系

求职者在找工作时，薪资无疑是很重要的一个判断因素。而企业也某种程度上可以通过薪酬激励来留住人才，这个时候好的薪酬管理制度就非常的重要。“10000 号”的薪酬体系以岗位薪酬为主体，添加了绩效工资和补贴奖励等因素，充分做到了公平、相对稳定和可浮动性。在保证稳定和公平的前提下，增加了激励相关的绩效和福利，这对于调动员工的积极性至关重要，有助于更好的发挥企业的优势吸引人才、留住员工、促进发展。

一、岗位薪酬体系之实操篇

岗位薪酬管理，即绩效管理，是通过对不同岗位、部门员工工作情况的关键行为指标制定标准及达成目标，并通过目标考核，促使每个全员工都达到统一标准并且完成目标任务，保证呼叫中心整体服务质量。包括绩效考核标准、绩效评分、绩效结果统计分析等。

通过对每个岗位制定不同的考核项目及阶段性工作目标计划，并予以考核，帮助呼叫中心进行规范标准化管理并且达成服务质量目标。考核标准包括：考核计划制订、考核结果打分、考核结果统计分析、考核结果反馈等。

绩效评分指针对不同部门、岗位制定的考核指标，制定的阶段性的等级标准，根据员工自身工作能力和表现，最终获得相应的得分。

绩效结果统计分析指通过对所有人员的考核结果进行分类统计与查询，使用不同层次的管理人员准确撑握员工的成长情况及目标达成情况，帮助管理人员对员工制定管理、学习、提升计划。

※ 考核对象

考核对象即全体“10000 号”员工，包括：综合呼入客服代表、综合受理客服代表、各类专席呼入客服代表及其支撑团队。

※ 薪酬构成及考核办法

薪酬是员工为企业提供劳动而得到的各种货币与实务报酬的总和，它有不同的表现形式，如精神的与物质的，货币的与非货币的，以及内在的与外在的等。薪酬主要由岗位工资、绩效工资和各项补贴及奖励三大部分组成。

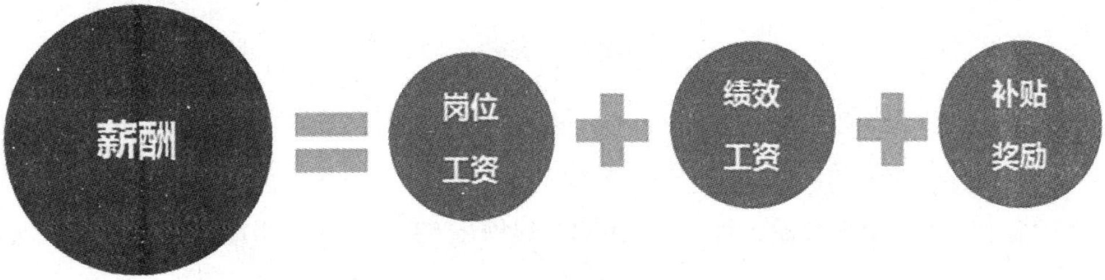

薪酬构成

（一）考核要素解释

1. 岗位工资

岗位工资：原则上根据当地的生活水平、地区行业平均工资设定标准，也可根据实际情况进行相应调节，保证员工的基本工资与本地的生活标准大致相当，以保障员工的基本生活水平，占总工资额的20%。10000号各类客服代表已定岗人员按岗位工资标准执行(500元起)；未定岗人员参照岗位工资标准和各地薪酬水平确定。

2. 绩效工资

绩效工资：员工按照公司的业绩要求，完成其职位绩效目标应获得的收入。主要根据员工月度考评结果计算，主要能体现薪酬的激励性，更是员工工资最重要的组成部分。根据美国1991年《财富》杂志对500家公司的排名，35%的企业实行了以绩效为基础的工资制度，而在10年以前，仅有7%的企业实行这种办法。实行绩效考核主要特点，一是有利于雇员工资与可量化的业绩挂钩，将激励机制融于企业目标和个人业绩的联系之中；二是有利于工资向业绩优秀者倾斜，提高企业效率和节省工资成本；三是有利于突出团队精神和企业形象，增大激励力度和雇员的凝聚力；四是绩效工资占总体工资的比例在50%以上，浮动部分比较大。

3. 各项补贴及奖励

补贴一般指企业因工作需要对员工额外的劳动消耗和支出而付给员工的一种补偿性报酬，以及为了保证员工工资水平不受物价影响而支付给员工的物价补贴。常见的补贴及奖励有：服务年限津贴、通讯补贴、交通补贴、误餐补贴、高温费、全勤奖、星级补贴、加班工资、夜班补贴、专项补贴等。

服务年限津贴：为本企业服务每满一年 20 元标准，逐年递增，按月发放。

通信补贴：使用电信号码的员工根据员工套餐金额补贴 50 元／月或 100 元／月。

交通补贴：根据员工所在分中心当地公共交通消费水平发放。

误餐补贴：根据员工所在分中心当地物价水平发放。

高温费：又称高温津贴，每年 6 ～ 9 月份根据员工所在分中心当地政策标准发放。

全勤奖：对全月在岗无缺勤且无迟到早退的员工给予全勤奖励。

星级补贴：根据星级评级给予补贴，详见＜岗位认证体系＞章节。

加班工资：是指员工超出正常月度工作小时或额外付出劳动所得到的报酬，计算公式为加班时长 *X 元／小时 = 加班工资。

根据《全国年节及纪念日放假办法》（国务院令第 513 号）的规定，全体公民的节日假期为 11 天。据此，职工全年月平均制度工作天数和工资折算办法如下：

（1）制度工作时间的计算

年工作日：365 天 −104 天（休息日）−11 天（法定节假日）= 250 天

季工作日：250 天 ÷4 季= 62.5 天／季

月工作日：250 天 ÷12 月= 20.83 天／月

工作小时数的计算：以月、季、年的工作日乘以每日的 8 小时。

（2）日工资、小时工资的折算

按照《劳动法》第五十一条的规定，法定节假日用人单位应当依法支付工资，即折算日工资、小时工资时不剔除国家规定的 11 天法定节假日。据此，日工资、小时工资的折算为：

日工资：月工资收入 ÷ 月计薪天数

小时工资：月工资收入 ÷（月计薪天数 ×8 小时）

月计薪天数=（365 天 −104 天）÷12 月= 21.75 天

案例：小万3月份排班工时170小时，班前会以及日常加班共计20小时，加班费=(190−月工作日*8小时）*X元／小时。

夜班补贴：

夜班补贴	时间	2:30—22:00	＞22:00	23:00	23:30	＞24:00	0—7点
	单价	Y元	1.5Y元	2Y元	2.5Y元	2.5Y元	3.5Y元

夜班补贴

专项补贴：为了丰富员工的业余生活和提升归属感，中心成立多元化的社团；为了提升业绩能力，设立了专项专家团队。以上的社团组织者和专家团队根据所贡献的价值，中心会阶段性或按月给予相应补贴，以鼓励和激励。

（二）绩效考核办法

1. 个人

前台客服：绩效薪酬＝接话酬金＋销售酬金＋其他加扣款

项目	月接话量／销售酬金	产量单价	话务能力（关联项）	团队系数加惩
接话酬金	≤排班工时＊平均小时接话量	*0.5	5项话务能力：话务质检、不满意率、接通重复率、宽带预处理率、派单率。每增加一项未达标，奖励*0.9	根据团队认领的话务／销售达标情况，对应项目＊达标系数（详细见团队承包制表）
	日激励：超出（当日排班工时＊平均小时接话量）部分	*0.6		
销售酬金	销售所得酬金	——	——	
加扣款	根据能力效率提升要求、服务风险管控及员工手册相关规定进行加扣			

前台客服绩效薪酬

受理组：绩效薪酬 = 工单酬金 + 销售酬金 + 其他加扣款

工单单价：0.38 元 / 单

专席（服务）：绩效薪酬 = 接话酬金 + 销售酬金 + 其他加扣款

项目	月接话量 / 销售酬金	产量单价	话务能力（关联项）	团队系数加惩
接话酬金	普通话务接话量	*0.5	5 项话务能力：话务质检、不满意率、接通重复率、宽带预处理率、派单率。每增加一项未达标，奖励 *0.9	根据团队认领的话务 / 销售达标情况，对应项目 * 达标系数（详细见团队承包制表）
	疑难 + 转接话务单价	*1		
销售酬金	月度销售所得酬金	中心标准单价 *1.1	——	
加扣款	1. 高技能专项补贴（业绩积分 > 95 补贴 600 元；业绩积分 > 85 补贴 500 元；业绩积分 ≤ 85 > 75 补贴 400 元；业绩积分 ≤ 75 补贴 300 元） 2. 根据能力效率提升要求、服务风险管控及员工手册相关规定进行加扣			

专席（服务）绩效薪酬

专席（宽带）：绩效薪酬 = 接话酬金 + 销售酬金 + 其他加扣款

项目	月工单量	产量单价	话务能力（关联项）	团队系数加惩
工单酬金	≤排班工时 * 平均小时归档量	*1.6	5 项话务能力：宽带二次预处理率、重复率、个人月处理总量、工单处理时长、话务质检。每增加一项未达标，奖励 *0.9	根据团队认领的话务 / 销售达标情况，对应项目 * 达标系数（详细见团队承包制表）
	超出（排班工时 * 平均小时归档量）部分	*1.9		
外呼电话酬金	外呼独立用户数按 0.2 元 / 通			
销售酬金	月度销售所得酬金	——	——	
加扣款	根据能力效率提升要求、服务风险管控及员工手册相关规定进行加扣			

专席（宽带）绩效薪酬

专席（夜服）：薪酬 = 接话酬金 + 销售酬金 + 其他加扣款

项目	月接话量	产量单价	话务能力（关联项）	团队系数加惩
接话酬金	≤ 700	*0.8	5 项话务能力：话务质检、不满意率、接通重复率、宽带预处理率、派单率。每增加一项未达标，奖励 *0.9	根据团队认领的话务／销售达标情况，对应项目 * 达标系数（详细见团队承包制表）
	＞700 超出部分	*1		
销售酬金	月度销售所得酬金	——	——	
加扣款	1. 夜服补贴 1) ＞90 奖励 1200 元；2) ＞85 奖励 1000 元；3) ＞80 奖励 900 元；4) ＞75 奖励 700 元；5) ＜75 奖励 500 元 2. 根据能力效率提升要求、服务风险管控及员工手册相关规定进行加扣			

专席（夜服）绩效薪酬

2. 团队

根据丽水分中心话务运营组化小承包普席方案责任单元负责人以承包的形式认领目标值做为系数认领，完成话务量认领和销售认领，完成人认领可以有相应的系数奖励。

R 值目标认领	话务承包量	成功奖励		团队话务能力（关联项）
		话务量系数	对应承包人	
R3	＞班组排班总工时 *（平均小时接话量 +1.5）	*1.3	1000	5 项话务能力：话务质检、不满意率、一次解决率、宽带预处理率、派单率。每增加一项未达标，奖励 *0.9（值班长／划小支撑：五项指标一项不达标，所得奖励 *0.9）
R2	＞班组排班总工时 *（平均小时接话量 +1）	*1.2	800	
R1	＞班组排班总工时 *（平均小时接话量 +0.5）	*1.1	600	
R0	＞班组排班总工时 * 平均小时接话量	*1	–	
未达标	＜班组排班总工时 * 平均小时接话量	*0.9	−200	

团队指标认领

如小万团队的话务量和销售认领均完成 R3，当月其团队的话务酬金 *1.3，销售酬金 *1.3。

3. 支撑的考核办法

绩效薪酬 = 固定部分 + 绩效工资 + 接话承包奖励 + 销售承包奖励 + 其他加扣款。

值班长 / 划小支撑：KPI 由成熟员工（产量 + 能力）考核结果累计得分 70%+ 过程 20% +上级评定 10% 组成。

R 值目标认领	成功奖励		成功奖励	
	话务量系数	对应承包人	销售酬金系数	对应承包人
R3	*1.3	1000	*1.3	1000
R2	*1.2	800	*1.2	800
R1	*1.1	600	*1.1	600
R0	*1	–	*1	300
未达标	*0.9	–200	/	/

话务量与销售认领奖励

根据认领图，如小万团队的值班长话务量和销售认领完成 R3，值班长奖励为 1000+1000=2000。

该团队支撑奖励为：话务量奖励：基数 *1.3– 基数，销售奖励：1000/2（奖励为值班长的 50%）。

（三）年度奖励、福利、专项奖励、年度抢盘

1. 年度奖励

奖金是企业和雇主对雇员超额劳动部分或劳动绩效突出部分所支付的奖励性薪酬，是企业为了鼓励雇员提高工作效率和工作质量付给雇员的货币奖励。因此，与基本工资相比，奖金具有非常规性、浮动性和非普遍性等特点。企业中常见的奖金如年终奖等。

例：按照 KPI（60%）+万号学分（10%）+上级评价（20%）+员工互评（10%）组成的年度评优评先的考核标准，结合日常的考勤关联，做好年度评优评先。同时根据奖励基数、岗位系数、年工系数、年终考核系数、缺勤考核的计算规则，表彰员工的同时给予激励性的奖励。

实际案例：小万在中心服务专席的岗位上工作了 6 年，全年全勤，业绩突出，日常表现优异，被评为 2017 年年度优秀员工，已知计算公式是奖金基数 (J)× 年工系数 (N) × 岗位系数(G) × 年终评价系数 (P)　缺勤考核，实际为 4500*1.15*1.05*1.2–0=6520.5 元。

2. 福利

员工福利是一种以非现金形式支付给员工的报酬。员工福利从构成上来说可分成二类：法定福利和公司福利。法定福利是国家或地方政府为保障员工利益而强制各类组织执行的报酬部分，如社会保险、公积金；而公司福利是建立在企业自愿基础之上的。员工福利内容包括：生育慰问、生日福利、带薪休假、员工文娱活动、休闲旅游、培训等。

3. 专项奖励

专项奖励在 10000 号内部应用比较灵活，根据各个分中心人员情况和实际运营状况所设立的挖掘式激励性奖励，体现了差异化和个性化。

4. 年度抢盘

年度抢盘，“抢”顾名思义就是争先、争夺的意思，打破吃大锅饭的格局，有能力者多得。10000 号的抢盘份额具有竞争力，一般占预算的 20% ~ 25% 左右，充分调动大家的主动性、积极性。

※ 实际案例

新进员工薪酬参考（1 年以内）

例子：小万 2017 年 5 月入职，6 月签约，在岗未满一年。2018 年 3 月接话 2985 通（酬金 1514.2 元），受理酬金 872.4 元，这个月 22 点的夜班只有 5 个，小万喜欢的行政班最多，排班工时 170 小时，每天加班一点点完成自己的目标，一个月下来加了 10 小时的班。通过团队的努力，这个月话务量完成 1.1 的系数，销售完成 1 的系数，小万兴奋地跑到值班长这里要给他算一下这个月的薪酬。请问你是他的值班长，你怎么给他分解容易看明白？

已知公式 = 岗位工资 + 绩效薪酬（接话酬金 + 销售酬金 + 其他加扣项）+ 各项补贴（全勤 + 服务年限 + 通信补贴 + 交通补贴 + 误餐补贴）），小万签约未满一年无服务年限，同时岗位工资为 500 元，使用电信号码。

岗位工资 =500 绩效薪酬 = 接话酬金 1514.2×1.1+ 销 872.4×1+0=2538 元

各项补贴 = 全勤 100+ 星级补贴 0+ 加班工资（170+10− 月工作日 ×8 小时）×A 元 / 小时 + 专项补贴 0+ 夜班补贴 5×B 元 / 个 + 服务年限 0+ 通信补贴 50+ 交通补贴 50+ 误餐补贴 100

应发工资 = 岗位 500+ 绩 2538+ 补贴 ** 元

成熟员工薪酬参考（3 ~ 5 年）

例子：小万在职49个月，身为团队的组长，又是三星客服代表(三星岗位工资为780元)，很多新进的员工都当她是标杆学习，值班长和领导们也对她的工作赞不绝口。3月话务较繁忙，实际接话3508通(酬金1797.51元)，销售酬金1387元，这个月话务量和销售值班长认领了R3，大家都有一定的压力，小万的排班工时也不少，有205.75小时，大大小小的夜班有14个，但是经过自己的合理安排和团队的努力，没有占用其他的一些加班时间，自己的任务和团队的认领的目标都完成了，小万不是新员工了，根据以往的数据表格，她自己轻松就算出了3月的薪酬，高兴的笑了。付出是有回报的！继续努力。

已知公式＝岗位工资＋绩效薪酬（接话酬金＋销售酬金＋其他加扣项）＋各项补贴（全勤＋服务年限＋通信补贴＋交通补贴＋误餐补贴）。

岗位工资=780 绩效薪酬＝接话酬金1797.51×1.3+ 销售酬金1387×1.3+0=4139元

各项补贴＝全勤100+ 星级补贴300+ 加班工资(205.75－月工作日)×8小时)×A元／小时＋专项补贴0+ 夜班补贴14×B元／个＋服务年限80+ 通信补贴50+ 交通补贴50+ 误餐补贴100

应发工资＝岗位780+ 绩4139+ 补贴**元

资深员工薪酬参考(5年以上)

例子：小万是中心的老员工了，从中心成立作为客服代表奋斗到如今已是带领一个团队的值班长了。团队氛围好，凝聚力强，成绩在中心排名也是数一数二的。3月份话务繁忙，在合理的指标分解下，员工齐心协力，话务量和销售认领的R3全都完成。一个月4个夜班，排班176小时，高效率的团队协作，让团队中的每个员工都认同了她的能力。

已知公式＝岗位工资＋绩效薪酬(能力指标考核成绩×绩效基数＋接话承包奖励＋销售承包奖励＋其他加扣款）＋各项补贴(全勤＋服务年限＋通信补贴＋交通补贴＋误餐补贴)。

岗位工资=960 绩效薪酬=1900+ 接话承包奖励1000+ 销售承包奖励1000－其他加扣项(团队业务差错关联扣罚）50=3850元

各项补贴＝全勤100+ 加班工资(176－月工作日×8小时)×A元／小时＋专项补贴0+ 夜班补贴4×B元／个＋抢盘激励400(服务年限140+ 通信补贴100(骨干办理129及以上套餐，按照100元做通信补贴）＋交通补贴50+ 误餐补贴100)

应发工资＝岗位960+ 绩3850+ 补贴**元。

二、岗位薪酬体系之制度篇

俗话说，“没有规矩不成方圆”，建立一套行之有效的约束机制是任何单位和部门长久不衰的根本。员工手册、规章制度与劳动合同互相配合、相辅相成，共同构成员工关系管理的主要依据，是中心规范化、制度化管理的基础和重要手段。中心《员工手册》由大家共同参与讨论，汇编完成，共分为五个篇章，每篇章下还各包含若干条款，人事制度、考勤与休假、员工行为规范、保密制度、违规违纪制度。每项条款都在遵循基本制度建设的同时也体现了我们中心队伍建设的独特特色。

中心内部兼职培训师制度的制定，使得每个员工都有可能成为培训师，最大程度地调动员工工作的积极性。一方面，能者为师，有经验的员工通过培训、实践走上培训师岗位时，对他而言是一种成就感的享受。另一方面，培训是培训师与学员共同分享的过程，由于培训师来自中心内部，对中心的情况十分了解，在分享过程中很容易引起学员与培训师的共鸣，很容易建立起有效的沟通甚至是深厚的团队精神。这特别有利于新员工快速适应环境，提高整体绩效。

中心设有配套的岗位晋升制度、绩效考评制度、员工手册、万号大学学分体系、人人为师兼职培训师管理制度等等，在约束规范的基础之上更是丰富了激励手段，不仅仅在物质上奖励，更是有精神上的激励，满足了员工不同层面上的需求。

（一）实操案例之万号大学学分体系

运用积分考评制度能够促进和全方位调动中心员工工作积极性和自觉性，激励人的主观能动性，增加制度的执行，满足员工的精神追求，万号大学学分体系就是员工通过完成“任务”可以获得奖励从而进行“消费”的一套激励体系。这里的“任务”，不仅仅是指工作任务，还指员工全面发展的各个项目，“消费”也不仅仅只是指代兑换商品，还指获得各项福利，包含年终考评、评优评先等。因为万号大学的学分体系里的学分挂钩年终考评、评奖评优等，还可以兑换成金币进行兑换商品，因此是从利益的角度对员工是一种激励，也让员工认可了虚拟学分的价值。

万号大学的学分通过记录员工在中心的各类积极向上的努力和表现，将员工的成长与企业发展紧密联系在一起。在提高员工工作乐趣的同事，使企业对员工的评价标准化、精确化、客观化。按照学分规则，每月进行汇总，得出每位员工的总体得分。员工的学分可作为岗位调整、晋升、评奖评优、实物福利等奖励措施的重要依据。

(二) 万号大学学分构成及考核办法

1. 学分构成

万号大学激励员工全方面发展，励志培养“三好员工”，业绩好、修养好、身体好。所以学分体系主要分为三大块，业绩学分、修养学分、身体好学分。

(1) 业绩学分

业绩学分由绩效排名、月考成绩、岗位认证水平三个项目组成。绩效学分根据不同班组对员工的月度绩效进行排名，将学分划成三档，前 5% (10 分)，6% ~ 20% (8 分)，21% ~ 50% (5 分)；月考设定基准分数 80，班组排名前 10% 将获得 5 学分；岗位认证评定结果的高低也决定学分的高低。

类别		项目	学分标准	统计频次
业绩好 60%	绩效排名得分总人数＞15 人	绩效排名得分（月度考核）：前 5%/ 前 6% ～ 20%/ 前 21% ～ 50%（不足一人按一人计算）	10/8/5/ 月	月度
	绩效排名得分总人数＜15 人	绩效排名得分（月度考核）：前 10%/ 前 11% ～ 30%/ 前 31% ～ 50%（不足一人按一人计算）	10/8/5/ 月	月度
	月考	月考成绩达 80 且班组排名前 10%（班组人＞15 人）/20%（班组＜15 人）	5/ 月	月度
	岗位认证	星级 / 职级评定结果：一星级	2/ 月	半年度
		星级 / 职级评定结果：二星级 / 初级	4/ 月	半年度
		星级 / 职级评定结果：三星级 / 中级	6/ 月	半年度
		星级 / 职级评定结果：四星级 / 高级	8/ 月	半年度
		星级 / 职级评定结果：五星级 / 资深	10/ 月	半年度

业绩学分

(2) 修养学分

修养学分由服务年限、素质提升、荣誉奖项、思想文化、行为习惯、公益活动等组成。

类别		项目	学分标准	统计频次
修养好 40%	服务年限	在职满1年及以上至2年/2年及以上至3年/3年以上至5年/5年以上至10年/10年及以上	2/4/6/8/10/月	年度
	素质提升类	当年度获得企业培训师(三/二/一)级、心理咨询师(三/二/一)级、普通话测试(二甲/一乙/一甲)等级、企业人力资源管理师(三/二/一)级、营销师(三/二/一)级等工作相关资格证，凭有效证件到综合支撑登记，登记当月有效	5/10/15/次	月度
		在岗学习、获得大专、本科、研究生学历，凭有效证件到综合支撑登记	5/10/15次	月度
		人人为师 参加省中心安排的授课半天以内/省中心安排的非工作时间授课/半天以上/参加省中心外部、外部渠道授课(仅指邀请类面授培训)	2/4/5/10/次	月度
		人人为师 经验分享(按次)	2/次	月度
		非工作时间积极参加各类业务学习、培训(公开课)	2/次	月度
	荣誉奖项类	中心后备人才	8/次	年度
		参加省中心、全省10000号、省级、集团级各类比赛获奖	5/10/15/20/次	月度
	思想文化类	新入团/入党	2/10/次	月度
		投稿省中心公众号/省EIP/外部网站、杂志、或论坛(宣传10000号形象)等并被采纳	5/7/10次	月度
	行为习惯类	用户表扬等经确认根据贡献值计分(省中心/省公司/其他外部渠道)	10/15/20	月度
		月度出勤全勤，无迟到早退，无任何请假记录(年休假除外)	5/次	月度
	公益活动类	植树、扫墓、捐款捐物(含外部渠道捐款，金额最低10元)，此类每月上限分数4分	2/次	月度
		义务献血	5/次	月度
	其他加分类	提供万宝日考考题(每次至少三题)并被采纳(每月上限5分)	1/次	月度
		出现其他上述未列举符合修养好行为视实际情况权衡计分 (例：行为受到外部社会的表扬)	2～20/次	月度

修养好学分

(3) 身体好学分

类别		项目	学分标准	统计频次
身体好 15%	文体活动类	参加中心各类活动担任主持（包含团总支活动策划及支撑人员）活动≥30人，骨干成员20分，辅助成员10分；≤30人，骨干成员15分，辅助成员5分）	5/10/15/20/次	月度
		参加中心级体育竞赛类活动/参与并获奖	5/8～15/次	月度
		代表中心参加各类文艺汇演或体育竞赛、体育达标	10～20/次	月度
		为各级活动担任其他支撑/礼仪、演出	3/5/次	月度

身体好学分

2. 学分应用

学分运用于年终考核：学分＝年度业绩好总学分 *60%+ 年度修养好总学分 *25%+ 年度身体好总学分 *15%。

类别	业绩好	修养好	身体好
学分占比	60%	25%	15%

年度学分占比

学分运用于金币兑换活动：

金币＝（业绩好学分 + 修养好学分 + 身体好学分）*300

学分和金币的换算比例为1:300，即：每得1学分就可获得300个金币。金币可在天翼万宝－万宝商城中兑换实物，每年年底金币将会进行清零处理。

这两大应用都是员工切实关心的，年终考核成绩直接挂钩年终奖，而学分兑换成金币，则代表员工所赚得的每一个学分都是有价值的，可以进行消费的，从利益的角度直接激发了员工的积极性。

这样一份可以量化的学分考核标准，明确了考核目标，也更加公平、公正、客观的就员工进行评价，提高激励机制的透明度，给员工巨大的动力，也促进中心制度建设，员工和谐。

□ 第三节：岗位认证体系

岗位认证是在工作中必备的仪式感，清晰的岗位认证体系，可以帮助员工明确自己的工作职责，10000 号的岗位繁多，职责分工明确，每个岗位都发挥着不可或缺的作用。而明确的岗位制度，也可以帮助员工规划自己的职业方向，岗位对于人来说，不是一成不变的，是随着员工在企业的成长和充实，随时调整的，也是激励的重要组成部分。

一、岗位认知

(一) 什么是岗位

岗位是什么？现在你去美发店，八成会走过来一位“Tony 老师”，给你来个洗剪吹什么的，而你到了银行，也会上来一位“大堂经理”，问你要办什么业务。

那么，如何精确地理解一个岗位？岗位是否就等于“总监”“经理”这类“头衔”呢？

我们通过一个公式，就能明白到底什么是岗位？

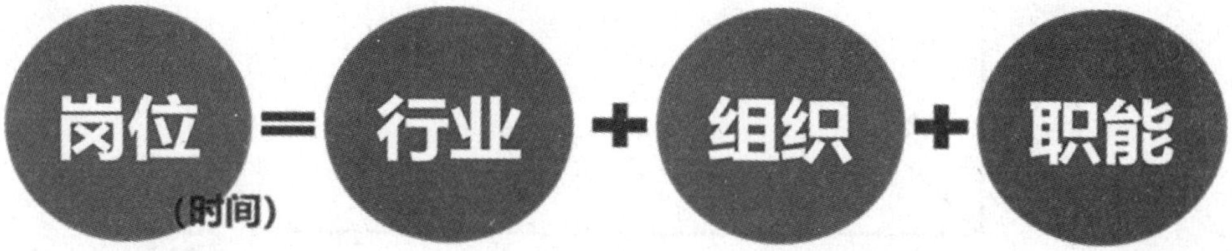

岗位构成

行业：互联网业、金融业、建筑业、娱乐业，等等。

组织：就是企业的类型，包括国企、外企、民企，大型企业、中小企业，事业单位、政府部门、自由职业，等等。

职能：职能是某一类功能职位的统称。比如：市场、销售、研发、财务，等等。

行业、组织、职能，组成一个“三维坐标”，定位了一个具体的岗位：

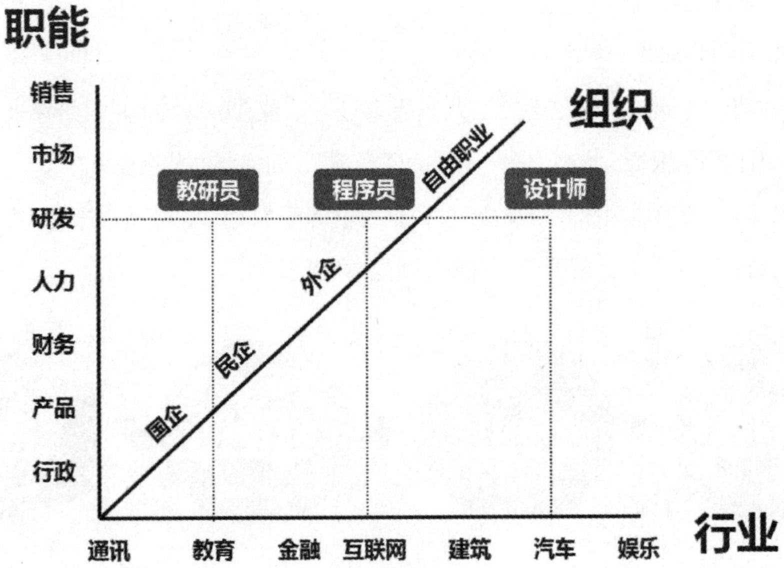

岗位三维坐标

如果同样是“研发”职能，教育行业是“教研员”，互联网行业就是“程序员”，而汽车行业就是“设计师”。

这三个坐标决定了你：在哪个领域（行业），用什么能力（职能），与谁合作（组织）。

细心的人可能还会发现，上图中“岗位”下面还有个“时间”，这是什么意思呢？

“岗位”是“时间”的函数，岗位对于一个人，是一种动态的变化，行业（爆发、衰落），企业（倒闭、发展），岗位（转岗、升迁）都在发生巨大的变化。

所以，你应该对“岗位”树立这样一个认知：一个人，将不会或很少会一辈子只在一个岗位，动态变化将是岗位的常态。

（二）“10000 号”岗位划分及发展方向

那如果恰巧你也在呼叫中心工作，你应该首先明白，你自己目前位于这个呼叫中心的哪一个环节，这里的工作职能是如何划分的。

通常，呼叫中心的职能部门可以大体划分为两大类，十五小类：

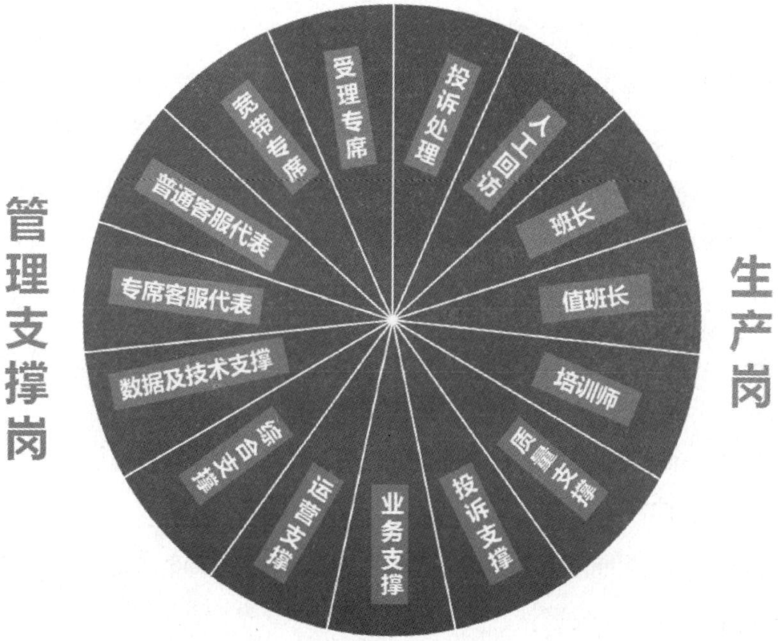

呼叫中心的职能部门

（1）生产岗位序列包括普通客服代表、专席客服代表、宽带专席、受理专席、投诉处理、人工回访、班长岗位。

普通客服代表主要负责常规类话务接续及各类新媒体在线服务工作；专席客服代表则主要面向投诉用户、政企用户、iPhone 用户、国漫用户、iWiFi 及行业应用用户的咨询、投诉、业务受理；宽带专席负责宽带类故障工单的处理工作。受理专席主要负责相关电信业务的受理工作并能反哺受理工单，提升普通客服代表的接话能力。投诉处理岗的工作人员则需要处理各类型的投诉，并收集客户对电信服务提出的建议与意见。人工回访岗需通过回访工作，了解客户对投诉问题处理结果的接受和满意程度，发现投诉处理各环节中存在的问题，亦可根据情况做好业务推荐及客户维系。班长需确保班组人员稳定的基础上，做好话务接续的工作，并能对员工进行补短辅导。

(2) 管理支撑岗位序列包括培训师、值班长、质量支撑、投诉支撑、业务支撑、数据及技术支撑、综合支撑岗位。

业务支撑要做的是业务流程管理，接应公司在服务及营销中涉及10000号的操作流程的落地，设计并做好流程在客服中心内部实施的协调工作。培训师需熟悉万号内部不同工作岗位人员的具体工作方式及特点，制定相应的培训内容；根据公司发展的需要，制定详细、高效、灵活的培训计划。值班长需做好各班组日常管理工作，帮助整个班组提升各项指标。质量支撑则负责常规录音及专项录音的质检，并针对存在的问题做好反哺工作。投诉支撑负责投诉处理员的能力提升，并发现普通客服，专席客服存在的问题并能进行反哺工作。数据及技术支撑负责万号内部软件硬件的日常维护，及内部系统的升级割接工作。综合支撑需负责日常的公文收发、分中心文化的引导、人工成本的管控以及后勤工作。

二、岗位认证的管理要求

(一) 岗位认证管理要求及方法

1. 岗位认证方法。10000号针对岗位认证有一套明确的管理要求及方法。根据"生产岗"和"管理支撑岗"两大体系进行认证，具体方法如下：

生产岗位一星级至五星级的测评，由各分中心自行组织完成测评工作。五星级测评，分两步完成，首先分中心专家组负责参评资格审核，并将符合条件的人员上报省中心参加全省统一的测评考试。

管理支撑岗的初级、中级、高级、资深的测评，由分中心专家测评小组自行组织完成测评工作。资深级测评，分两步完成，首先分中心专家测评小组负责参评资格审核，并将符合条件的人员上报省中心参加全省统一的测评考试。

客服代表岗每半年开展一次考评，即半年度绩效平均分取认证前半年的月绩效考核平均分，例：2017年7月认证，取 2017年1～6月的月绩效平均分；2018年2月认证，取 2017年7～12月的月绩效平均分。

生产支撑岗每年开展一次，即年度绩效平均分取认证前一年的月绩效考评平均分，例：2018年2月认证，取2017年1～12月的月绩效平均分。

2. 岗位认证条件。参加岗位认证的人员需在具备相应岗级的能力测评标准条件下，逐级进行资质认证：

投诉处理人员若已取得省公司统一评审的四星或五星投诉服务经理称号，则可越级进行资质认证。(例：四、五星投诉服务经理原为二星的可以参加四星的评定；四星投诉服务经理原为三星的只能参加四星评定)。

管理支撑岗人员已评定为中级二年后才能参加高级评定，已评定为高级的二年后才能参加资深评定(例：2014 年 2 月已评中级，到 2016 年 2 月才能参加高级评定；2016 年 2 月已评高级，到 2018 年 2 月才能参加资深评定)。

客服代表岗位认证由分中心负责在每年 2 月和 7 月组织实施，并于当月月底前将结果上报省中心；生产支撑岗位认证由分中心负责在每年 2 月组织实施，并于当月月底前将结果上报省中心。

（二）岗位认证结果应用及各岗级人员管理要求

1. 生产序列星级评价体系

（1）普通客服代表（含 IM 客服）

负责话务或各类新媒体在线服务工作。需具有较好的语言表达能力、倾听能力、提问能力及应变能力；具备一定的职业操守，如：首问责任制、信息保密机制等。能够熟练地使用计算机，员工打字速度大于 30 个／分钟；能够灵活运用 10000 号门户系统，能在线解决用户咨询、简单投诉、一键受理范围的业务受理等。能熟练掌握各类业务知识点，能熟练的找到专家知识库中的知识节点并予以运用，能够较快的理解用户的真实需求，并给予对应的解决方案。

岗位名称	岗位职责	岗位能力要求及说明	星级	岗位能力测评考核办法	能力测评标准
普通客服代表（含 IM 客服）	普通客服主要负责：话务或各类新媒体在线服务	1. 沟通表达能力：具有较好的语言表达能力、倾听能力、提问能力及应便能力；具备一定的职业操守，如：首问责任制、信息保密机制等。2. 系统应用能力：能够熟练的使用计算机，员工打字速度大于 30 个／分钟；能够灵活运用 10000 号门户系统，能在线解决用户咨询、简单投诉、一键受理范围的业务受理等。3. 业务理解能力：能练掌握各类业务知识点，能刚练的找到专家知识库中的知识节点并予以运用，能够较快的理解用户的真实需求，并给予对应的解决方案。	一星级	免试	通集团客服五级认证
					半年度平均绩效排名前 70%
					话后满度（对客服不满率）≤ 0.8%
					破茧学院的必修课和 2 门选修课
			二星级	免试	通过集团客服四级认证成绩
					半年度平均绩效排名前 60%
					话后满度（对客服不满意率）≤ 0.8%
					蜕变学院的必修课和 2 门选修课
			三星级	笔试	通过集团客服四级认证
					半年度平均绩效排名前 40%
					话后满地度（对客服不满率）≤ 0.7%
					普通话等级三甲及以上
					工作年限满一年
					蜕变学院的必修课和 3 门选修课
			四星级	笔试	通过集团客服三级认证成绩（若集团未进行该级别认证，取集团最高级别认证成绩）
					半年度平均绩效排名前 30%
					话后满意度（对客服不满意率）≤ 0.6%
					普通话等级二乙及以上
					工作年限满二年
					蜕变学院的必修课和 4 门选修课

			五星级	笔试+结构化面试	通过集团客服三级认证成绩（若集团末进行该级别认证，取集团最高级别认证成绩）
					半年度平均绩效排名前 20%
					话后满意度(对客服不满意率)≤0.5%
					普通话等级二乙及以上
					工作年限满三年
					通过省统一考试或测评
					获得省“10000 号”专家称号(2018 年上半年暂时不作为申报条件限制)
					获得过省级、集团级及以上骨干称号、年度个人劳动竞赛、技能比赛、小微创新奖项或优秀案例评选等奖项，或近 3 年省“10000 号”的各类竞赛获得个人前三名，以相应级别的行政、党委、工会发文或证书为依据
					蜕变学院的必修课和 5 门选修课

客服代表星级测评方式

岗位素质能力测评标准，主要分为两个方面：

①通用知识技能要求

知识分类	知识点	一星	二星	三星	四星	五星
中国电信基础业务知识	电信行业概况、企业概况、企业文化、品牌体系、营销服务渠道、客服中心概况、法律基础知识	了解	了解	了解	了解	了解
	移动业务、固话业务、宽带业务、套餐业务、卡类业务、新兴业务、星级服务、积分服务、实名制相关要求等	掌握	掌握	掌握	应用	应用
本年度重点业务	参照省中心下发的月度重点工作及重点业务开展考核	掌握	掌握	掌握	应用	应用
电话服务技能	客服服务礼仪	掌握	掌握	掌握	应用	应用
	电话沟通技巧	掌握	掌握	掌握	应用	应用
	投诉处理技巧	了解	了解	掌握	应用	应用
	电话营销技巧	了解	掌握	掌握	应用	应用
	客户保持技巧	了解	了解	掌握	应用	应用
自我管理能力	压力情绪管控	了解	了解	了解	掌握	掌握
	时间管理、目标管理	了解	了解	了解	了解	了解
	Word、Excel、PPT 常用办公软件基础操作应用	了解	了解	了解	掌握	应用

客服代表通用知识技能要求

②专业知识技能要求

知识分类	知识点	一星	二星	三星	四星	五星
“10000 号”	查询类 受理类、口径类、派单规范、催装修、分中心规范等	掌握	掌握	掌握	应用	应用
话务脉络	新装、移机、提速续包、3 升 4、故障处理异议、流量包等	掌握	掌握	掌握	应用	应用
星级服务	星级服务权益、评定细则、评分标准	掌握	掌握	掌握	应用	应用
315 服务口径	流量类、宽带类、天翼 4G 类、客户安全、应对媒体、其他类	掌握	掌握	掌握	应用	应用
国际漫游	开通方式、拨打方式、资费类	掌握	掌握	掌握	应用	应用
其他全业务知识	\	掌握	掌握	掌握	应用	应用

客服代表专业知识技能要求

(2) 专席客服代表

需具有较好的语言表达能力、倾听能力、提问能力及应变能力；具备一定的职业操守，如：首问责任制、信息保密机制。能够熟练的使用计算机，员工打字速度大于40个/分钟；能够灵活运用“10000号”门户系统，能在线解决投诉用户、政企用户、iPhone用户、国漫用户、iWiFi及行业应用等用户咨询、重复投诉、一键受理范围的业务受理等。熟练掌握各类业务知识点，能熟练的找到专家知识库中的知识节点并予以运用，能够较快的理解用户的真实需求，并给予对应的解决方案。

岗位名称	岗位职责	岗位能力要求及说明	星级	能力测评标准
专席客服代表(高技能专席、3G专席、政企专席等)	主要负责：话务接续工作(面向投诉用户、政企用户、iPhone用户、国漫用户、Iwifi及行业应用用户的咨询、投诉、业务受理等)	1. 沟通表达能力：具有较好的语言表达能力、倾听能力、提问能力及应便能力；具备一定的职业操守，如：首问责任制、信息保密机制。 2. 系统应用能力：能够熟练的使用计算机，员工打字速度大于40个/分钟；能够灵活运用“10000号”门户系统，能在线解决用户咨询、简单投诉、一键受理范围的业务受理等；灵活运用“10000号”门户系统，能在线解决投诉用户、政企用户、iPhone用户、国漫用户、Iwifi及行业应用等用户咨询、重复投诉、一键受理范围的业务受理等。 3. 业务理解能力：能熟练掌握各类业务知识点，能熟练的找到专家知识库中的知识节点并予以运用，能够较快的理解用户的真实需求，并给予对应的解决方案。	一星级	通过集团客服五级认证
				半年度平均绩效排名前60%
				话后满意度(对客服不满意率)≤0.8%(其中投诉疑难专席≤2.0%)
				破茧学院的必修课和2门选修课
			二星级	通过集团客服四级认证成绩
				半年度平均绩效排名前40%
				话后满意度(对客服不满意率)≤0.7%(其中投诉疑难专席≤1.25%)
				蜕变学院的必修课和2门选修课
			三星级	通过集团客服四级认证成绩
				半年度平均绩效排名前30%
				话后满意度(对客服不满意率)≤0.5%(其中投诉疑难专席≤1.0%)
				普通话等级三甲及以上
				工作年限满一年
				蜕变学院的必修课和3门选修课

			四星级	通过集团客服三级认证成绩
				半年度平均绩效排名前 20%
				话后满意度（对客服不满意率）≤ 0.3%（其中投诉疑难专席 ≤ 0.75%）
				普通话等级二乙及以上
				工作年限满二年
				蜕变学院的必修课和 4 门选修课
			五星级	通过集团客服三级认证成绩
				半年度平均绩效排名前 10%
				话后满意度（对客服不满意率）≤ 0.1%（其中投诉疑难专席 ≤ 0.5%）
				普通话等级二乙及以上
				工作年限满三年
				通过省统一考试或测评
				获得省“10000 号”专家称号
				蜕变学院的必修课和 5 门选修课

专席客服星级测评方式

岗位素质能力测评标准，主要分为三个方面：

① 通用知识技能要求

知识分类	知识点	一星	二星	三星	四星	五星
中国电信基础业务知识	电信行业概况、企业概况、企业文化、品牌体系、营销服务渠道、客服中心概况、法律基础知识	了解	了解	了解	了解	了解
	移动业务、固话业务、宽带业务、套餐业务、卡类业务、新兴业务、星级服务、积分服务、实名制相关要求等	掌握	掌握	掌握	应用	应用
本年度重点业务	参照省中心下发的月度重点工作及重点业务开展考核	掌握	掌握	掌握	应用	应用
电话服务技能	客服服务礼仪	掌握	掌握	掌握	应用	应用
	电话沟通技巧	掌握	掌握	掌握	应用	应用
	投诉处理技巧	了解	了解	掌握	应用	应用
	电话营销技巧	了解	掌握	掌握	应用	应用
	客户保持技巧	了解	了解	掌握	应用	应用
自我管理能力	压力情绪管控	了解	了解	了解	掌握	掌握
	时间管理、目标管理	了解	了解	了解	了解	了解
	Word、Excel、PPT 常用办公软件基础操作应用	了解	了解	了解	掌握	应用

专席客服通用知识技能要求

②专业知识技能要求

知识分类	知识点	一星	二星	三星	四星	五星
iphone 业务处理能力	iphone 简介和硬件了解	了解	掌握	掌握	掌握	应用
	iphone 联网和故障诊断	了解	掌握	掌握	掌握	应用
账务疑义解释能力	\	了解	掌握	掌握	应用	应用
投诉处理技巧及流程	\	了解	掌握	掌握	应用	应用
政企、行业应用、iwifi 处理流程和注意事项	\	掌握	掌握	掌握	掌握	应用
国际漫游	\	掌握	掌握	掌握	掌握	应用

专席客服专业知识技能要求

③职业能力测评标准

关键能力	高分标准定义
关注细节问题能力	1. 工作踏实，关注工作任务过程中细节问题； 2. 能够主动学习和掌握各种可以改进细节的方法，并能够将其运用到工作中去。
问题发现与解决能力	1. 能够清楚的把握客户的情绪和话务沟通内容： 2. 能够理解话务沟通中潜在的问题和客户行为的原因，并能准确的判断客户需求之所在； 3. 能够把握客户的感知及所表达的意思，并能理解客户的行为。
应变能力	对于话务中出现突发问题善于随机应变，能够认识到应该做什么并能及时采取行动。
判断能力	1. 能够利用自身掌握的知识，正确理解客户的需求或意图； 2. 能够对直接信息和间接信息进行分析，并准确判断出话务沟通的发展方向。
沟通能力	1. 能够以开放、真诚的方式接受和传递信息； 2. 了解话务中交流的重点，能够用清楚的理由和事实表达主要观点； 3. 尊重客户，能在倾听客户的意见、观点的同时给予适时的反馈； 4. 在沟通中，能够理解、使用相关活术。

专席客服职业能力测评

(3) 宽带专家席

需具有较好的语言表达能力、倾听能力、提问能力及应变能力，具备一定的职业操守，如首问责任制、信息保密机制。熟练使用宽带类专业平台进行操作，了解宽带、路由器、电脑等电子设备的软硬件基础知识，员工打字速度大于40个／分钟，能够灵活运用“10000号”门户系统，能在线解决用户故障、咨询、简单投诉、能够熟练使用范围的业务受理等。并熟练掌握各类业务知识点，能熟练的找到专家知识库中的知识节点并予以运用，能够较快的理解用户的真实需求，并给予相应的解决方案。

岗位名称	岗位职责	岗位能力要求及说明	星级	能力测评标准
宽带专席	主要负责：话务接续工作（面向宽带、3G、4G用户的咨询、投诉、业务受理等）	1. 沟通表达能力：具有较好的语言表达能力、倾听能力、提问能力及应便能力；具备一定的职业操守，如：首问责任制、信息保密机制。2. 系统应用能力：能够熟练的使用计箱机，了解宽带、路由器、电脑等电子设备的软确件基础知识，员工打字速度大于40个／分钟；能够灵活运用“10000号”门户系统，能在线解决用户咨询、简单投诉、一键受理、能够熟练使用范围的业务受理等。3. 业务理解能力：能熟练掌握各类业务知识点，能熟练的找到专家知识库中的知识节点并予以运用，能够较快的理解用户的真实需求，并给予对应的解决方案。	一星级	通过集团客服五级认证
				半年度平均绩效排名前60%
				破茧学院的必修课和2门选修课
			二星级	通过集团客服四级认证成绩
				半年度平均绩效排名前40%
				蜕变学院的必修课和2门选修课
			三星级	通过集团客服四级认证成绩
				半年度平均绩效排名前30%
				普通话等级三甲及以上
				工作年限满一年
				蜕变学院的必修课和3门选修课
			四星级	通过集团客服三级认证成绩
				半年度平均绩效排名前20%
				普通话等级二乙及以上
				工作年限满二年
				蜕变学院的必修课和4门选修课
			五星级	通过集团客服三级认证成绩
				半年度平均绩效排名前10%
				普通话等级二乙及以上
				工作年限满三年
				通过省统一考试或测评
				获得省“10000号”专家称号
				蜕变学院的必修课和5门选修课

宽带专家席星级测评方式

岗位素质能力测评标准，主要分为两个方面：

① 通用知识技能要求

知识分类	知识点	一星	二星	三星	四星	五星
中国电信基础业务知识	电信行业概况、企业概况、企业文化、品牌体系、营销服务渠道、客服中心概况、法律基础知识	了解	了解	了解	了解	了解
	移动业务、固话业务、宽带业务、套餐业务、卡类业务、新兴业务、星级服务、积分服务、实名制相关要求等	掌握	掌握	掌握	应用	应用
本年度重点业务知识	参照省中心下发的月度重点工作及重点业务开展考核	掌握	掌握	掌握	应用	应用
电话服务技能	客户服务礼仪	掌握	掌握	掌握	应用	应用
	电话沟通技巧	掌握	掌握	掌握	应用	应用
	投诉处理技巧	了解	了解	了解	掌握	掌握
	电话营销技巧	了解	掌握	掌握	应用	应用
	客户保持技巧	了解	了解	掌握	应用	应用
自我管理能力	压力情绪管理	了解	了解	了解	掌握	掌握
	时间管理、目标管理	了解	了解	了解	了解	了解
	Word、Excel、PPT 常用办公软件基础操作应用	了解	了解	了解	掌握	应用

宽带专家席通用知识技能要求

②专业知识技能要求

知识分类	知识点	一星	二星	三星	四星	五星
故障排查	专业网管平台查询	了解	了解	掌握	应用	应用
	HP 平台查询	了解	掌握	掌握	应用	应用
	局域网设置	了解	了解	掌握	掌握	应用
	无线网络应用	了解	了解	掌握	掌握	应用

宽带专家席专业知识技能要求

(4) 受理专席岗位

需熟练规范掌握各种系统操作，包括爱销售、CRM、4G 平台受理系统、销账系统、SP 屏蔽系统、声讯系统及“10000 号”门户系统。并及时完成每日工单受理量，保证工单受理准确无误，避免引起用户投诉。每日完成前一日前台商机单差错工单的提交及问题分析。受理工单时及时发现本地受理中存在的问题，包括流程、业务等方面，并提交现场班长，对本地进行反哺，加强联动。针对前台受理的宽带新装成功归档工单进行抽查，对于虚假归档的工单进行条件分类，并及时上报相关数据信息。

岗位名称	岗位职责	岗位能力要求及说明	星级	能力测评标准
受理专席	1. 准确受理工单 2. 提交员工差错工单 3. 反哺处理工单发现的问题 4. 宽带新装受理失败工单回访	1. 受理系统操作能力：熟练规范掌握各种系统操作，包括爱销售、CRM、4G 平台受理系统及“10000 号”门户系统。 2. 工单处理效率能力：及时完成每日工单受理量，保证工单受理准确无误，避免引起用户投诉。 3. 商机单工单差错提交反馈能力：每日完成前台商机单差错工单的提交，及问题分析。 4. 受理问题的发现及反哺能力：受理工单时及时发现本地受理中存在的问题，包括流程、业务等方面，并提交现场班长，与本地进行反哺，加强联动。 5. 宽带重点产品受理的回访能力：针对前台受理的宽带新装失败工单进行回访，并抽听前台派单录音，从用户或电信方等多维度发现新装失败原因及问题，提升宽带新装转化率。	一星级	通过集团客服五级认证
				半年度平均绩效排名前 60%
				破茧学院的必修课和 2 门选修课
			二星级	通过集团客服四级认证成绩
				半年度平均绩效排名前 40%
				蜕变学院的必修课和 2 门选修课
			三星级	通过集团客服四级认证成绩
				半年度平均绩效排名前 30%
				普通话等级二乙及以上
				工作年限满一年
				蜕变学院的必修课和 3 门选修课
			四星级	通过集团客服三级认证成绩
				半年度平均绩效排名前 20%
				普通话等级二乙及以上
				工作年限满二年
				蜕变学院的必修课和 4 门选修课
			五星级	通过集团客服三级认证成绩
				半年度平均绩效排名前 10%
				普通话等级二乙及以上
				工作年限满三年
				省统一考试成绩 80 分
				获得“10000 号”专家称号
				蜕变学院的必修课和 5 门选修课

受理专席星级测评方式

岗位素质能力测评标准，主要分为两个方面：

① 通用知识技能要求

知识分类	知识点	一星	二星	三星	四星	五星
中国电信基础业务知识	电信行业概况、企业概况、企业文化、品牌体系、营销服务渠道、客服中心概况、法律基础知识	了解	了解	了解	了解	了解
	移动业务、固话业务、宽带业务、套餐业务、卡类业务、新兴业务、星级服务、积分服务、实名制相关要求等	掌握	掌握	掌握	应用	应用
本年度重点业务知识	参照省中心下发的月度重点工作及重点业务开展考核	掌握	掌握	掌握	应用	应用
电话服务技能	客户服务礼仪	掌握	掌握	掌握	应用	应用
	电话沟通技巧	掌握	掌握	掌握	应用	应用
	投诉处理技巧	了解	了解	掌握	应用	应用
	电弧营销技巧	了解	掌握	掌握	应用	应用
	客户保持技巧	了解	了解	掌握	应用	应用
自我管理能力	压力情绪管理	了解	了解	了解	掌握	掌握
	时间管理、目标管理	了解	了解	了解	了解	了解
	Word、Excel、PPT 常用办公软件基础操作应用	了解	了解	了解	掌握	应用

受理专席通用知识技能要求

②专业知识技能要求

知识分类	知识点	一星	二星	三星	四星	五星
明确受理渠道	“10000 号”服务规范	掌握	掌握	掌握	应用	应用
	单位名称开户、个人名称开户	掌握	掌握	掌握	应用	应用
熟练平台应用与操作	Isale 平台取单、甩单、预约、释放、甩单后撤回、回退单的处理	掌握	掌握	掌握	应用	应用
	全业务的查询和操作、4G 平台受理、CRM 受理、销账停复机、ISMP、前移、稽核、ODS-O、营业导购等平台的查询和操作	掌握	掌握	掌握	应用	应用
精通业务知识	受理验证规则	掌握	掌握	掌握	应用	应用
	不可受理的业务范围	掌握	掌握	掌握	应用	应用
主动营销	商机失败回访把握可营销的任何机会	掌握	掌握	掌握	应用	应用

受理专席专业知识技能要求

（5）投诉处理岗

需准确把握客户关键诉求，针对前台派单准确进行评估及修正，借助现有系统平台分析判断诉求真实性，准确把握工单信息，正确判断转化专业部门回复意见。同时，需具备较好的沟通条理性、针对性，能准确运用沟通技巧，简洁准确地传达信息。针对环节中产品、现象、原因准确打标；规范操作挂起、催单、结案、跟踪、退费稽核、工单流转等动作；需要专业部门处理工单准确流转、转派内容准确清晰，并且针对6类异常工单准确管控、跟踪、升级。

岗位名称	岗位职责	岗位能力要求及说明	星级	能力测评标准
投诉处理	（1）投诉处理人员根据浙江电信投诉处理规范处理各类咨询投诉工单，跟踪投诉工单处理情况，确保用户投诉在规定时限内处理完毕。同时做好审核、派发、结案、跟踪，退费、回复的闭环工作。 （2）投诉处理人员在处理投诉时遇到集中性、突发事件，对于可能会引起越级申诉、危机事件、媒体曝光等重大性、突发性的投诉，以及对于短时间内大量出现具有广泛性的投诉和高价值或重要客户的投诉需及时向班长汇报，并优先处理此类投诉。 （3）工单结案操作时，对每件投诉做好责任的审核认定。 （4）负责搜集客户对电信服务提出的意见和建议。	1. 审核能力：准确把握客户关键诉求；针对前台派单准确进行评估及修正 2. 分析能力：借助现有系统平台判断诉求真实性；准确把握工单信息；正确判断转化专业部门回复意见 3. 沟通能力：具备较好的沟通条理性、针对性；沟通技巧准确运用；沟通放矢把握 4. 操作能力：针对环节中产品、现象、结案准确进行打标；挂起、催单、结案、跟踪、退费稽核、工单流转规范操作；需要专业部门处理工单准确流转、转派内容准确清晰 5. 监控能力：针对6类异常工单准确管控、跟踪、升级	一星级	通过集团客服五级认证
				半年度平均绩效排名前60%
				即时满意率≥92（根据公司考核即时调整指标）
				破茧学院的必修课和2门选修课
			二星级	通过集团客服四级认证成绩
				半年度平均绩效排名前40%
				即时满意率≥92（根据公司考核即时调整指标）
				蜕变学院的必修课和2门选修课
			三星级	通过集团客服四级认证成绩
				半年度平均绩效排名前30%
				即时满意率≥93（根据公司考核即时调整指标）
				普通话等级二乙及以上
				工作年限满一年
				蜕变学院的必修课和3门选修课
			四星级	通过集团客服三级认证成绩
				半年度平均绩效排名前20%
				即时满意率≥94（根据公司考核即时调整指标）
				普通话等级二乙及以上
				工作年限满二年
				蜕变学院的必修课和4门选修课
			五星级	通过集团客服三级认证成绩
				半年度平均绩效排名前10%
				即时满意率≥95（根据公司考核即时调整指标）
				普通话等级二乙及以上
				工作年限满三年
				通过省统一考试或测评
				获得“10000号”专家称号
				蜕变学院的必修课和5门选修课

投诉处理岗星级测评方式

岗位素质能力测评标准，主要分为两个方面：

① 通用知识技能要求

知识分类	知识点	一星	二星	三星	四星	五星
中国电信基础业务知识	电信行业概况、企业概况、企业文化、品牌体系、营销服务渠道、客服中心概况、法律基础知识	了解	了解	了解	了解	了解
	移动业务、固话业务、宽带业务、套餐业务、卡类业务、新兴业务、星级服务、积分服务、实名制相关要求等	掌握	掌握	掌握	应用	应用
本年度重点业务知识	参照省中心下发的月度重点工作及重点业务开展考核	掌握	掌握	掌握	应用	应用
电话服务技能	客户服务礼仪	掌握	掌握	掌握	应用	应用
	电话沟通技巧	掌握	掌握	掌握	应用	应用
	电话营销技巧	了解	掌握	掌握	应用	应用
	客户保持技巧	了解	了解	掌握	应用	应用
自我管理能力	压力情绪管理	了解	了解	掌握	掌握	应用
	时间管理	了解	了解	了解	了解	掌握
	目标管理	了解	了解	了解	了解	掌握
	Word、Excel、PPT 常用办公软件基础操作应用	了解	了解	了解	掌握	应用

投诉处理岗通用知识技能要求

②专业知识技能要求

知识分类	知识点	一星	二星	三星	四星	五星
法律规章制度	电信条例、消法，合同法等，以及国家主管部门相关电信管理规定	了解	了解	掌握	掌握	应用
服务基础知识	服务标准承诺（企业服务标准，对外承诺等）	掌握	掌握	应用	应用	应用
投诉处理主要流程	工单的核查、转派、回复、退费、结案、跟踪的闭环工作的规范及要求	应用	应用	应用	应用	应用
	不满意升级、投诉风险的预警意识及管控	掌握	掌握	应用	应用	应用

投诉处理岗专业知识技能要求

（6）人工回访岗

需具有较好的语言表达能力、倾听能力、提问能力及应变能力，能较好运用规范用语，调查技巧等，能根据全省统一规范问卷重点核实处理结果是否真实。回访过程中及时发现处理中存在问题并反哺。

岗位名称	岗位职责	岗位能力要求及说明	星级	能力测评标准
人工回访	1. 严格按照浙江电信“10000 号”工单回访规范进行投诉回访。 2. 通过回访，了解客户对投诉问题处理结果的接受和满意程度，发现投诉处理各环节中存在的问题，征求客户对投诉处理过程中各环节的意见和建议，同时可根据情况进行业务推介和客户维系，为优化工作流程提供依据。	1. 回访专业能力：具有较好的语言表达能力、倾听能力、提问能力及应变能力，能较好语音规范用语，调查技巧等。 2. 回访判断能力：根据全省统一规范问卷重点核实处理结果是否真实。 3. 回访反哺能力：回访过程中及时发现处理中存在问题并反哺。	一星级	通过集团客服五级认证
				半年度平均绩效排名前 60%
				破茧学院的必修课和 2 门选修课
			二星级	通过集团客服四级认证
				半年度平均绩效排名前 40%
				蜕变学院的必修课和 2 门选修课
			三星级	通过集团客服四级认证
				普通话等级三甲及以上
				半年度平均绩效排名前 30%
				工作年限满一年
				蜕变学院的必修课和 3 门选修课
			四星级	集团客服三级认证
				普通话等级二乙及以上
				半年度平均绩效排名前 20%
				工作年限满二年
				蜕变学院的必修课和 4 门选修课
			五星级	集团客服三级认证
				普通话等级二乙及以上
				半年度平均绩效排名前 10%
				工作年限满三年
				通过省统一考试或测评
				获得省“10000 号”专家称号
				蜕变学院的必修课和 5 门选修课

人工回访岗星级测评方式

岗位素质能力测评标准，主要分为两个方面：

① 通用知识技能要求

知识分类	知识点	一星	二星	三星	四星	五星
中国电信基础业务知识	电信行业概况、企业概况、企业文化、品牌体系、营销服务渠道、客服中心概况、法律基础知识	了解	了解	了解	了解	了解
	移动业务、固话业务、宽带业务、套餐业务、卡类业务、新兴业务、星级业务、积分业务、实名制相关要求	掌握	掌握	掌握	应用	应用
本年度重点业务知识	参照省工信下发的月度重点工作及重点业务开展考核	掌握	掌握	掌握	应用	应用
电话服务技能	客户服务礼仪	掌握	掌握	掌握	应用	应用
	电话沟通技巧	掌握	掌握	掌握	应用	应用
	投诉处理技巧	了解	了解	掌握	应用	应用
	电话营销技巧	了解	掌握	掌握	应用	应用
	客户保持技巧	了解	了解	掌握	应用	应用
自我管理能力	压力情绪管理	了解	了解	了解	掌握	掌握
	时间关了、目标管理	了解	了解	了解	了解	了解
	Word、Excel、PPT 常用办公软件基础应用	了解	了解	了解	掌握	应用

人工回访岗通用知识技能要求

②专业知识技能要求

知识分类	知识点	一星	二星	三星	四星	五星
明确受理渠道	“10000 号”服务规范	掌握	掌握	掌握	应用	应用
	单位名称开户、个人名称开户	掌握	掌握	掌握	应用	应用
熟练平台应用与操作	全业务平台的查询及操作，综合平台的投诉单查询，投诉不满意平台的取单、预约、释放 isale 平台的投诉单反馈	掌握	掌握	掌握	应用	应用
投诉回单	对待回访投诉单进行满意度回访，提升客户感知度和避免越级投诉回访规范联系次数	掌握	掌握	掌握	应用	应用
主动营销	树立营销意识，把握商机失败回访的营销机会	掌握	掌握	掌握	应用	应用

人工回访岗专业知识技能要求

（7）班长

首先自身的业务处理能力过关，自身接话质量达到二星话务员的要求，并对班组内所有成员的考试、拨测、业务掌握情况负责，落实宣传相关业务点的掌握。主要负责对内沟通，能与班组内部成员进行沟通，完成业务辅导，差错沟通，绩效提升等。诊断班组内部成员的业务知识与技能，提供及时的辅助、指导或反馈，以协助成员对特定知识、技巧的理解和运用，从而提升绩效。运用恰当的人际互动技巧，善用团队成员所长，鼓励所有人参与各项团队活动，与团队分享信息，协助建立一个高凝聚力的团队，促进团队目标的达成。能配合公司制定切实可行的生产目标，并能把控目标的进度。能够很好地协调和控制班组内人员的工作进度安排，积极创造条件完成各项任务。

<table>
<tr><th>岗位职责</th><th>岗位能力要求及说明</th><th>星级</th><th>能力测评标准</th></tr>
<tr><td rowspan="17">1. 每日梳理汇总班组数据，做好与组长的工作布置及检查，做好与挂钩值班长的工作上报，关注班组重点指标的完成。
2. 话务忙时参与生产接话，定期做好班组人员的辅导与沟通工作。
3. 宣贯辅导重点业务点的掌握。监督管控班组内员工完成班前会、重点业务培训等各类培训以及日考月考等各项业务考试。
4. 做好现场管理，负责答疑辅导，接续疑难话务等工作。
5. 控制员工流失，确保班组人员稳定。
6. 定期组织班组活动，并带领班组成员积极参与中心各项竞赛、文娱活动。</td><td rowspan="17">1. 业务能力：班长自身的业务能力过关，自身接话质量达到二星话务员的要求，并对班组内所有成员的开始、拨测、业务掌握情况负责，落实宣贯相关业务点的掌握。要求班长有较好的业务能力。
2. 沟通辅导能力：班长主要是对内沟通，能与班组内部成员进行沟通，完成业务辅导，差错沟通，绩效提升。
3. 组织协调能力：进行组内团队建设，沟通会议、组内会议，组员满意度评价较好。
4. 执行能力：主要提现在工作数据上，一些事务性的工作，像班前会等的准时率，签到率、参会率等。</td><td rowspan="5">一星级</td><td>通过集团客服五级认证</td></tr>
<tr><td>半年度平均技巧排名或综合评价前 60%</td></tr>
<tr><td>半年度员工满意率</td></tr>
<tr><td>团队有责越级投诉考评前三月内平均不超过 0.5 起，无曝光到媒体、安全生产、信息安全等重大事件发生</td></tr>
<tr><td>破茧学院的必修课和 2 门选修课</td></tr>
<tr><td rowspan="5">二星级</td><td>通过集团客服四级认证</td></tr>
<tr><td>半年度平均技巧排名或综合评价前 40%</td></tr>
<tr><td>半年度员工满意率</td></tr>
<tr><td>团队有责越级投诉考评前三月内平均不超过 0.5 起，无曝光到媒体、安全生产、信息安全等重大事件发生</td></tr>
<tr><td>蜕变学院的必修课和 2 门选修课</td></tr>
<tr><td rowspan="6">三星级</td><td>通过集团客服四级认证</td></tr>
<tr><td>半年度平均技巧排名或综合评价前 30%</td></tr>
<tr><td>团队管理中无出现重大事件（有责越级投诉、曝光到媒体、安全生产、信息安全等）</td></tr>
<tr><td>普通话等级三甲及以上</td></tr>
<tr><td>工作年限满一年</td></tr>
<tr><td>蜕变学院的必修课和 3 门选修课</td></tr>
</table>

		四星级	通过集团客服三级认证
			半年度平均技巧排名或综合评价前 20%
			团队管理中无出现重大事件（有责越级投诉、曝光到媒体、安全生产、信息安全等）
			普通话等级二乙及以上
			工作年限满二年
			蜕变学院的必修课和 4 门选修课
		五星级	通过集团客服三级认证
			半年度平均技巧排名或综合评价前 10%
			团队管理中无出现重大事件（有责越级投诉、曝光到媒体、安全生产、信息安全等）
			普通话等级二乙及以上
			工作年限满三年
			通过省统一考试或测评
			获得省“10000 号”专家称号
			蜕变学院的必修课和 5 门选修课

班长星级测评方式

岗位素质能力测评标准，主要分为三个方面：

① 通用知识技能要求

知识分类	知识点	一星	二星	三星	四星	五星
电信基础业务知识	电信行业概况、企业概况、企业文化、品牌体系、营销服务渠道、客服中心概况、法律基础知识	了解	掌握	掌握	应用	应用
	移动业务、固话业务、宽带业务、套餐业务、卡类业务、新兴业务、星级业务、积分业务、实名制相关要求	掌握	掌握	掌握	应用	应用
本年度重点业务知识	参照省工信下发的月度重点工作及重点业务开展考核	掌握	掌握	应用	应用	应用
自我管理能力	压力情绪管理	了解	了解	掌握	应用	应用
	时间管理	掌握	掌握	掌握	应用	应用
	目标管理	了解	掌握	掌握	掌握	应用
	Word、Excel、PPT 常用办公软件基础应用	掌握	掌握	掌握	掌握	应用

班长通用知识技能要求

②专业知识技能要求

知识分类	知识点	一星	二星	三星	四星	五星
基础技能	话务沟通技巧	掌握	掌握	掌握	应用	应用
	办公软件掌握应用	掌握	掌握	掌握	应用	应用
班组管理	指标分析、管理	了解	掌握	掌握	应用	应用
	沟通辅导技巧	掌握	掌握	应用	应用	应用
	任务计划实施管理	了解	了解	掌握	应用	应用
团队建设	正能量氛围营造	了解	掌握	掌握	应用	应用
	组织策划	掌握	掌握	应用	应用	应用

班长专业知识技能要求

③职业能力测评标准

关键能力	高分标准定义
关注细节、归纳思维能力	1. 针对特定的问题，能够对各种观点、细节问题和信息进行归纳，提炼出核心的观点获得到简介的结论； 2. 在处理问题时，能够掌握事务之间的内在联系，并指导相关人员解决相关问题； 3. 在处理问题过程中能够抓住核心关键点，并能够深入问题本职，总结规律并加以解决。
逻辑分析能力	1. 能够运用归纳和演绎等逻辑推理方法，对信息进行汇总、分析，并能掌握信息分析模型和框架的使用方法，并能根据相关事件规定进行有效的逻辑分析； 2. 能够对收集到的信息进行客观分析和判断，并能对相关问题的未来发展趋势做出客观正确的预测； 3. 能够利用相关信息或以往的问题，通过逻辑分析解决现存的问题。
计划管理能力	1. 能够将复杂的任务分解为多个可以处理的部分，并能够制定切实可行的方案； 2. 具备一定的前瞻性及预见性，能够提前对重大潜在风险作出预案； 3. 能够为较为复杂的工作内容编制有效的、合理的整体工作计划。
应变能力	1. 能够正确遇见事务变化发生的可能性； 2. 能够于变化发生时快速地认识到客观环境变化的团队乃至公司带来的利弊影响，并能采取必要的行动，合理调配资源来支持计划的实施。
判断与决策能力	1. 能够利用自身掌握的知识，正确理解客户的需求或意图； 2. 能够对直接信息和间接信息进行分析，并准确判断出话务沟通的发展方向。

班长职业能力测评

2. 管理支撑岗星级评价体系

(1) 培训师

必须熟练掌握课程演绎技巧，即语言表达、语音语调、身体语言、精彩呈现等内容。这些内容不仅能提升现场表达效果，还能让课程更具有技术含量。另外，还需关注课堂呈现，因为课程呈现是决定培训成败的关键一环，培训师在培训现场的授课，主要包括克服紧张、讲台形象、课程导入、紧密链接、时间控制、有力结尾等内容，这些因素都是衡量培训效果的重要依据。同时，课程开发是培训师最为基础的工作，针对培训需求，对课程内容进行整体设计，主要包括需求调研、课程开发、案例组织、PPT 制作等内容。最后，需确保培训顺利进行的采取一些保障措施，主要包括精彩的互动、高效控场、问题处理、培训管理等内容，即包括培训现场的保障也包括后勤的保障，同时也是提升培训效果的重要手段和方法。

岗位职责	岗位能力要求及说明	职级	能力测评标准
1. 协助主管做好员工日常培训工作，提出改进措施，监督客服代表不断完善服务态度和提高服务质量。 2. 严格按照服务质量及业务能力提升同时提出培训需求，并结合各班组需求在小结会上进行指导、培训。 3. 熟悉不同工作岗位人员的具体工作方式及特点，制定相应的培训内容；根据公司发展的需要，制定详细、高效、灵活的培训计划。 4. 运用良好的逻辑思维、精炼的语言表达方式面授技能； 5. 不断学习业内新知识新理念，密切关注掌握市场动态；严格遵守各项纪律和管理规范，依照业务流程和业务规范的说明开展工作。 6. 参与组织各项培训教学、教研活动。根据授课需要参加相关培训或从相关渠道获得授课资料及素材。在教学与本职工作出现矛盾时，有教学优先的权利，同时本职工作应向上级申请调配。 7. 根据省中心或分中心的需要接受教学及相关任务，保质保量按时完成培训班的授课工作。积极参与培训团队组织的各项培训教学、教研活动。	1. 熟练掌握包括固网 /C 网 /PHS/ 移动业务知识、数据业务知识、账务业务知识，能迅速并准确地通过知识库找出各知识点。 2. 熟悉业务和处理流程，遇各班组咨询时，能正确地提供相应流程的各环节信息。 3. 熟悉掌握客户办理或查询业务时的正确验证用户身份的流程、各类工单的回复时限、掌握预处理、受理规范，能准确判断客服代表在线处理的流程是否规范。 4. 要求具有计算机应用基础，熟练操作 Woed、EXCEL、PPT 等应用。 5. 具有较好的人际沟通能力，较强的组织、管理、协调能力，书面表达能力、理解能力和综合执行能力，工作主动、热情、细致，团队合作意识强。 6. 对客户服务及客户关系管理了解，有呼叫中心工作经历者优先。	初级	岗前培训考核通过
			通过集团客服五级认证
			课时量每年达到 120 小时
			普通话三甲认证
		中级	考评周期内取得省“10000 号”年度优秀培训师称号或年度考评优秀
			通过集团客服四级认证
			考评周期内年度平均绩效排名前 60%
			课时量每年达到 240 小时
			普通话三甲认证
			工作年限满一年
			通过成龙学院 1 门专业必修课及 2 门公共选修课
		高级	取得省级内训师称号
			通过集团客服三级认证
			考评周期内年度平均绩效排名前 40%
			课时量每年达到 240 小时

			取得“10000 号”省级课程认证讲师
			普通话二乙认证
			工作年限满三年
			通过成龙学院 1 门专业必修课及 3 门公共选修课
		资深	取得省级内训师称号
			通过集团客服三级认证
			考评周期内年度平均绩效排名前 20%
			课时量每年达到 240 小时
			取得“10000 号”省级课程认证讲师
			普通话二甲认证
			工作年限满五年
			通过成龙学院 1 门专业必修课及 4 门公共选修课
			通过省统一考试或测评
			年度独立开发课件至少一门
			获得省“10000 号”专家称号

培训师测评方式

岗位素质能力测评标准：

知识分类	知识点	初级	中级	高级	资深
课堂演绎能力	语言表达	掌握	掌握	应用	应用
	声音展示	了解	掌握	应用	应用
	身体语言	掌握	掌握	应用	应用
	课堂呈现	掌握	掌握	应用	应用
课堂呈现能力	应对紧张	掌握	掌握	应用	应用
	专业形象	掌握	掌握	应用	应用
	开场白设计	了解	掌握	应用	应用
	课程链接	了解	掌握	应用	应用
	时间控制	掌握	掌握	应用	应用
	结尾设计	了解	掌握	应用	应用
课程开发能力	需求调查	掌握	掌握	应用	应用
	课程开发	了解	了解	掌握	应用
	案例组织	了解	了解	掌握	应用
	PPT 制作	了解	了解	应用	应用
培训保障能力	现场互动	了解	了解	掌握	应用
	现场控制	了解	掌握	掌握	应用
	问题处理	掌握	掌握	应用	应用
	培训管理	掌握	掌握	应用	应用

培训师岗位素质能力测评

(2) 值班长

需做好分区各班组人员的日常管理，支撑班长做好人员异动沟通工作。做好分区标杆员工的树立与培养，能够在分区内部起到上传下达的作用，传递中心正能量。配合中心完成日常话务运营工作，牵头并落实分区各项指标能力提升工作。

以身作则，做好值班长的模范带头作用，积极参加中心各类竞赛和活动。积极提升自我，提升管理品质及管理能力。

岗位名称	岗位职责	岗位能力要求及说明	星级	能力测评标准
值班长	1. 人员管理与执行 2. 运营管理与执行 3. 自我管理和实现	1. 人员管理：做好分区各班组人员的日常管理，支撑班组做好人员异动沟通工作。做好分区标杆员工的树立和培养，能够在分区内部起到上传下达的作用，传递中心正能量 2. 运营管理：配合中心完成日常话务运营工作，牵头并落实分区各项指标能力提升工作。 自我管理：以身作则，做好值班长的模范带头作用，积极参加中心各类竞赛和活动，积极提升自我，提升管理品质及管理能力	初级	岗前培训考核通过
				通过集团客服四级认证
				员工满意度
			中级	通过集团客服四级认证
				考评周期内年度平均绩效排名前 60%
				员工满意度
				团队有责越级投诉考评前三个月内平均不超过 0.5 起，无曝光到媒体、安全生产、信息安全等重大事件发生
				学历大专及以上
				工作年限满一年
				通过成长学院 1 门专业必修课及 2 门公共选修课
			高级	通过集团客服三级认证
				考评周期内年度评级绩效排名前 40%
				员工满意度
				团队管理中出现重大事件（有责越级投诉、曝光到媒体、信息安全等重大事件发生）
				学历大专及以上
				工作年限满三年
				获得省级内训师称号或考评周期内获省“10000 号”年度优秀培训师称号
				通过成龙学院 1 门专业必修课及 3 门公共选修课
			资深	通过集团客服三级认证
				考评周期内年度平均绩效排名前 20%
				员工满意度
				团队管理中出现重大事件（有责越级投诉、曝光到媒体、信息安全等重大事件发生）
				学历大专及以上
				工作年限满五年
				获得省级内训师称号
				通过省统一考试或测评
				普通话二乙认证
				获得省“10000 号”专家称号
				通过成龙学院 1 门专业必修课及 4 门公共选修课

值班长测评方式

岗位素质能力测评标准，主要分为三个方面：

① 通用知识技能要求

知识分类	知识点	初级	中级	高级	资深
中国电信基础业务知识	电信行业概况、企业概况、企业文化、品牌体系、营销服务渠道、客服中心概况、法律基础知识	掌握	掌握	应用	应用
	移动业务、固话业务、宽带业务、套餐业务、卡类业务、新兴业务、星级服务、积分服务、实名制相关要求等	掌握	掌握	应用	应用
本年度重点业务知识	参照省中心下发的月度重点工作及重点业务开展考核	掌握	应用	应用	应用
自我管理能力	压力情绪管理	了解	掌握	应用	应用
	时间管理	掌握	掌握	应用	应用
	目标管理	掌握	掌握	掌握	应用
	沟通能力	掌握	掌握	应用	应用
	Word、Excel、PPT 常用办公软件基础操作应用	掌握	掌握	应用	应用

值班长通用知识技能要求

②专业知识技能要求

知识分类	知识点	初级	中级	高级	资深
团队管理	指标分析、管控	掌握	掌握	应用	应用
	任务计划实施管理	掌握	掌握	应用	应用
	沟通辅导技巧	掌握	掌握	应用	应用
	正能量氛围营造	掌握	掌握	应用	应用
值班调度	现场调度与运营管理	掌握	应用	应用	应用
	突发事件处置	掌握	应用	应用	应用

值班长专业知识技能要求

③职业能力测评标准

关键能力	高分标准定义
综合分析能力	1. 对原始、分散的信息进行整理加工，使其成为系统的、有条理的信息，能够对收集到的信息进行综合分析和判断，对相关问题的未来发展趋势做出客观正确的预测； 2. 通过全方位、多角度地了解情况，为科学决策提供有效依据。
计划管理能力	1. 能够将复杂的任务分解为多个可以处理的部分，并能够制定切实可行的方案； 2. 具备一定的前瞻性及预见性，能够提前对重大潜在风险作出预案； 3. 能够为较为复杂的工作内容编制有效的、合理的整体工作计划。
应变能力	1. 能够正确预见事物变化发生的可能性； 2. 能够于变化发生时快速低认识到客观环境变化为团队乃至公司带来的利弊影响，并能采取必要的行动，合理调配资源来支持调整计划的实施。
决策能力	1. 能够通过复杂的表象，对存在问题的性质进行合理判断，并能够在此基础上迅速确定决策目标； 2. 能够根据工作经验和技巧果断、及时地做出合理有效的方案； 3. 对决策可能产生的影响有清晰的认识，并能够通过综合分析选择最优方案。
沟通表达能力	1. 能够准确地以口头、书面等方式进行工作部署或有效沟通，能快速地把握工作要领； 2. 在交流过程中，语言清晰、简洁、客观，且切中要害； 3. 针对不同沟通对象能采用不同的表达方式，以取得一致性结论； 4. 熟练掌握专业词汇，能够阅读、理解与专业相关的各种资讯。
团队领导力	1. 能够根据团队成员的特点，有针对性的分配任务，并全力保证组织目标的达成； 2. 能够采取一定的激励手段，提高团队成员的工作积极性； 3. 在关注团队工作成果的同时，能够最大限度地凝聚团队力量。

值班长职业能力测评

(3) 质量支撑

能够通过录音及专项拨测发现客服代表所存在的问题，严格按照质检评分标准，给予准确评价，能发现班组内员工话务处理上的优缺点，将发现的共性问题及时反馈给对应班组长，能找到班组内服务质量弱项根源，指导班组长及时改进，为提升班组整体能力提出可行性建议。并掌握电信业务及呼叫中心专业知识和技能，熟练掌握各类应用工具。能运用当前与服务质量有关的数据及报表进行分析，了解当前所有相关指标的完成情况与进度，能从质检数据中发现员工的异常波动情况，通过各类报表数据分析出班组内整体的服务质量情况。同时，掌握 Office 办公软件的使用，熟悉 Word、Excel、PPT 的基本操作，能达到工作中所需要的文字处理、表格使用和演示文档的能力。

<table>
<tr><th>岗位名称</th><th>岗位职责</th><th>岗位能力要求及说明</th><th>星级</th><th>能力测评标准</th></tr>
<tr><td rowspan="16">质量支撑</td><td rowspan="16">1. 质量检测工作：包括常规话务质检和专项话务质检，常规话务质检即各类话务问题的分析、分类、汇总；专项话务质检包括不满意录音检查、不满意话务回访、不应派单检查、重复工单抽检、长时（或短时）话务抽检、专项产品质检等。
2. 质量辅导工作：负责做好质量检测中的问题记录，对存在的问题及时反馈、处理、跟踪和辅导，帮助客服代表不断提升服务技能，改善服务态度、提升服务质量。
3. 与班组长沟通：及时做好与班组长的反馈和沟通工作，并结合各班组需求进行业务指导和集中培训，完成各项质检辅导、沟通记录。
4. 拨测及话务分析：根据当期业务重点、热点和难点，设置拨测内容，完成拨测和话务分析。
5. 话务体验及其他：每月定时、定量完成话务体验，并根据工作需求惩戒应急接话工作；按照管理人员能力提升要求，参加相关培训和考试；完成领导交办的其他工作。</td><td rowspan="16">1. 质检沟通能力：能够通过录音及专项拨测发现客服代表所存在的问题，严格安排质检评分标准，给予准确评价，能发现班组内员工话务处理上的优缺点，将发现的共性问题及时反馈给对应班组长，能找到班组内服务质量弱项根源，指导班组长及时改进，为提升班组整体能力提出可行性建议。
2. 专业知识能力：掌握电信业务及呼叫中心专业知识和技能，熟练掌握各类应用工作，能运用当前与服务质量相关的数据及报表进行分析，了解当前所有相关指标的完成情况与进度，能从质检数据中发现员工的异常波动情况，通过各类报表数据分析出班组内整体的服务质量情况。
3. 数字化管理能力：掌握 Office 办公软件的使用，熟悉 Word、Excel、PPT 的基本操作，能达到工作中所需要的问题处理、表格使用和演示文档的能力。</td><td rowspan="2">初级</td><td>岗前培训考核通过</td></tr>
<tr><td>通过集团客服五级认证</td></tr>
<tr><td rowspan="4">中级</td><td>通过集团客服四级认证</td></tr>
<tr><td>考评周期内年度平均绩效排名前 50%</td></tr>
<tr><td>工作年限满一年</td></tr>
<tr><td>通过成龙学院 1 门专业必修课及 2 门公共选修课</td></tr>
<tr><td rowspan="4">高级</td><td>通过集团客服三级认证</td></tr>
<tr><td>考评周期内年度平均绩效排名前 30%</td></tr>
<tr><td>工作年限满三年</td></tr>
<tr><td>通过成龙学院 1 门专业必修课及 3 门公共选修课</td></tr>
<tr><td rowspan="6">资深</td><td>普通话二乙认证</td></tr>
<tr><td>通过集团客服三级认证</td></tr>
<tr><td>通过省统一考试或测评</td></tr>
<tr><td>考评周期内年度平均绩效排名前 10%</td></tr>
<tr><td>工作年限满五年</td></tr>
<tr><td>通过成龙学院 1 门专业必修课及 4 门公共选修课</td></tr>
</table>

质量支撑测评方式

岗位素质能力测评标准，主要分为三个方面：

① 通用知识技能要求

知识分类	知识点	初级	中级	高级	资深
中国电信基础业务知识	电信行业概况、企业概况、企业文化、品牌体系、营销服务渠道、客服中心概况、法律基础知识	了解	掌握	掌握	应用
	移动业务、固话业务、宽带业务、套餐业务、卡类业务、新兴业务、星级服务、积分服务、实名制相关要求等	应用	应用	应用	应用
本年度重点业务知识	参照省中心下发的月度重点工作及重点业务开展考核	掌握	应用	应用	应用
自我管理能力	压力情绪管理	了解	掌握	应用	应用
	时间管理	掌握	掌握	应用	应用
	目标管理	掌握	掌握	掌握	应用
	沟通能力	掌握	掌握	应用	应用
	Word、Excel、PPT 常用办公软件基础操作应用	应用	应用	应用	应用

质量支撑通用知识技能要求

②专业知识技能要求

知识分类	知识点	初级	中级	高级	资深
质检系统操作	熟悉话务评价、案例提交、建议收集等相关系统模块的相关操作，按规范录入	应用	应用	应用	应用
辅导反哺能力	针对质检对象的问题提供有效帮助，包括讲解及训练，跟踪问题改善情况，适时介入引导	掌握	应用	应用	应用
报表运用能力	熟悉运用各类服务质量及能力监控报表（系统）	了解	应用	应用	应用
数据分析能力	将各类数据进行综合分析，得出质检对象的整体服务质量情况、发现异常波动，并针对发现的问题找出根本原因	了解	掌握	应用	应用
公文写作能力	独立完成质检对象的质量分析报告	了解	掌握	掌握	应用

质量支撑专业知识技能要求

③职业能力测评标准

关键能力	高分标准定义
判断能力	1. 能够利用自身掌握的知识技能，正确理解客户的需求或意图； 2. 能够对直接信息和间接信息进行分析，并准确判断出话务沟通的发展方向。
关注细节问题能力	1. 针对特定的问题，能够对各种观点、细节问题和信息进行归纳，提炼出核心的观点或得到简洁的结论； 2. 在处理问题时，能够掌握事物之间的内在联系，并指导相关人员解决问题； 3. 在处理问题过程中能够抓住核心关键点，并能够深入问题的本职，总结规律并加以解决。
目标管理能力	对公司经营目标中本部门的主要工作及任务理解深刻，目标分解基本合理，能制定出对应的工作计划。
逻辑分析能力	1. 能够用运用归纳和演绎灯逻辑推理方法，对信息进行汇总、分析，并能掌握信息分析模型和框架的使用方法，并能根据相关时间规定进行有效的逻辑分析； 2. 能够对收集到的信息进行客观的分析和判断，并能对相关问题的未来发展趋势做出客观正确的预测； 3. 能够利用相关信息或以往的问题，通过逻辑分析解决现存的问题。
监控能力	1. 通过对被监控对象的不定期抽检，能够对其工作业绩做出准确的评价； 2. 根据被监控对象的实际表现，能够预测出其将来工作中可能遇到的问题和障碍，并能够提前给予适当的指导。
问题发现和解决能力	1. 熟练把握工作过程中易产生问题的环节，并有一定的问题发现技巧； 2. 能够通过对工作内容的理解，发现隐藏的问题； 3. 具有一定的问题分析能力，能够根据现行探求解决问题的途径，并找到答案。
反哺能力	能对质检工作中所分析的共性问题进行归类提炼，针对性地做好人员辅导，对系统性的问题及时提交并给出优化建议。
执行力	1. 能配合公司制定切实可行的生产目标，并能把控目标的进度； 2. 能够很好地协调和控制工作进度，积极创造条件完成各项任务； 3. 能够严格执行公司的各项管理规章制度，并能对其中一些内容提出执行改进意见。
沟通协调能力	1. 能够准确地以口头、书面等方式进行工作部署或有效沟通，能快速把握工作要领； 2. 在交流过程中，语音清晰、简洁、客观，且切中要害； 3. 针对不同的听众能采用不同的表达方式，以取得一致性结论，达到协调各方的效果； 4. 熟练掌握专业词汇，能够阅读、理解与专业相关的各种资讯。

质量支撑职业能力测评

（4）投诉支撑

能够通过质检及内拨发现投诉处理员存在的问题；能总结归纳共性问题及时反馈；能针对质量短板指导班组长落实整改，为提升班组整体能力提出可行性建议。同时，掌握电信业务及呼叫中心专业知识和技能，熟练掌握各类应用工具。能运用当前与服务质量有关的数据及报表进行分析，了解当前所有相关指标的完成情况与进度，能从质检数据中发现员工的异常波动情况，通过各类报表数据分析出班组内整体的服务质量情况。掌握 Office 办公软件的使用，熟悉 Word、Excel、PPT 的基本操作，能达到工作中所需要的文字处理、表格使用和演示文档的能力。

岗位名称	岗位职责	岗位能力要求及说明	星级	能力测评标准
投诉支撑	1. 严格按照质检标准、内部拨测要求，保质保量完成质检工作，客观记录检测情况及评定内容，分前、后台问题点，及时反馈、纠正、处理，同时做好监督工作。 2. 随机抽检、在途工单检查、异常工单检查、退费准确性进行稽核等发现问题反馈和落实，做好员工层面的沟通；分享优秀录音，提升员工沟通技巧能力 3. 负责典型服务案例的收集、编写，建立案例库，开展月度案例培训，做好员工的能力提升工作 4. 负责培训效果的抽检结合日考、月考等工作。	1. 质检专业能力：能够通过质检及内拨发现处理员存在问题；能总结归纳共性问题及时反馈；能针对质量短板指导班组长落实整改，为提升班组整体能力提出可行性建议。 2. 专业知识能力：掌握电信业务及呼叫中心专业知识和技能，熟练掌握各类应用工具。能运用当前与服务质量有关的数据及报表进行分析，了解当前所有相关指标的完成情况与进度，能从质检数据中发现员工的异常波动情况，通过各类报表数据分析出班组内整体的服务质量情况。 3. 数字化管理能力：掌握 Office 办公软件的使用，熟悉 Word、Excel、PPT 的基本操作，能达到工作中所需要的的文字处理、表格使用和演示文档的能力。	初级	岗前培训考核通过
				通过集团客服五级认证
				团队中无出现重大服务投诉
			中级	通过集团客服四级认证
				考评周期内年度平均绩效排名前 60%
				团队中无出现重大服务投诉
				工作年限满一年
				通过成龙学院 1 门专业必修课及 2 门公共选修课
			高级	通过集团客服三级认证
				考评周期内年度平均绩效排名前 40%
				团队中无出现重大服务投诉
				工作年限满三年
				通过省统一考试或测评
				通过成龙学院 1 门专业必修课及 3 门公共选修课
			资深	普通话二乙认证
				通过集团客服三级认证
				通过省统一考试或测评
				考评周期内年度平均绩效排名前 20%
				工作年限满五年
				通过成龙学院 1 门专业必修课及 4 门公共选修课

投诉支撑测评方式

岗位素质能力测评标准，主要分为三个方面：

① 通用知识技能要求

知识分类	知识点	初级	中级	高级	资深
中国电信基础业务知识	电信行业概况、企业概况、企业文化、品牌体系、营销服务渠道、客服中心概况、法律基础知识	了解	了解	掌握	掌握
	移动业务、固话业务、宽带业务、套餐业务、卡类业务、新兴业务、星级服务、积分服务、实名制相关要求等	掌握	掌握	应用	应用
本年度重点业务知识	参照省中心下发的月度重点工作及重点业务开展考核	掌握	掌握	应用	应用
自我管理能力	压力情绪管理	了解	了解	掌握	应用
	全方位沟通	掌握	掌握	应用	应用
	时间管理	了解	了解	掌握	应用
	目标管理	了解	了解	掌握	应用
	Word、Excel、PPT 常用办公软件基础操作应用	了解	掌握	掌握	应用

投诉支撑通用知识技能要求

②专业知识技能要求

知识分类	知识点	初级	中级	高级	资深
法律规章制度	电信条例、消法、合同法等，以及国家主管部门相关电信管理规定	掌握	应用	应用	应用
服务基础知识	服务标准承诺（企业服务标准、对外承诺等）	应用	应用	应用	应用
投诉处理主要流程	工单核查、转派、回复、退费、结案、跟踪的闭环工作的规范及要求	应用	应用	应用	应用
	不满意升级、投诉风险的预警意识及管控	应用	应用	应用	应用
岗位专项能力	案例分析及整合能力	掌握	掌握	应用	应用
	咨询投诉工单质检规范要求及评分标准	掌握	应用	应用	应用

投诉支撑专业知识技能要求

③职业能力测评标准

关键能力	高分标准定义
服务质量管理能力	1. 能力通过质检沟通发现投诉处理员存在的问题； 2. 能总结归纳共性问题及时反馈。
换位思考能力	1. 能够遵循响应的投诉服务处理制度或规范，来保障响应服务标准的执行； 2. 能够鼓励其他相关人员从客户角度思考问题。
信息收集与处理能力	1. 能够按照既定的方法来收集信息，并能够核实所获得信息的准确性和完整性，并对此类信息进行收集整理； 2. 能够对所收集的数据和信息进行初步的分析，能准确地向上下级提供相关信息和个人建议。
督导能力	1. 通过对投诉处理人员的话务进行定期的抽查，能够对其工作业绩作出准确的评价； 2. 根据投诉处理人员的实际表现，能够预测出其将来工作中可能遇到的问题或障碍，并能够提前给予适当的指导。
执行能力	1. 能够很好的协调和控制工作进度，积极创造条件完成各项任务； 2. 对在话务监听过程中所发现的问题，应结合生成需求，积极做好问题的反馈和落实工作。
关注细节能力	能够对工作过程中的各个环节进行多角度、全方位的考虑，进而确保投诉支撑工作的严谨性和周密性。
沟通能力	1. 能够以开放、真诚的方式接收和传递信息； 2. 了解交流的重点，能通过书面或口头的形式、用清楚的理由和实际表达主要观点； 3. 尊重他人，能在倾听别人的意见、观点的同时给予适时的反馈； 4. 在沟通中，能够理解、使用相关的专业词汇。

投诉支撑职业能力测评

（5）业务支撑

需精通固网、C 网、增值业务，熟悉数据等电信基础业务知识，能迅速并准确地通过知识库找出各知识点；精通全省“10000 号”流程、中心内部流程、电信基础业务和服务处理流程，遇各班组咨询时，能正确地提供相应流程的各环节信息。要求具有计算机应用基础，熟练操作 Word、Execl、PPT 等应用，并具有较强的数据分析能力，独立思考和作业的能力，较好的理解、分析和书面表达能力。较强的组织、管理、协调和沟通能力，同时具有高效执行力、学习力，工作主动、热情、细致，团队合作意识强。

<table>
<tr><th>岗位名称</th><th>岗位职责</th><th>岗位能力要求及说明</th><th>星级</th><th>能力测评标准</th></tr>
<tr><td rowspan="20">业务支撑</td><td rowspan="20">1. 负责业务流程管理，接应公司在服务及营销中涉及“10000 号”的操作流程的落地，设计并做好流程在客服中心内部实施的协调工作。并通过定期自检、各部门反馈等方式，及时支撑、协调开展中心内部及公司外部流程的优化工作。
2. 定期对知识库查询速率、查到率、文档信息准确率和完整性进行检查，并提交修改优化建议和跟踪效果。
3. 负责分中心内部对员工老业务巩固、新业务与培训组交接落实，日常业务考题出题和录入考试系统、考卷评估以及差错原因分析和反哺工作。
4. 根据各类报表数据及专业部门、各班组反馈，分析分中心员工短板，推进各班组解决、协助制定针对性提升方案，对专业性问题提供培训支撑，跟进各班组执行情况，阶段性评估执行成效。
5. 向各模块提供业务及服务的支撑，协助推进重点工作的开展，并通过中心网站、电话、电子工单平台等渠道实现疑难问题的解答，并做好记录，不断创新，在系统或流程上提出提高工作效率的改进意见或方法，开展针对性提升。</td><td rowspan="20">1. 精通固网、C 网、PHS、增值业务业务，熟悉数据等电信基础业务知识，能迅速并准确地通过知识库找出各知识点。
2. 精通全省“10000 号”流程、中心内部流程、电信基础业务和服务处理流程，遇各班组咨询时，能正确地提供相应流程的各环节信息。
3. 要求具有计算机应用基础，熟练操作 WORD、EXCEL、PPT 等应用。
4. 具有比较强的数据分析能力、独立思考和作业的能力，较好的理解、分析和书面表达能力，较强的组织、管理、协调和沟通能力，并具有高效执行力、学习力，工作主动、热情、细致、团队合作意识强。</td><td rowspan="3">初级</td><td>岗前培训考核通过</td></tr>
<tr><td>通过集团客服知识管理四级认证</td></tr>
<tr><td>获得分中心兼职培训师资格</td></tr>
<tr><td rowspan="5">中级</td><td>通过集团客服知识管理四级认证</td></tr>
<tr><td>考评周期内年度平均绩效排名前 60%</td></tr>
<tr><td>获得分中心兼职培训师资格</td></tr>
<tr><td>工作年限满一年</td></tr>
<tr><td>通过成龙学院 1 门专业必修课及 2 门公共选修课</td></tr>
<tr><td rowspan="5">高级</td><td>通过集团客服知识管理四级认证</td></tr>
<tr><td>考评周期内年度平均绩效排名前 40%</td></tr>
<tr><td>获得省级内训师称号或考评周期内取得省“10000 号”年度优秀培训师称号</td></tr>
<tr><td>工作年限满三年</td></tr>
<tr><td>通过成龙学院 1 门专业必修课及 3 门公共选修课</td></tr>
<tr><td rowspan="7">资深</td><td>通过集团客服知识管理四级认证</td></tr>
<tr><td>考评周期内年度平均绩效排名前 20%</td></tr>
<tr><td>获得省级内训师称号</td></tr>
<tr><td>工作年限满五年</td></tr>
<tr><td>普通话二乙认证</td></tr>
<tr><td>通过省统一考试或测评</td></tr>
<tr><td>通过成龙学院 1 门专业必修课及 4 门公共选修课</td></tr>
<tr><td></td><td></td><td></td><td></td><td>获得省“10000 号”专家称号</td></tr>
</table>

业务支撑测评方式

岗位素质能力测评标准，主要分为两个方面：

① 通用知识技能要求

知识分类	知识点	初级	中级	高级	资深
中国电信基础业务知识	电信行业概况、企业概况、企业文化、品牌体系、营销服务渠道、客服增中心概况、法律基础知识	了解	了解	了解	了解
	移动业务、固话业务、宽带业务、套餐业务、卡类业务、新兴业务、星级服务、积分服务、实名制相关要求等	掌握	掌握	应用	应用
本年度重点业务知识	参照省中心下发的月度重点工作及重点业务开展考核	掌握	掌握	应用	应用
电话服务技能	客户服务礼仪	掌握	掌握	应用	应用
	电话沟通技巧	掌握	掌握	应用	应用
	投诉处理技巧	了解	掌握	应用	应用
	电话营销技巧	掌握	掌握	应用	应用
	客户保持技巧	了解	掌握	应用	应用
自我管理能力	压力情绪管理	了解	了解	掌握	掌握
	时间管理、目标管理	了解	了解	了解	了解
	Word、Excel、PPT 等常用办公软件基础操作应用	了解	了解	掌握	应用

业务支撑通用知识技能要求

②专业知识技能要求

知识分类	技能	初级	中级	高级	资深
业务支撑岗位生产技能	熟悉知识管理平台中的知识反馈模块的相关操作	了解	掌握	应用	应用
	日常业务的接应、审核、反馈	了解	掌握	应用	应用
	重点业务接应反馈、转化落地、成效检验	了解	掌握	应用	应用
	培训工作（课件制作、授课等）	了解	了解	掌握	应用

业务支撑专业知识技能要求

(6) 运营支撑

需了解客户服务及客户关系管理知识，熟悉呼叫中心结构及运作知识，了解公司整体架构及流程。具备基本的业务分析能力、各类系统问题与需求相关内容的梳理总结能力。要求具有计算机应用基础，熟练操作 Word、Excel、PPT 等应用；具备基本的业务分析能力、各类系统问题与需求相关内容的梳理总结能力。具有较好的人际沟通能力，理解能力和综合执行能力，工作主动、热情、细致，团队合作意识强。

岗位名称	岗位职责	岗位能力要求及说明	星级	能力测评标准
运营支撑	1. 话务运营数据分析监控，依据话务分类报表和相关话务分析数据，建立“10000 号”日常话务分类服务情况的历史数据仓库，并按日进行跟踪更新。 2. 结合日话务运营数据仓库，按月对每月的话务运营情况进行分析，要求对外部话务波动的种类、原因以数据为依据，科学合理进行分析定位问题。 3. 月度话务运营分析结果，要求分享至分中心所有的管理人员。对于突发话务及话务异常波动，根据监控通报要求进行操作。 4. 做好话务运营监控通报操作规范、突发话务通报规范、异常话务波动通报规范、重点业务服务情况跟踪通报。 5. 根据不同的周期变化，不同的事件类型掌握响应的呼入量历史数据及呼入趋势，以及影响呼入量变化的其他因素，并针对不同事件类型对未来的呼入量进行预测，以确保人员排班安排与呼入量相匹配，保证及时率指标达标。 6. 根据自己实际运营情况和人员安排，结合呼入量预测模型，做好人员的排班安排和班次调整，以保障日达标率和时段达标率指标。	1. 熟悉呼叫中心结构及运作知识，了解公司整体架构及流程； 2. 要求具有计算机应用基础，熟练操作 WORD、EXCEL、PPT 等应用； 3. 具有基本的业务分析能力、各类系统问题与需求相关内容的梳理总结能力； 4. 具有较好的人际沟通能力，理解能力和综合执行能力，工作主动、热情、细致、团队合作意识强； 5. 对客户服务及客户关系管理了解，有呼叫中心工作经历者优先。	初级	岗前培训考核通过
				通过集团客服四级认证
				员工满意度
				学历大专及以上
			中级	通过集团客服四级认证
				考评周期内年度平均绩效排名前 60%
				员工满意度
				学历大专及以上
				工作年限满一年
				通过成龙学院 1 门专业必修课及 2 门公共选修课
			高级	通过集团客服三级认证
				考评周期内年度平均绩效排名前 40%
				员工满意度
				学历大专及以上
				工作年限满三年
				通过成龙学院 1 门专业必修课及 3 门公共选修课
			资深	通过集团客服三级认证
				考评周期内年度平均绩效排名前 20%
				员工满意度
				学历大专及以上
				工作年限满五年
				通过省统一考试或测评
				普通话二乙认证
				获得省“10000 号”专家称号
				通过成龙学院 1 门专业必修课及 4 门公共选修课

运营支撑测评方式

岗位素质能力测评标准，主要分为三个方面：

① 通用知识技能要求

知识分类	知识点	初级	中级	高级	资深
中国电信基础业务知识	电信行业概况、企业概况、企业文化、品牌体系、营销服务渠道、客服中心概况、法律基础知识	了解	掌握	掌握	应用
	移动业务、固话业务、宽带业务、套餐业务、卡类业务、新兴业务、星级服务、积分服务、实名制相关要求等	掌握	掌握	掌握	应用
本年度重点业务知识	参照省中心下发的月度重点工作及重点业务开展考核	掌握	应用	应用	应用
自我管理能力	压力情绪管理	了解	掌握	应用	应用
	团队管理	掌握	掌握	应用	应用
	时间管理	了解	了解	应用	应用
	目标管理	掌握	掌握	掌握	应用
	沟通能力	掌握	掌握	应用	应用
	Word、Excel、PPT 常用办公软件基础操作应用	应用	应用	应用	应用

运营支撑通用知识技能要求

②专业知识技能要求

知识分类	知识点	初级	中级	高级	资深
基础管理	现场调度与运营管理	了解	掌握	应用	应用
	办公软件掌握应用	掌握	掌握	应用	应用
	闭环管理	了解	了解	掌握	应用
数据管理	数据分析与应用	了解	掌握	应用	应用
	呼叫中心排班管理	了解	了解	掌握	应用
	呼叫中心绩效管理	了解	掌握	掌握	应用
	话务异常分析	了解	掌握	应用	应用

运营支撑专业知识技能要求

③职业能力测评标准

关键能力	高分标准定义
关注细节、归纳思维能力	1. 针对特定的问题，能够对各种观点、细节问题和信息进行归纳，提炼出核心的观点或得到简洁的结论。 2. 在处理问题时，能够掌握事务之间的内在联系，并指导相关人员解决相关问题。 3. 在处理问题过程中能够抓住核心关键点，并能够深入问题的本质，总结规律并加以解决。
逻辑分析能力	1. 能够运用归纳和演绎等逻辑推理方法，对信息进行汇总、分析，并能掌握信息分析模型和框架的使用方法，并能根据相关时间规定进行有效的逻辑分析。 2. 能够对收集到的信息进行客观的分析和判断，并能对相关问题的未来发展趋势做出客观正确的预测。 3. 能够利用相关信息或以往的问题，通过逻辑分析解决现存的问题。
计划管理能力	1. 能够将复杂的任务分解为多个可以处理的部分，并能够制定切实可行的方案。 2. 具备一定的前瞻性及预见性，能够提前对重大潜在风险作出预案。 3. 能够为较为复杂的工作内容编制有效的、合理的整体工作计划。
应变能力	1. 能够正确预见事务变化发生的可能性。 2. 能够于变化发生时快速地认识到客观环境变化为团队乃至公司带来利弊影响，并能够采取必要的行动，合理调配资源来支持调整计划的实施。
判断与决策能力	1. 能够通过复杂的表象，对存在问题的性质进行合理判断，并能够在此基础上迅速确定决策目标。 2. 能够根据工作经验和技巧，果断、及时地做出合理有效的方案。 3. 对对策可能产生的影响有清晰的认识，并能够通过综合分析选择最优方案。
执行力	1. 能配合公司制定切实可行的生产目标，并能把握目标的进度。 2. 能够很好地协调和控制工作进度，积极创造条件完成各项任务。 3. 能够严格执行公司的各项管理规章制度，并能对其中一些内容剔除执行改进意见。
沟通表达能力	1. 能够准确地以口头、书面等方式进行工作部署或有效沟通，能快速把握工作要领。 2. 在交流过程中，语言清晰、简洁、客观，且切中要害。 3. 针对不同的听众能采用不同的表达方式，以取得一致性结论。 4. 熟练掌握专业词汇，能够阅读、理解与专业相关的各种资讯。

运营支撑职业能力测评

(7) 数据及技术支撑

熟悉呼叫中心结构及运作知识，了解公司整体架构及流程；熟悉 Oracle 的基础知识、能精通 SQL 语言进行数据抽取、数据分析、报表开发等工作；具备开发和维护 B/S 模式下的内部管理信息系统；具备基本的业务分析能力、各类系统问题与需求相关内容的梳理总结能力；熟悉计算机终端软件硬件故障解决、网络常见问题解决；熟悉远程工具的使用，能利用远程工具进行远程维护；具备独立完成“10000 号”系统的各种应用服务器的故障判断及解决协调能力。

同时，熟知电信行业服务规范和业务，熟悉“10000 号”相关的操作平台，熟悉电信服务流程。掌握 Office 办公软件的使用，熟悉 Word、Excel、PPT 的基本操作，能达到工作中所需要的的文字处理、表格使用和演示文档的能力。具有较好的人际沟通能力，理解能力和综合执行能力，工作主动、热情、细致，团队合作意识强。

沟通中始终保持开放、真诚的态度，语言清晰、简介、客观，且切中要害，根据对象的不同采取不同的表达方式，以求达到一致性的结论。面对复杂的情况，能够对有效信息进行归纳，实事求是地反映信息的内在联系，抓住问题的关键点，深入分析问题的本质，并对问题进行处理解决。并且能够根据工作的需要科学安排工作时间，将复杂的工作任务分解为多个可处理的部分，充分考虑资源调配问题，制定切实可行的工作计划，并能按照计划高效完成工作任务。

岗位名称	岗位职责	岗位能力要求及说明	星级	能力测评标准
数据及技术支撑	1. 负责中心软硬件设备的日常维护，包括电脑终端维护、坐席平台系统配置、LED电子屏维护、会议系统维护（软硬件），加强对坐席现场的快速响应支撑，确保坐席平台的正常使用。 2. 负责“10000 号”系统账号、权限、防火墙申请和相关信息安全，内部相关平台与维护，根据运营需求开发相关业务报表工作。 3. 负责“10000 号”系统各类坐席参数的检查、系统割接、升级、话务应急支撑，系统故障现象内容收集上报，故障解决后的系统验证测试反馈并提交“10000 号”系统问题与需求，跟踪落实处理情况及处理结果的审核验证工作。 4. 协助完成业务部门提出的合理要求及结合数据层面进行相关重点业务分析。 5. 负责中心各类固定资产管理与维护工作，检查系统环境，包括空调、电源工作情况等。	1. 熟悉呼叫中心结构及运作知识，了解公司整体架构及流程； 2. 要求具有计算机应用基础，熟练操作 WORD、EXCEL、PPT 等应用； 3. 熟悉 ORACLE 的基础知识、能精通 SQL 语言进行数据抽取、数据分析、报表开发等工作； 4. 具备开发和维护 B/S 模式下的内部管理信息系统； 5. 具备基本的业务分析能力、各类系统问题与需求相关内容的梳理总结能力； 6. 熟悉计算机终端软件硬件故障解决、网络常见问题解决；熟悉远程工具的使用，能利用远程工具进行远程维护； 7. 具备独立完成“10000 号”系统的各种应用服务器的故障判断及解决协调能力； 8. 具有较好的人际沟通能力，理解能力和综合执行能力，工作主动、热情、细致，团队合作意识强； 9. 对客户服务及客户关系管理了解，有呼叫中心工作经历者优先。	初级	岗前培训考核通过
				计算机专业或获得计算机相关专业国家资格认证初级及以上
				大专及以上
			中级	考评周期内年度平均绩效排名前 60%
				计算机专业或获得计算机相关专业国家资格认证初级及以上
				大专及以上
				工作年限满一年
				通过成龙学院 1 门专业必修课及 2 门公共选修课
			高级	考评周期内年度平均绩效排名前 40%
				获得计算机相关专业国家资格认证中级及以上
				学历本科及以上
				年度主创开发或协同开发运营辅助平台或客户端
				工作年限满三年
				通过成龙学院 1 门专业必修课及 3 门公共选修课
			资深	考评周期内年度平均绩效排名前 20%
				获得计算机相关专业国家资格认证中级及以上
				学历本科及以上
				年度主创开发或协同开发运营辅助平台或客户端
				工作年限满五年
				通过省统一考试或测评
				通过成龙学院 1 门专业必修课及 4 门公共选修课

数据及技术支撑测评方式

岗位素质能力测评标准，主要分为三个方面：

① 通用知识技能要求

知识分类	知识点	初级	中级	高级	资深
中国电信基础业务知识	电信行业概括、企业概况、企业文化、品牌体系、营销服务渠道、客户中心概括、法律基础知识	了解	掌握	掌握	应用
	移动业务、固话业务、宽带业务、套餐业务、卡类业务、新兴业务、星级服务、积分服务、实名制相关要求等	掌握	掌握	应用	应用
本年度重点业务知识	参照省中心下发的月度重点工作及重点业务开展考核	掌握	掌握	掌握	应用
自我管理能力	压力情绪管理	了解	掌握	掌握	应用
	时间管理	了解	了解	掌握	应用
	目标管理	了解	了解	掌握	应用

数据及技术支撑通用知识技能要求

②专业知识技能要求

知识分类	知识点	初级	中级	高级	资深
设备维护	话务坐席终端安装、维护	掌握	掌握	应用	应用
	大屏幕监控终端安装、维护	掌握	掌握	应用	应用
流程执行	各类平台账号权限申请流程	了解	掌握	应用	应用
	入离职员工账号管理	了解	掌握	应用	应用
	语音平台应急切换流程	了解	掌握	应用	应用
平台配置	呼叫中心关心管理配置（短信模板、黑名单、小休、坐席零配置等）	了解	掌握	应用	应用
	IVR 语音拦截配置、个性化弹窗数据配置	了解	掌握	应用	应用
技术支撑工作运用	办公软件应用 Word、PPT、Excel	应用	应用	应用	应用
	网页开发能力 Dreamweaver 或同类工具	了解	了解	掌握	应用
	数据库 SQL 语言运用能力	了解	掌握	掌握	应用
安全生产	安全生产	掌握	掌握	应用	应用

数据及技术支撑专业知识技能要求

③职业能力测评标准

关键能力	高分标准定义
团队合作能力	1. 积极参与 2. 全局观 3. 合作精神 4. 信息及经验分享 5. 兼顾各方面利益 6. 合理分配调动资源
沟通能力	1. 开发、真诚的态度 2. 语音清晰、简介、客观 3. 差异化的表达方式
归纳思维能力	1. 对有效信息进行归纳 2. 反映信息的内在联系 3. 找出问题的关键点 4. 合理准确的评判
项目进程管理能力	1. 科学安排工作 2. 工作任务合理分解 3. 按计划推进 4. 严格的项目管控
数据收集与处理能力	1. 数据收集、整理 2. 数据敏感度 3. 策略分析

数据及技术支撑职业能力测评

(8) 综合支撑

需熟悉“10000 号”运营结构及运作知识，了解公司整体架构及流程，具备一定的数据分析能力。要求具有计算机应用基础，熟练操作 Word、Excel、PPT 等应用；熟练使用 EIP、HR、M8、“10000 号”门户、内部网站、微博等各项系统工具。具有较好的人际沟通能力，较强的组织、管理、协调能力，综合接待能力，公文写作能力、理解能力和综合执行能力，工作主动、热情、细致，团队合作意识强。了解电信基础业务知识和客户服务及客户关系管理。

<table>
<tr><th>岗位名称</th><th>岗位职责</th><th>岗位能力要求及说明</th><th>星级</th><th>能力测评标准</th></tr>
<tr><td rowspan="17">综合支撑</td><td rowspan="17">1. 接应省、分万号大学五大体系，做好各项重点工作的接应及落实，丰富激励评价并优化落地，学分分析管控；
2. 分中心主流文化的引导，做好各类事件报道、渠道传播以及优秀案例收集整理，营造正能量氛围；
3. 做好分中心人工成本的管理管控，预算进度把控以及内控自查自纠，做好薪酬发放管理。
4. 按需采购各类耗材，做好相关后勤事务（固定资产、后勤服务、安全生产及车辆、现场管理检查）工作，做好对生产部门的支撑。
5. 牵头落实工团工作，做好团队文化的组织、策划，包括常规关爱活动、重大活动接应、每月一主题及重要宾客接待工作。
6. 负责做好人员招聘、人才队伍建设（后备人才）并确保队伍稳定，及人事档案管理，做好员工入职、辞职等手续办理工作。</td><td rowspan="17">1. 熟悉“10000 号”运营架构及运作知识，了解公司整体架构及流程，具备一定的数据分析能力；
2. 要求具有计算机应用基础，熟练操作 WORD、EXCEL、PPT 等应用；
3. 熟练使用 EIP、HR、M8、“10000 号”门户、内部网站、微博等各项系统工具。
4. 具有较好的人际沟通能力，较强的组织、管理、协调能力，综合接待能力，公文写作能力、理解能力和综合执行能力，工作主动、热情、细致，团队合作意识强。
5. 了解电信基础业务知识和客户服务及客户关系管理，有呼叫中心工作经历者优先。</td><td rowspan="2">初级</td><td>岗前培训考核通过</td></tr>
<tr><td>学历大专及以上</td></tr>
<tr><td rowspan="4">中级</td><td>学历大专及以上</td></tr>
<tr><td>考评周期内年度考评称职</td></tr>
<tr><td>工作年限满一年</td></tr>
<tr><td>通过成龙学院 1 门专业必修课及 2 门公共选修课</td></tr>
<tr><td rowspan="4">高级</td><td>学历大专及以上</td></tr>
<tr><td>考评周期内年度考评优秀</td></tr>
<tr><td>工作年限满三年</td></tr>
<tr><td>通过成龙学院 1 门专业必修课及 3 门公共选修课</td></tr>
<tr><td rowspan="7">资深</td><td>学历大专及以上</td></tr>
<tr><td>考评周期内年度考评称职</td></tr>
<tr><td>获得国家职业资格认证中级及以上</td></tr>
<tr><td>普通话二乙认证</td></tr>
<tr><td>通过省统一考试或测评</td></tr>
<tr><td>工作年限满五年</td></tr>
<tr><td>通过成龙学院 1 门专业必修课及 4 门公共选修课</td></tr>
</table>

综合支撑测评方式

岗位素质能力测评标准，主要分为三个方面：

① 通用知识技能要求

知识分类	知识点	初级	中级	高级	资深
中国电信基础业务知识	电信行业概括、企业概况、企业文化、品牌体系、营销服务渠道、客户中心概括、法律基础知识	了解	掌握	掌握	应用
	移动业务、固话业务、宽带业务、套餐业务、卡类业务、新兴业务、星级服务、积分服务、实名制相关要求等	掌握	掌握	掌握	应用
本年度重点业务知识	参照省中心下发的月度重点工作及重点业务开展考核	掌握	掌握	应用	应用
自我管理能力	压力情绪管理	了解	掌握	应用	应用
	时间管理	掌握	掌握	应用	应用
	目标管理	掌握	掌握	应用	应用

综合支撑通用知识技能要求

②专业知识技能要求

知识分类	知识点	初级	中级	高级	资深
公文写作	公文撰写／宣传报道写作	掌握	掌握	应用	应用
	方案起草	掌握	应用	应用	应用
常用系统操作	MSS 财务辅助、ITSM、HR 系统操作(仅针对报账员）/EIP/ 全业务系统等	了解	掌握	应用	应用
	办公软件应用 Word、Excel、PPT	应用	应用	应用	应用
互联网宣传工具运用	多媒体工具运营（H5、视频、音频等）	了解	掌握	应用	应用
	多媒体工具运营（H5、视频、音频等）——仅针对报账员	/	/	了解	应用
	图文图形处理	了解	掌握	掌握	应用
	图文图形处理——仅针对报账员	/	/	了解	应用
（服务运营公司）工商法务	（服务运营公司）工商法务	了解	了解	了解	掌握
安全生产	安全生产	掌握	掌握	应用	应用

综合支撑专业知识技能要求

③职业能力测评标准

关键能力	高分标准定义
沟通协作能力	1. 开放、真诚的态度 2. 语言清晰、简介、客观 3. 差异化的表达方式 4. 多部门沟通合作
应变能力	1. 了解公司整体架构及流程工作特点 2. 应对环境变化，能及时发现问题并提出建议和解决问题 3. 具备一定的数据分析能力，做好准备，采取措施
执行能力	1. 制定工作目标，分解目标 2. 协调控制工作进度 3. 创造条件完成任务 4. 执行管理制度 5. 提出改进意见
行政事务处理能力	1. 行政事务轻重缓急分类 2. 能够处理复杂行政服务需求 3. 策划和组织中小型活动 4. 完善工作流程 5. 提高工作效率
员工关系管理能力	1. 熟悉人力资源相关法律法规和公司规定 2. 建设和谐的劳资关系

综合支撑职业能力测评

三、岗位认证体系的平移与退出机制

（一）岗位认证体系的平移机制

针对一线客服代表岗若出现岗位变动，平移机制如下：

若员工工作岗位为同星级模式间变动，原星级可暂时平移至新工作岗位，但遇半年度岗位认证期，需进行星级复审，最终根据该员工所符合相应星级条件进行最终认定。

例如：员工小万在担任普通客服代表岗位期间已被认定为一星客服代表，但2018年4月从普通客服代表岗位调至服务专席岗位，则星级可以平移为一星服务专席客服代表，2018年7月分中心岗位认证期将按照疑服务专席各星级要求对其4～6月表现进行复审，若能符合一星服务专席标准的，则继续认定为一星服务专席客服代表。

若员工工作岗位为跨星级模式间变动或向管理支撑岗变动时，原星级不可平移至新工作岗位，员工需从新工作岗位的最低星／职级开始认证。

例如：员工小翼在担任普通客服代表期间已被认定为二星客服代表，2018年4月从普通客服代表竞聘为业务支撑人员，岗位职级将调整为初级业务支撑人员，原星级不再保留。

针对管理支撑岗人员，若出现岗位变动，平移机制如下：

若管理支撑岗员工工作岗位变动时，原职级不可平移至新工作岗位，员工需从新工作岗位的最低星／职级开始认证。例如：员工小万在担任培训师期间已被认定为中级培训师，2018年4月调为业务支撑岗位，则岗位职级将调整为初级业务支撑人员，原职级不再保留。

（二）岗位认证体系的退出机制

已通过星级认证的人员，先按照所评定星级对应条件对半年度硬岗条件和综合表现评分排序进行复审。复审结果通过，方可进行更高星级认证，认证方式同评定方法；复审结果未通过，则进行降星处理。另，凡出现以下情况，当月即刻进行降级处理：

1. 严重违反中心相关管理办法。
2. 出现服务态度投诉并定责。
3. 出现旷工现象。
4. 当年未通过集团五级、四级岗位认证。

客户代表在评上星级后，在半年内有违反星级客户代表评定一票否决标准的任一条

款，将取消该客户代表的星级客户代表称号：

1. 在与客户通话过程中或挂机后辱骂、骚扰。

2. 个人服务态度和业务能力问题导致客户有理由越级投诉。

3. 违反通信保密规定，外带或泄漏客户资料。

4. 无故旷工。

5. 利用个人职权，违规受理业务，牟取私利。

6. 因各种原因引起重大通信或安全事故。

□ 第四节：职业发展体系

职业发展体系是指组织内部各职位和员工职责的发展顺序，是一种兼顾纵向和横向发展的系统的渐进过程。在职业发展计划制定过程中，组织、员工的直接主管以及员工本人都负有责任。

一、构建多元化的职业发展体系

普天信息技术研究（以下简称普天研究院 CP）是中国普天投资组建的中央研究院，是从事通信领域新产品研究与开发的高新技术企业。从 2002 年起，CP 开始了关于员工职业发展的思考和探索，并通过对“职位族理论”“员工职位价值理论”“员工职业生涯规划理论”“员工激励理论”的深入研究，结合非生产型研发企业的特点，坚持以提高人才管理效益为中心，以强化人才管理职能为重点，加强人才建设的统筹规划，把引进培养与大胆使用结合起来，发挥“核心人才”作用，同时注重人才开发整体效能，把解决当前突出矛盾与注重人才队伍长远发展结合起来，不断优化人才队伍结构，推进各类人才在各自的职业通道全面协调可持续发展，逐步确定了以职位为中心的人力资源管理与开发体系，搭建了集管理人员、研发人员、专业技术（非研发）人员职业发展通道为一体的全员职业发展通道。

万号大学结合吸收了 CP 的研究成果，在薪酬与岗位体系的基础上，建立职业发展通道。总体划分为纵向发展通道和横向发展通道。

纵向发展通道可在相同岗位序列自下而上进行晋升，横向发展通道是可以跨不同岗位序列进行晋升。各职业发展通道以及相关的标准和要求要做到公开、公正。

成就体系：结合个人在“10000 号”不同成长阶段的特点以及所取得的阶段性成绩，进行个人成就体系设计，并以可感知的形式进行展现、激励。

如员工平衡计分卡当月排名第一、现场 5S 检查连续几个月达标、连续几个月无迟到早退现象等，这些都是团队所人倡导的正能量。成就体系将这些看似平常的能量进行显性展示，既形成员工的自我激励，又可渲染整体团队氛围，达到能量传递的作用。

二、员工职业发展通道模型

职业发展体系是在万号大学中的搭建依托于“能力提升体系”的三大计划，分为横向发展和纵向发展两个维度。

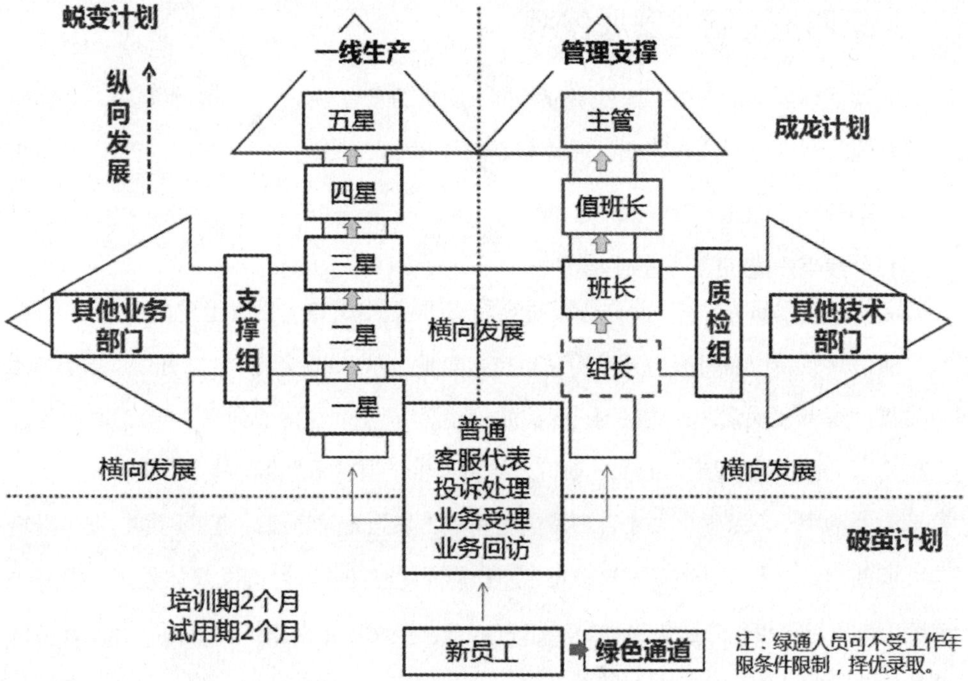

员工职业发展通道模型

（一）横向发展：同岗位横向发展依托于岗位认证体系

1. 新员工—— 普通客服代表／投诉处理／业务受理／业务回访－组长－班长－质检－其他技术部门

例：小万入职以后，表现突出，经过一年的努力工作，评为年度优秀员工，并在年末的竞选中，成功竞聘为班组长；在第二年的班组长工作过程中，积极主动，在第三年根据意愿，参加技术支撑竞聘，成功胜任技术支撑一职。

2. 新员工—— 普通客服代表／投诉处理／业务受理／业务回访－组长－班长－支撑组－其他业务部门

例：小万作为一名万号大学的新员工，在培训期间表现优异，上岗后，经过一年的努力被评定为优秀员工，在班组长竞聘中表现突出，选聘为次年责任单元班组长。在任职班组长期间，工作积极主动，认真负责，获得员工一直好评。工作三年后，根据自身意愿，参加中心内部招聘，被选聘至业务支撑部门。

（二）纵向发展：依托岗位竞聘，岗位竞聘依托于岗位认证的标准执行

1. 一线生产：新员工－普通客服代表／投诉处理／业务受理／业务回访－一星客服－二星客服－三星客服－四星客服－五星客服

例：小万作为一名万号大学的新员工，在培训两个月后，经过上岗考核成为普通客服代表，通过能力测评标准后成为一星客服代表，满一年后可进行三星客服代表评定，满两年后可参与四星客服代表评定，满三年后可参与五星客服代表评定。

2. 管理支撑：新员工－普通客服代表／投诉处理／业务受理／业务回访－组长－班长－值班长－主管

例：小万通过培训，上岗考核成为普通客服代表，满一年后，因业绩优秀，管理能力较强，参加分中心的班长竞聘，成为责任单元班长。担任班长两年年后，因表现优异，参与分中心值班长竞聘，成为责任单元值班长。

为促进“破茧计划”优秀新人的快速培养，做好骨干人才挖掘和储备，制订了“绿色通道”管理办法。

※ 培养对象

预备区优秀毕业生

※ 筛选条件

从业绩指标和日常行为两个纬度进行评估筛选

业绩标准：

1. 培训期综合评定为良好以上。

2. 上岗考核 KPI 得分前 30% 人员，但不低于 60 分合格线。

3. 无越级或重点服务事件，无服务态度类投诉成立。

行为要求：

1. 目前在班组内从事组长工作的优先考虑。

2. 有较好的团队影响力，为人正直、乐观，在团队中能够传递正能量。

3. 无现场违纪违规情况，如上班无故迟到、工作时间玩手机、做与工作无关的事项擅自离岗等等。

4. 有较好的奉献精神，如能够积极主动的响应因及时率下降而发起的加班。

※ 绿色通道人员培养计划与周期

绿色通道培养周期为合格上岗后 6 个月，分为三个阶段进行体系化培养，具体要求如下：

一阶段（上岗后第 1、2 月）为基础技能强化培训阶段

二阶段（上岗后第 3、4 月）为专席疑难投诉处理技能强化培养阶段

三阶段（上岗后第 5、6 月）为管理支撑技能培养阶段

例：小万通过培训，上岗考核成为普通客服代表，培训期综合评定为良好以上，上岗考核 KPI 得分在前 30%，其间无越级 / 服务态度类投诉，在团队里作为组长带动了整个团队的良好氛围。成功被筛选为绿通人员。在后续的三个阶段的培养中，表现优秀，无需经过班组长的通道，快速晋升到业务组。

三、其他职业发展通道

多重职业发展通道是在中心内设计多条平行的晋升通道，另外，多重职业发展通道的各条路径之间也可以相互转换。多重职业发展通道能够有效的解决不同类型的员工对职业生涯发展的需要。

（一）党工团

“10000 号”的员工大都是青年员工，青年团员的人数占百分之七十，是中心转型的生力军，是最具有创造力、拼搏实干精神的一支队伍。

中心团支部根据相互“传帮带”的形式构建一种良好的工作学习氛围，培养满足中心发展所需要的人才。不定期也会举行项目创新成果 KP 赛，进行项目创新性汇报，评比公开透明，从而激发各团队的团员青年相互借鉴、争先创优的积极性。

（二）后备人才

“人才是企业的资本”高素质的人才队伍是企业保持竞争力的有利资本。后备人才设立有利于企业建立人才阶梯系统，防止发生职位空缺和避免产生人才断层。“10000 号”后备人才培养原则“内部为主、外部为辅”。每年进行一次评估，遴选优秀人才，建立符合“10000 号”发展的个性化后备人才队伍培养方式，不断完善后备队伍管理考核机制，建立定期考察考核机制，完备后备人才动态管理制度。

中心根据工作需求情况，选拔不同岗位优秀人才进入后备核心人才库，根据后备人才的职业生涯要求，即后备人才的实际特点，安排其在不同部门及不同领域锻炼，通过新项目的实际工作体验，以及后续培训从而打造出符合中心需求的复合型人才。

（三）班组长

“10000 号”内部人员类别繁多,统一管控复杂,设立班组长职位。班组长向上对部门、对中心负责，向下组织协调班组员工按程序高质量完成部门的工作任务；同时也能搭建起部门与员工之间的桥梁，关心帮助员工最大享受中心的工资福利等待遇，提高员工工作积极性，提高公司经济效益。

纵向发展通道提供的管理岗位较少，容易造成员工职业发展通道瓶颈。班组长职位，也是培养管理型员工的发展路径，主要培养其在管理领域和专业领域的深度，让其在团队建设中发挥作用，一方面为发挥核心凝聚作用，另一方面，在团队中，带动一般员工技能、知识、绩效水平的提高，进而为企业创造更多的价值。

□ 第五节：员工心得分享

员工是企业最好的代言人，阶段性的了解员工的工作感知，也可以帮助企业随时调整激励方式。成功完成自我价值实现的老员工，可以作为标杆，给到有同样需求的新员工动力；而有奋斗目标的新员工，可以为企业注入新的活力，他们的工作热情也可以感染团队，新老交替，打造最具热诚度的企业氛围。员工是企业灵魂的创造者，他们的声音应该被聆听。

一、员工实际案例一

新晋员工在万号大学的收获与成长：

小江在来到“10000 号”前，是一名幼儿教师，2017 年的春季，被“10000 号”的招聘吸引，想要寻找人生的更多可能性，于是她来到了万号大家庭。2017 年入职的她，迅速的在万号成长，短短一年的时间，却收获满满。

业务小白，勤学苦练 —— 锁定晋升体系，夯实基础

虽然小江并不是职场新人了，但是进入到一个新的领域，大家都站在同一起跑线上，想要脱颖而出，就要付出比别人更多的努力。电信业务较多且细化，在培训期间她不敢怠慢，生怕错过了任何一个知识点，上课时做好笔记，课后勤加练习，情景模拟、角色扮演、打字练习一个都不放过。尤其是打字练习，小江想如果自己作为客户，来电“10000 号”咨询办理业务，肯定是想得到最快捷精准的服务，设身处地的思考过后，她选择从基础做起，重点苦练打字，希望能最大化的为用户节省时间，不把时间浪费在基础技能上。同时在各位优秀培训师每天的业务传授过程中，她渐渐地对电信业务得心应手起来。在一次和新人辅导员沟通的时候，她了解到，在“10000 号”不仅仅有客服代表岗位，掌握了基础业务知识后，还可以有更多的发展与可能性，如投诉、质检、业务、培训部门等等。作为曾经的人民教师，她认为自己具备培训师的基础素质，希望可以在“10000 号”发挥自己的特长，成为一名培训师。

想要成为一名培训师，前提是做满一年以上的客服代表，并且具备扎实的业务基础。除此之外还要拥有两年及以上的兼职培训师经验。给自己定制了这样的职业规划之后，小江知道自己需要做的努力很多，但当下仍需要一步一个脚印的把眼前的事情做好。新人培训期结束后，就要接受真实话务的考验了，除了上课的理论结合实操，休息回家她更是经常拉着家人朋友模拟用户练习。作为一个女孩子，可能对光猫路由器等设备了解不多，她经常为了研究宽带故障时的现象，将自己家的设备装了又拆拆了又装，直到可以轻车熟路的通过现象看“本质”，成为了朋友圈中的技术高手。并且她有一套自己的学习方法，结合教学经验，她认为有预习的学习更有重点，有目的地回顾会让知识掌握的更扎实。所以她每天都会通过万宝 App，对更新的业务知识，先预习，后学习，话务中再巩固。经过这样全面系统的练习，功夫不负有心人，刚刚进入前台不久，她就拿下了分中

心前三名的KPI，营销绩效更是拿下了超满分2倍的值。

不单单是个人绩效优异，小江同时也是个喜欢分享的姑娘，在工作中，从不吝惜自己的经验，大方的分享给团队的伙伴。是值班长的好帮手，因此也是在几个月的时间内，就担任了班组的小组长。在日常帮扶组员的同时，小江也获得了自身的满足感，为自己走向培训师的岗位，沉淀积累。

稳扎稳打，能力提升 —— 跨越实现目标，破茧成蝶

经过近一年的努力，小江的成绩大家看在眼里，在2017年的表彰大会上，她包揽了季度优秀员工、三好员工、年度优秀新人、2018年度后备骨干等奖项。这些功勋章，带给小江的不仅仅是物质激励，更多的是对实现自我价值的满足感。她更加坚定了自己的步伐，有努力，必然有收获。

在2018年春季的兼职培训师招募前，小江做足了功课，一休息就"缠着"几位资深培训师，探讨授课方式、技巧等，信心满满的参加了招募会，在试讲环节，她风趣而深入浅出的授课方式获得了各位评委的认可，最终获取了兼职培训师的职称！终于可以有机会获得上课的机会，小江倍感珍惜，中心也提供了丰富的能力提升课程，让她继续充电。除了内部的专职培训师多年来的经验分享，中心还有邀请很多外部的优秀讲师，开展能力拓展课程。这些资源对每个万号人来说都是无价之宝。

现在小江已经在万号迈入第二个年头，用她的话讲：这是一块肥沃的土地，只要愿意争取阳光，每个幼苗都可以找到自己的成长方式，都可以大放异彩。现在的小江，还在兼职培训师的岗位上沉淀着、努力着，但只要你在路上，梦想就永远会为你留下一席之地。

二、员工实际案例二

成熟员工在万号大学的收获与成长：

小何是在万号一线运营组奋斗了12年的元老。岗位从客服代表－值班长助理－值班长，多年的奋斗让他在万号成功收获了友情、爱情和事业。一直坚持着有目标、有方法、有行动的工作方式，我们一起来分享小何在万号的成长之路。

初入职场，菜鸟先飞 —— 搞定薪酬体系，事半功倍

2006年，刚刚从校园走出的小何，被万号的招聘吸引，怀着一颗赤子之心，进入了万号的大门。做为一个职场小白，他没有像大多数人一样"走一步算一步"，他迅速的了

解万号的工作性质、薪酬体系等，制定了属于自己的第一个工作目标 —— 拿到高工资。

要拿到高工资可不是口号喊喊，一股蛮劲儿闷头苦干就可以的。小何提升绩效的方法首先是研究绩效，他发现营销的占比最高，如果将营销拿到高分，绩效成绩好不是问题。于是作为新员工的小何，开始了拜师之路，跟着经验丰富的老员工学习，业务知识先自己研究，不懂就问。经常将工作上的困难和想法和值班长沟通。很快，目标找准，方法科学，经过一番努力，小何成为了最快完成过渡的新员工。不到半年，各项数据排名前三。月接话量和满意度始终在分中心数一数二，专注于营销能力提升的他，还获得了"营销小王子"的称号。

巴斯德曾说过，字典里最重要的三个词，意志、工作、等待，要用这三块基石建成成功的金字塔。对小何而言，用亮剑精神，加上这三块基石的引领，一路茁壮成长。客服的这几年工作经历，他获得的各项奖项和各项证书俨然已经堆成了一座小山。同时他踏实、认真、努力的工作态度获取了众人的喝彩声。"学而有思、思而求变"，小何在客服代表岗位，完成了自己最初的目标，拿到了其他人望尘莫及的高工资，并且在目标之外，收获了更多扎实的业务基础和荣誉，这些都为他设定职业生涯的下个目标，提供了动力。

日趋成熟，求思求变 —— 摸清晋升体系，快速成长

小何职业生涯中第二阶段的梦想是成为一个优秀的值班长。了解这个岗位的人可能知道，虽然是团队中的小"领导"，但值班长作为基层管理者，每天不仅要面对数十个性格不一，能力不一的组员，要做好沟通整合，还要做好各项数据支撑。而且基层管理者每日做着重复的工作，说着重复的话，工作枯燥，压力巨大。小何清楚的知道自己选择的路即将面临什么样的艰险，但他作为一个在万号汲取养分，与万号共成长的成熟员工，特别希望能把自己的能量，完完整整的回馈给万号。他再次撸起袖子找准目标，研究方法，上手行动。主动申请做值班长助理，跟着值班长，学习各种管理经验，从提高绩效到员工沟通，都渐渐变的轻车熟路。

2010 年，小何如愿的成为一名值班长。他对自己的工作要求是，客户满意、团队高效工作、成员快乐生活。首先他以身作则，作为一名新手值班长，不敢有一丝的懈怠，这么多年几乎全年无休，团队在哪里，他的家就在哪里。带领的的团队各项数据指标一直处于中心前列，实现了人人高工资；个人也多荣获集团、省级、市级荣誉，不停创造佳绩。除了积极接应省中心、分中心的各项指标竞赛之外，小何最大的秘诀是，设立团队目

标，成员认领后，以一周、一月、一季度、一年的完成情况，进行赏罚。对于成员来说，这个模式给了他们努力的方向，过程中有小何值班长的扎实支撑，完成后有丰厚的奖励，情绪出现了问题有“资深客服代表”小何的同理心安慰鼓励。这样的团队，怎么可能不优秀？一个团队犹如一条船，他就是这个掌舵者，把握着团队前进的方向。有目标、有作为的团队，更富凝聚力，更富战斗力。

转型创新，骨干力量——发扬荣誉体系，载誉前行

也许很多人认为，做了值班长，应该就没有其他目标了吧，忙着管理团队，应该止步于此了吧？不，小何心里还有着职业生涯的第三步计划——完成C转B考试。中国电信合同制员工，对于小何来说不是一份“铁饭碗”，而是一个与中国电信10000共同成长的更大平台。笔试、面试，经过一次次的努力、尝试，小何终于顺利的通过了考试。这对他来说，不是终点，而是一条更具挑战的征程。

这一路走来，小何为自己规划了一条有面包也有“面子”的、适合自己的、可持续发展的路，他会把自己的“旅途见闻”，分享给每个万号人。

要说在这个漫长的过程中是否懈怠过，小何说道：人不可能是永动机，有高潮也就会有低谷，但是在这期间，身边的同事领导都有及时发现他情绪的波动，像朋友一样，听他诉说，为他提供建议，鼓励他继续加油。让他更加坚定，万号人就是他的家人，对自己负责就是对家人负责。这一路走来，面对之前取得的荣誉和成绩，让他对自己的要求更加严格，就像婴儿学步的过程中，每前进一小步都有人备好了糖果，给你呐喊，让你怎么舍得后退呢？

小何希望每个万号人，都和他一样，可以在工作的旅途中，快乐相伴，实现自我！

第四章

[能力提升体系——解决会不会做的问题]

呼叫中心是人员密集型、管理密集型、技术密集型的团队，但是因为轮班、年薪低等行业因素，流失率高也是行业的特点，新员工不断加入，老员工能力要求越来越高，如何让新晋员工快速的掌握客户服务技能、让成熟的员工更好地提升服务水平、让基层管理人员更好地管理团队是一个亘古不变的主题。万号大学一直潜心钻研着人员能力课题，提出破茧计划、蜕变计划、成龙计划来全方位的巩固员工能力，不忘初心，朝着"三好员工"的目标前行。

□ 第一节：什么是能力提升体系

能力提升体系建立在责任体系明确的基础上，解决不同岗位人员会不会做的问题、能不能做好的问题。万号大学要培养三好员工：业绩好、修养好、身体好，而且是体系化的培养。

先说明几点：培养不仅仅是培训，培训不等于课堂培训；培养不仅仅是做业绩的能力，还有良好思想品德和行为规范，懂得如何做人做事；两个主要的思维贯彻始终，一个思维是"用户的思维"，即员工就是服务的用户，另外一个思维是"极致的思维"，把工作做到极致，想尽办法，做各种创新，培训成效和用户的服务水平和结果指标挂钩。

首先是业绩好，万号大学根据客服人进入呼叫中心的成长导图，以人才为根本，区分成新员工、老员工和骨干员工三类人群，通过破茧计划、蜕变计划和成龙计划来实现分层能力培养。培养的目的是给方法,让员工用得出来。一线人员有时候觉得指标压力大,表面上是指标压力，实际上是缺乏有效的做事的手段。

新入职的员工在万号大学将经历两个月的培训期和两个月的接话实战期，这段时间业务知识从无到有，对呼叫中心的工作从抽象变为具体，发展目标是成为职业客服人，可以说学习和适应是主旋律，因此破茧计划主要实现业务能力、团队适应能力的加强，并且加深对企业文化的理解和认同。

老员工分为两种状态：一种是能力积累期，感觉对接话越来越上手，但不确定除此之外还可以胜任什么岗位；一种是自我成就期，业务能力很强，但职业发展通道遇阻，缺少成就感，因此蜕变计划需要解决的是让客服成为服务专家，并且晋升通道多样化、通畅性。

骨干员工是我们的班组长、培训师、质检员、业务员等管理支撑人员，这部分人员和一线接触最为紧密，他们的能力直接影响着一线的能力。成龙计划主要目的是协助骨干员工成为管理专家，具备会沟通、会辅导、会激励三个核心能力。

业绩好，员工有了安身立命的本钱，才能更好的投入服务工作。一般企业做到这点，看似能力培养已经完整圆满了，但万号大学没有止步，我们希望除了业绩外，万号大学的学子们能懂点礼仪、有点修养、学点情趣。

环境影响心境，如果机房现场脏乱、客服坐姿散漫，往往表现出来的服务是没有规范的、懒洋洋的、令人不舒适的；如果机房现场整洁规范，客服挺直腰杆的接话，那表现出来的服务肯定是积极的、高效的、令人满意的，因此万号大学通过打造军队般的行为规范，来传递敬业、务实、高效的工作理念。

自我修养需要正向的引导和时间的沉淀，万号大学把《弟子规》《论语》等国学引入主题培训,通过文明劝导、义务募捐、爱心结对、给妈妈来次体检等主题活动传递尊老爱幼、用于奉献的传统美德，组建美食、手工、瑜伽、书画等社团，让有共同爱好的人聚在一起，做喜欢做的事。

俗话说，身体是革命的本钱。但现在的“80后”“90后”客服们大多处于上班就埋头一平方米、下班睡觉玩手机的状态，明明是小鲜肉，但身体状况如同老腊肉，感冒、小手术等病假在呼叫中心屡见不鲜。在身体好的打造上万号大学通过健康讲座活动来引导正确的生活方式，建立定期员工体检制度来实时关注预警，更重要的是在关爱员工主题活动中融入体育锻炼的元素，增加客服的体魄。

□ 第二节：破茧学院

成长是一种美丽的疼痛，只有不断努力向前才能“破茧成蝶”。

破茧成蝶是指肉虫或者毛虫通过痛苦的挣扎和不懈地努力，化为蝴蝶的过程。用来指重获新生，走出困境。幼虫破茧成蝶的过程，其实恰好可以形容新人入职后经历的成长过程，所以万号大学把新人的培养叫“破茧”，成长是一种美丽的疼痛，只有经历了努力向前才能破茧成蝶。如何可以使成长的疼痛降到最低，使每一位新人快速成长为美丽的蝴蝶，需要凝聚一种理念，组织一个团队，构建一个体系，去不断研究和实践，由此“破茧学院”孕育而生，以新人培养为使命，打造一支具备效率与质量双刃剑的新人团队，通过体系化的培养使新人赶超老兵不再是梦想。

（一）“90后”求职主力军为新人培养提出更高的要求

> 值班长小翼急匆匆的走向综合支撑的办公室，手中外地员工的离职报告单让步伐变得沉重，一进办公室看到满面愁云的招聘专员小高，他知道这次招聘会的结果不言而喻，手中的离职报告他轻轻放在桌角，该来的问题还是挡不住……

在呼叫中心工作的大多数管理人员对上面的场景并不陌生，放眼当下的求职主力军，已是“90后”挑大梁的时代，但“90后”难招更难留也给企业管理者带来了很大的压力，特别人员密集型产业同时还要应对：人员流动性快、招聘周期短、培养周期长的产业特性。所以新员工体系化培养直接影响到企业的运营健康，新人发展的可持续性，也成为企业发展的内生动力之一。

（二）构建科学合理的新员工培养计划需要解决两个核心问题

万号大学破茧学院是企业人员培养的第一环，是新员工认识企业的桥梁，也是帮助新人从认识企业到认同和融入企业价值观的关键。从新人入职的第一天开始到破茧进入运营班组，需要一套完整而周密的新人培养计划，在搭建培养计划前我们需要充分了解企业人员培养方向及培养对象的特征，“企业需要什么样的员工”“员工更适合怎样的培养方式”，这是搭建的前提和基础。

企业需要什么样的员工？结合企业新人培养的目标是来说，培养一支具有“业绩好、修养好、身体好”综合素质强、能力高的客服团队，不仅能为创造企业价值，员工个人价值也能提升。

员工更适合怎样的培养方式？以“90后”为主流的新人，他们的职业目标会是什么？他们崇尚自由，更尊重自我意识，追求个人成就感，更需要的是自我实现与价值。他们性格是这个时代和社会发展所赋予的特征，作为“90后”的管理者，与其绞尽脑汁的寻求改变的对策，不如真正走进、接纳、引导。你真的了解他们吗？

特性一：任性与自我，对自己要求更高更有目标。那么在新人培养过程中，每个阶段我们要有清晰的目标，可执行的方案是什么，能收获的是什么，激发他们不断努力向前。

特性二：缺少坚持，但学习能力强，技能掌握快。在培养中应该增加更多元化的培训模式，寓教于乐，抓住他们的心，才能赢得他们的力。

特性三：个性独特，更有自己的想法和自主意识。在培养的过程中通过更多的个人肯定，正向激励，多倾听，多沟通，真正走进他们，运用适合他们的方式。

（三）新员工在破茧学院成长的三个阶段

一名新员工在破茧学院整个成长周期一般为四个月，经历培训期、上岗期、破茧期三个阶段。培训期是新兵刚入职的第一个阶段，此时他们对业务对企业知晓甚少或者一无所知，这个阶段我们更关注专业知识的培训和企业融入；而我们培训目的是为了让他们能胜任工作岗位，从万号角度，就是能服务好客户，需要让他们将理论内容转到实战接话中，通过上岗期的设立，关注实战中知识的运用能力，在他们对接话有一定感觉后，加入更高阶的课程内容，进一步提升接话能力。完成上岗期的新兵，都已能独当一面，但此时仍和老兵存在一定的能力差距，所以我们最后有个破茧期，为了让他们的技能更加成熟，不断向老员工的能力贴合，甚至超越他们。

上面我们有谈到“90后”有自己的个性，他们是一群尊重自我意识，追求个人成就感的新一代，所以我们不管是培训期、上岗期还是破茧期都不能墨守成规。如何让他们更快乐的学习知识、提升能力，是我们需要思考的课题。

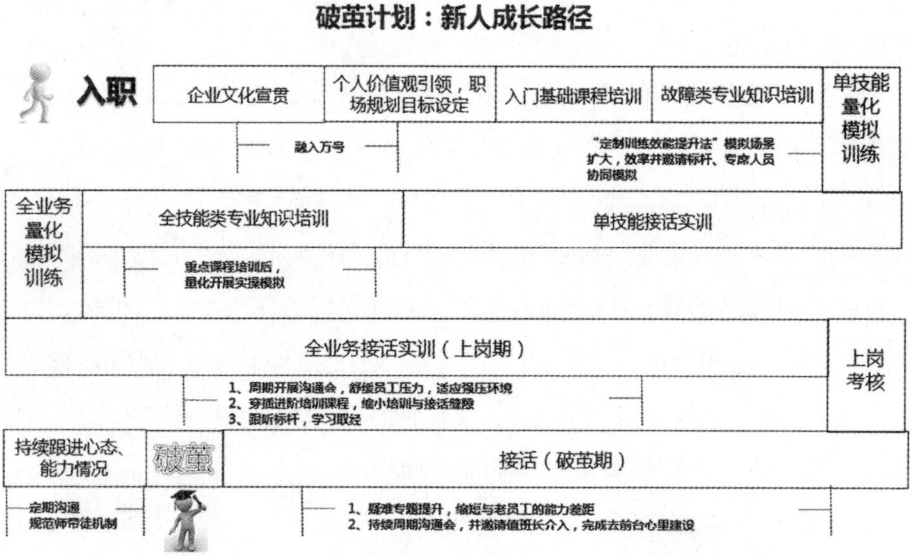

新员工破茧计划

一、如何做好新人入职后的课程设置与培训

(一) 培训理念转变

十年前的客户服务，以简单的业务咨询为主，客服与客户进行基础沟通互动，今天的客户服务，用户的诉求更多样，客服素质要求更加多元化。所以这就要求我们的培训课程不仅仅单纯的让他们学会基本技能，还要激发他们思考问题背后的原理是什么，与其他知识的联系是什么。这对课程内容设置以及讲授的提出了更高要求。那么如何在专业性强、业务知识多、服务要求高的重重难关中，将“门外汉”快速领进门，还要他们具备较强专业技能和综合素质，需要我们从最初的简单培训中跳脱出来。

1. 培训视角要变——从企业主体转向培训的个体

传统培训模式是填鸭式的，企业为了快速达到培训效果往往所有的培训设置均围绕着基本岗位技能，而忽视了对个体关注与培养，但是现在的“90后”员工更关注自我感受与体验，企业对员工的培养应由“我”转向“你”，关注新员工真实的学习体验，制定适合他们的培训方式。不仅注重他们技能的掌握，还要关注他们学习的感受。只有激发他们自身的兴趣与意愿，帮助他们实现个人价值，最终才能达成企业与员工的双赢。

2. 培训方式要变 —— 从单纯的培训向培养转变

培训、培养，都有“培”字，其本义是在植物的根部培土，以保护植物，对人而言就是如何帮助他人成长；而两个词真正的差异在“训”和“养”上面，“训 —— 以讲授人为主导，我讲你听”和“养 —— 抚育教育，以培训对象为主导，通过成就个体来实现价值”，前者更多的是教会你工作，而后者则更聚焦个人成长。培训是培养的一种手段和方法，培养能最终实现目标。

从实施时间上看，培训是一个短暂的过程，为解决一个问题而设置的，而培养是一个周期性地为了培养新人快速成长，而设置的整个成长流程和计划。

从长远的价值来看，培训是让学员学会基本技能与知识，而培养是不仅解决眼前的问题，还能传授给员工一种思维方式，学习方法，从被动的接受到主动的举一反三，这就是我们常说的“授之以鱼不如授之以渔”，新人可以在这个过程中适应企业及岗位的要求，同时也能寻求到职业发展及个人成长的价值，这才能形成“新员工培养的体系”。

3. 培训角色要变 —— 新员工培训是企业各部门协同作战统筹安排

新员工培训是一个体系化的大工程，涉及多个成长阶段，包含了企业各个方面的专业知识以及从技能到文化的多个主题，也涵盖新员工入职以后的方方面面。因此，新员工课程培训需要科学合理的设计与体系化的实施，当然这不是仅凭一个部门可以完成的，必须多部门协同作战，统筹安排，所以新人的培训与培养是一个企业的课程而不是仅仅成为单一部门的研究对象。

（二）培训设计与实施

1. 搭建清晰的课程逻辑

对于刚入职的新员工来说要学的内容繁多，以万号大学为例，一个新人的成长从单技能到全业务仅培训时间为 1 个半月，但是对于一些专业性很强的企业，所有的课程内容都是必不可少的，课程的繁多与枯燥和活泼有余耐性不足的“90 后”新员工形成一个矛盾点。过程中往往会出现“课上学得会，课后用不出”的现象，因为没有真正理解内涵而单纯的靠记忆。所以为了便于记忆和理解各门课程之间需要抓住一条主线，将原本独立的业务板块形成一定逻辑关系便于理解记忆。

课程结构主线应该如何确定呢?

抓住两个关键点：一是，企业培养新员工最终目标是什么，二是，目前新员工培训中迫切要解决的问题是什么。

万号大学台州学院在破茧计划实施初期，也遇到了同样的困扰。

7月批的新员工在新兵连的成长已经超过预期四个月的培养周期，目前成功破茧进入运营班组的人员仍寥寥无几，新兵班长几个人紧锁眉头，感受着新员工因为延长培训周期不断消磨的学习热情，看着日渐暗淡无光的脸，真是着急又担忧。更大的压力还在后面迟迟不能为运营班组准时送入合格的新员工，对整个中心带来了前所未有的人员压力。

最初新员工课程结构以重点产品划分，课程之间没有建立内在联系，所以员工的理解上基本停留在产品本身，对于后期如何在实际话务中运用没有更深入的理解和思考；产品之间相同的业务知识，在培训中会出现重复赘述，大大降低了培训效率。面对一系列应用中出现的问题引发了两个思考：第一，培训的最终的目标是为了接好电话更好的服务于客户；第二，培训中最大的难点就是员工学了没理解用不出来。围绕这两个关键点，万号大学对于新兵的课程逻辑做了新的调整。

课程逻辑从产品维度向以客户行为导向，并搭建课程间的逻辑关系。运用客户思维梳理咨询热点及难点，从客户行为出发将业务由点及面由浅入深，缓解员工理解记忆压力。例如：用户电话呼入咨询最多的是什么？目前在所有话务类型中，故障类占比达到了30%左右，相比其他的业务，故障更简单也更聚焦，学起来更容易，所以在培训中故障学习是第一个环节。有了一定对话务的理解后再进入相对复杂的业务，比如咨询类首先是新装，用户装了产品后可能最关注的就是资费，于是延续下去的便是“账务类”。通过用户行为的逻辑不仅使新员工更容易理解，同时潜移默化的建立了客户的思维。

2. 设置生动多样的培训内容

在内容的设置上结合新员工的成长历程，分为三个阶段：认识的阶段、融入的阶段、成长的阶段，以员工的成长作为课程设置的依据，在实践中将培训与培养完美的交融，课程设置的初衷是以如何更快速更有效的培养员工成为企业需要的人，我们要做的是更适合他们也是新一代员工喜欢的培训。

（1）入职初期认识企业阶段

在认知阶段，新员工初到岗位对一切都是未知的，那么首先就要帮他们了解企业和岗位以及简单基础的岗位技能，在课程的设置上要考虑两个要点：一是帮助他们了解企业是做什么的；二是明确我能做什么。在认知阶段要初步建立，企业业务在其心中的框架并形成岗位信念，激发他们从不同的角色转换为企业人。

那么，怎样的课程设置会更适合新一代的受训者呢？一个大原则：增加感官体验，参与式授课。

破茧学院在这个时期的课程设置包含三个方面分别为：一是技能类，作为客户代表这个岗位应具备的工作技能；二是素质类，以工作技能为基础相关的企业文化价值观、行业准则、基础能力类比如沟通技巧，特别需要强调一下《沟通技巧初级篇》此课程在整个培训期间共涉及到三个部分，会根据新员工的能力发展阶段分"初级、中级、高级"增加在不同的时期，并且这个课程不仅仅是针对"客服代表"这个岗位技能而设置，更多的是结合现在年轻人说话表达过于直白的特点出发，在服务中形成良好的表达习惯，并将习惯变成一种优秀的长期状态，这也践行了刚刚培训向培养的转变；三是互动类，这个环节的设置，就是我们再次将体验式教学融入到实际的培训培养中，"90后"的特性重视感官体验，所以在课程形式和授课方式上通过互动和参与，启发新员工自身的思考，并激发他们学习的主观性。改变传统仅仅依靠于讲师讲授的弊端，最有效的方式是将老师的引导与自我的思考体验融为一体，这也是互动类课程设置的一个重要原因，比如：跟岗体验通过自己亲身的客服工作体验，来思考岗位的特性以及服务在实际工作中体现。

类别	课程名称	类型	课程大纲	授课方式	体验环节
主题课程	《走进 10000 号》	素质类	1. 企业文化、价值观 2. 员工手册 3. 行为规范——美丽客服人	讨论式 圆桌授课	中心参观 部分内容多功能完成
	《企业安全课》	素质类	1. 消防安全 2. 信息安全 3. 生产安全	讲授式 消防演练 案例讨论	消防演习 视频等案例讨论
	《打造客服好声音》	素质类	1. 如何运用声音 2. 合理用嗓 3. 声音与客户服务	讲授式 现场模拟练习	声音训练
	《沟通技巧初级课》	技能类	1. 有效的倾听 2. 提问的技巧 3. 沟通中的小方法	岛屿式讨论课 案例讨论	现场沟通技巧讨论
	《工单流程及组织架构》	技能类	1. 各工单全流程学习 2. 企业及部门组织构架	讲授式	后期专家岗跟岗体验
	《电脑基础知识》	技能类	1. 电脑基础运用及维护	讲授式 现场模拟练习	上机操作
	《客服支撑系统》	技能类	1. 客户服务系统及运用	讲授式 现场模拟练习	上机操作及案例训练
	《故障处理基础》	技能类	1. 7 大故障专项学习 2. 故障基础原理 3. 各类故障实际运用	讲授式 训练式 体验式	基础内容讲解 创新工作室实际体验接线 整体过程
互动类课程	《倾听万号》	互动类	深入跟岗体验	深入一线现场 感受客服工作	听服务过程，思跟岗体验
	《新团队建设——我想当班委》	互动类	激发新员工岗位积极性学习热情，通过班委的竞选，发掘优秀人员	团队活动	岗位竞选 团队破冰活动
	《我想听你说》	互动类	入职后的第一次座谈会	讨论互动	说说你对新岗位的认识
实操训练	单技能故障模拟	能力训练	对所学业务重点能力理论运用实践	训练师一对一讲授	业务与话务的紧密结合
	单技能故障过关	能力训练	真实场景过关	7 大场景现场过关点评	

破茧学院课程设置

初期阶段的课程设计有几个要点：

1. 以一种开放的文化态度，向新员工敞开怀抱帮助他们了解和适应企业；

2. 用各种互动和参与激发新员工思考与学习的主动性，形成一种积极热烈的学习氛围；

3. 用不同的亲身体验来加强他们对岗位的认知，并由浅入深，例如在技能课程设置中，在这个阶段只安排了“故障处理基础”一项重要而基础的技能学习，循序渐进既可以让新员工掌握基本工作。

实操培训

(2) 融入阶段对岗位深入学习阶段

通过初期的岗位体验，新员工基本上已经对企业，基本岗位技能和要求有了一定的了解，这个阶段将设置更体系更全面的技能培训。在这个环节里面课程设计的逻辑顺序，将会以客户需求点形成一条逻辑主线进行设置,共分为四大类重点课程。包括:产品新装、账务咨询、全业务变更、咨询投诉处理技巧。其中在四大课程之外仍会增加素质类课程，比如：《沟通技巧中级篇》《说用户听得懂的话》《服务规范及技巧》《职业美感—— 缔造优质的服务体验》《应对投诉的处理技巧》等以客户服务中实际需要能力为基础，提升新员工的岗位胜任力。

除了课程形式的多样，从初期到融入阶段，在课程内容的设置上与之前设置不同的是增加了三个关键部分：一是增加所有知识设置的背景及原因，在每位讲师讲授中一定要说明业务的前因后果，使员工记忆不是通过死记硬背而是建立在理解的基础上；二是理论结合实际案例，增加业务的场景化；三是每门课程必须具备三个“法宝”：课前预习大纲，课程重点难点汇总及训练，课后随堂测。例如：原来的质检讲“标准”，现在的质检用服务的案例来说明标准。

(3) 成长阶段—— 能力进阶

上面我们谈到培训与培养很大的区别在于，培训是一个短暂的过程，为解决问题而设置，而培养是一个周期性培养新人的快速成长，所以这个阶段的新员工课程设置，目的是对他们重要而疑难的问题进行强化。一般安排在基础课程学习完毕，并通过1～2周的真实接话训练后开展的能力巩固课程。目前万号大学共涉及的课程共有5门，分别包含了:短板能力提升课程，例如《三单能力专项反哺》《宽带故障进阶课》；服务能力培养课，例如《走心服务》；疑难攻坚类，例如《投诉处理的技巧与应用》。

3. 优秀的师资团队是达成良好培训结果的保障

在新员工的课程讲授上必须保证一个前提，每门课的讲师都是这领域里最优秀最专业的人，而且是可以稳定长期担任所负责的课程。这样既保证课程的质量，又能避免因为频繁更换课程讲师带来的，经验不足、内容遗漏等问题。一个新员工的成长要学的内容很多，少则10门，多则几十门，这么多课程讲师从何来? 下面说说万号大学破茧学院在讲师选拔与培养方面是如何做的。

(1) 优秀的新兵培训讲师从何来

万号大学台州学院专职培训师只有四位，不仅负责新员工课程培训同时还要承接成熟员工及骨干管理支撑人员的专项培训，除了培训日常工作中还要兼顾新老业务的接应与落地，同时定期协同其他班组面向全员开展能力反哺与提升。

所以负责新兵所有的课程是不可能实现的，因此师资力量不能仅依托于专职的培训，要最大程度的挖掘和培养兼职培训师。

（2）如何挖掘兼职培训师

建立培训讲师梯队：第一层管理支撑序列，特别是值班长岗位，他们综合能力强有丰富的基层管理经验，懂业务懂流程，了解员工成长的特性，所以是兼职培训师的首选；第二层各专项研究负责人，他们是各专项领域的专家，对所研究的项目有深入的了解与分析，在新员工的课程中能更全面，从背景以及细节出发更便于新员工理解和吸收；第三层一线骨干代表，具有丰富的一线客户服务经验，实操运用能力更强，知道如何将学到的理论运用于实践中，并能提炼总结出一些好的方法和技巧分享给新员工，用标杆的力量影响新人。

（3）培训师新的要求与目标

原来对于培训的要求是新员工会了就行，现在对于培训的要求是不仅是会，而是深入理解并能力举一反三，还要能学以致用。目标的变化对于培训师的要求也发生了变化。

业务方面：不仅讲知识点，还能运用流程帮助学员了解背景和原因。

案例方面：形成多种素材的培训辅助材料，业务的课程里也可以增加视频、形象的案例进行说明，增加课程趣味性，更吸引受训者眼球。

控场能力：合理调节课程气氛，可以根据内容、学员吸收程度进行场地、内容、案例的灵活安排。

4. 如何让课程保鲜，效果保质保量

邀请不同部门运营专家跟课，从不同的视角出发，对各门课程内容、讲授形式、配套的能力训练提出优化建议，使新兵成长与运营要求、企业核心价值观、业务流程等相符合，并将每个阶段结合“90后”员工个性特征，制定实施因人而异培养方法。

围绕“内容理解、知识学习、实践运用以及授课形式”等四个方面开展课程培训后满意度调查，并和讲师交互调查信息，让讲师了解员工心中的“最佳培训”，为后期的课程优化提供有效参考；实操接话中收集共性问题，反哺到课程培训内容中，对理论基础做到实时持续优化。

（三）训练实现理论到实践的完美承接

上面培训中说到其中一个难点就是员工学了用不出来，除了通过不断优化的培训流程以及优秀的培训师团队，新员工得到了尽可能完善的理论知识培训，那么如何让员工将理论知识进行实际应用，“实践”显得尤为重要，根据著名的“721成人学习法则”—70%的知识需要靠工作实践获得，基于这样的原则，万号大学用“训练”作为“桥梁”，支撑理论与实践间的过渡，而训练不只是停留在短短的几天集训，根据员工的培训周期进行系统性设计安排，帮助他们做好过渡，最终实现理论与实践的“零间隙”完美承接。

1. 课程中融入训练，了解操作

原来课程中主要以讲解基础业务知识为主，为让员工能更快操作，在课程中加大训练部分。我们从课前、课中、课后三个维度进行，课程设计上，课程的框架搭建从基础知识、话务脉络、场景练习三部分来制作，将实操练习作为课程的一部分，占比30%；讲授方式上，培训师授课时将基础内容与系统相结合，边讲理论，边实操，告诉学员如何操作；课后总结上，辅导员将课程重点进行梳理后，并现场以实操形式再进行练习，以此让员工了解如何将理论用到实践。

2. 阶段性增加训练力度，从了解到掌握

前面课程设计上根据用户使用的逻辑顺序，以客户需求点为主线，将课程区分为4大类重点课程，从产品新装、账务咨询、全业务变更、咨询投诉处理技巧，再加上最初简单的故障处理，一共是5部分重要课程。在不断学习接受新知识的情况下，很难100%消化学习到的内容，更谈何运用于实际话务！于是万号大学在每个重要课程结束之后同步增加训练课程，学习完一部分内容，先训练此部分内容如何运用，以少积多。训练的方式有两种，一是通过一对多模拟训练形式，训练内容结合课程重点以及实际接话中收集的常见问题以及易错点，让员工提前熟悉话务场景；二是实际话务实操来训练员工，给其开通对应业务的接话权限，让员工真正接触用户，在压力与紧张中感受实际场景，才能更好的运用理论，更快的成长为真正的客服代表。

序号	类型	培训安排
一	课程	全业务新装
	训练	模拟训练
二	课程	账务初级篇
	训练	模拟训练
三	课程	套餐变更
	训练	模拟训练
四	课程	咨询投诉及话务处理技巧
	训练	模拟训练
五	课程	故障类
	训练	模拟训练

重点课程＋训练有机结合

3. 训练强度大，训练师孕育而生

在实际训练过程中，以一对多模拟形式的开展，我们碰到耗时效率低、员工受训场景受限等问题，为解决这样的困境，我们改变传统训练模式，“训练师”项目孕育而生，由多名训练师共同参与，小班化辅导以及训练模拟，增加员工模拟场景数量，提高模拟效果。既解决了员工个人所受辅导的时间限制，可以使每位员工得到更多不同场景的老师专属指导。

(1) 何为训练师

字面意思就是训练员工能力，让其能更快的熟悉业务并能服务用户有所产出的人；而对于训练师的能力上要求较高，在熟练业务的基础上，能有课程总结能力，能对学员进行辅导。由此万号大学建立了训练师梯队，由值班长、新兵辅导员、参加过集团省市技能大赛人员、一线标杆人员通过笔试面试进行层层选拔，将优秀者列入到训练师团队中，将好的技能和技巧传授给新兵，而自身也能得到提升，达到双赢结果。

训练师一对一辅导

(2) 训练流程

训练材料收集：重点产品及业务场景、话务中常用场景、易错或疑难场景，并制定好每个场景所要达到的目的与要求。

训练对标：建立训练师培养机制，对于新员工专项训练实操前做现场对标和辅导，并制定训练目标以及标准，让训练标准化。

训练实施：一个训练师对应 3 ～ 5 个员工，小班化辅导；训练师将所有场景的掌握要点及方法对受训人员进行详细的辅导，让其了解话务场景的重点及处理思路；进行实景化模拟，检验辅导和学习效果；最后总结分享：对训练后的结果进行分析总结，汇总出易错以及共性问题进行分享提升，做好训练的闭环工作。

二、如何做好新人入职后的团队融入

之前面试的时候，遇到一个小姑娘原来在街道工作，每天工作比较轻松。询问为什么会来万号，她说了 2 个原因，一个是原工作周边都是年纪大的人，完全没有共同语言。二是原工作轻松，但是没什么学习成长的机会，仿佛能看到以后的生活就这样了，她想继续学习，所以重新出来找工作。

确实，“90 后”的特性更在意的是企业环境的舒适和自我价值的体现。因此，对新员工的培训培养不应局限于业务基础培训，同时应该让新员工快速融入万号的，加快转型为专业职业人的速度，认可万号并稳定的留在万号，所以万号大学从入职初期的认识融入、培养阶段的信念坚持、入班组前的互动熟悉，更深层次的构成完整的新员工培训培养模式，打造稳定的有专业水准的客服。

(一) 入职初期的认识融入——了解客服工作

每一位进入万号大学的新员工，第一个环节就是由新兵负责的主管带着他们把中心每个角落都走一遍，这是企业文化学习的第一步，也是一趟文化的体验课。在这个过程中不只是让他们了解环境、工作状态，更重要的是设身处地的感受企业文化，企业的管理，真实工作状态，就像带着他一起经历企业的发展史一样，建立他们与企业的亲密感，这是融入的开始。

1. 跟岗客服工作，用认真的态度来影响他们。跟岗是让员工在实际工作前了解客服工作最简单也是最重要的一个环节，邀请一线骨干及标杆作为师傅，在入职前两天，安排新人跟听，了解接话工作性质，真正感受客服工作，并传承优秀力量，通过声音与沟通感受客服与客户间发生的微妙关系，体会那份帮助他人的快乐与成就。

跟岗学习

2. 职业发展通道，用自我价值体现来增加信心。了解自己未来的发展方向与上升空间，是“90 后” 需要的发展平台，也是自我价值体现的一种，因此在入职初期让新员工先了解职业发展，纵向往管理岗发展，横向专家岗发展，让员工了解职业发展通道的同时，也给自己明确的发展方向。而万号大学每半年会开展不同岗位“后备人才”的骨干人员储备，以能力为导向，不受资历背景影响，大家公平竞争，即使刚入职的新人也能参加，是员工培养的一剂强心剂。

3. 行为规范宣贯，用良好的习惯加快融入万号的速度。万号大学体系的设立，无疑是新入职人员从一所大学到另一所企业大学的转变，同样有学习、有社团、有三好。要快速适应万号客服生活，重要的是完成从学生角色到职场角色的转变。那么适应万号的工作氛围以及行为规范是第一环节，整洁的工作环境，良好的工作氛围，并不是靠阿姨打扫出来的，也不是靠某个人维持的，是大家一起遵守规范的成果。万号大学将工作中对个人的形象要求、台席要求、机房卫生等规范要求制作成电子图文的卡片，以幽默简单的画风向大家说明在万号大学的“衣食住行”，让大家了解万号的氛围及文化，更快的融入万号，适应万号。

（二）培养阶段的信念坚持——心态舒压

逐步完善的体系化培养，是让新员工认可企业的一部分，也是自身能力提升的一部分。较长周期的培训和实践以及各类测试与考核，压力可想而知，从而产生的退却放弃，因此，我们更加重视员工的心理状态。

1. 阶段性沟通座谈会，缓减员工压力。在员工培养体系中根据培养阶段员工产生的特性增加适应该阶段的沟通会、座谈会，根据该阶段可能会出现的问题进行提前舒压预警，利用正能量案例的分析、标杆员工代表的成长经历，让新员工明白成长是一种过程。

2. 拓展训练，增加团队凝聚力。人是群居动物，最怕在人群中孤孤单单的一人。尤其是自己遇到困难时，同事的一句话一个动作，也许让你觉得贴心无比。故此，通过团队拓展训练，以轻松的氛围进行肢体接触，增加团队协作能力，大家共同进退，用团队的力量，用团队中的正能量人员，引导及带领所有人。

3. 社团活动，融入万号大集体。生活工作都会有不同层次的压力，那么你面对压力的态度会改变事情的结果，社团活动的开展无疑从另外一个角度舒缓大家的压力，同时丰富大家工作之余的生活，也培养大家的兴趣爱好，更是让有特长的人员获得工作以外的发展平台。新员工培训期，辅导员也会根据时间安排让他们参与其中，与老员工也能有接触，融入到万号整个大家庭。

（三）入班组前的互动熟悉——打破恐惧

集中培训之后，正式步入工作岗位之前，此时新员工处于蜕变阶段，也就是我们说的“破茧”。蜕变包括两方面的内容，一是岗位技能，提高在实际操作中的娴熟度；二是职业素养，帮助新员工退去稚气，成长为职场精英。每一次成长都伴随阵痛，阵痛包含对分配到班组后的情况不明导致的恐惧，恐惧自己是否会拖团队后退，恐惧自己能否和老员工相处，就像又要到新的环境一样迷茫和害怕。于是，在此阶段邀请了值班长提前介入，同时给新员工配对组内对应师傅，增加员工安全感。

1. 值班长入组舒压，让新员工了解入组后情况。邀请值班长提前入组，从班组情况、新员工享受的绩效福利、新员工入组后的培养计划以及往批新员工入组后的情况等四方面进行沟通，消除新员工疑虑和恐惧，引导积极正向的面对。

2. 师带徒机制，成为新员工工作和生活上的坚强后盾。在新的环境中，有熟悉的一个人，此时的你会觉得在黑暗中看见了指路的明灯，悬崖边抓住了救命稻草。给新员工安排对应的师傅，既解决了业务不会的烦恼，又解决了新班组不认识人的窘迫状态。

在英语中，新员工培训是“New Employee Orientation”而非直译的“New Employee Training”，其中的“Orientation”又有导向、方向的意思。可见，新员工培训会在一定程度上影响新成员的发展方向，其意义至关重要。山芳雄曾经提出：“培养新员工，有两点很关键。一是要教给新员工做事的方法，让新员工享受工作的乐趣；二是要新员工具备公司员工应有的素质，直到形成潜意识的条件反射”。以“培训”帮助新员工胜任岗位技能，用“培养”持续打造新员工职业素养，帮助新员工完成从校园人到职场人，再到职业人的转变。而“破茧学员”正是这样一个无以伦比的存在环节。

破茧课程示例：

《打造好声音》：http://t.cn/RS6uVsp

《倾听用户心声》：http://t.cn/RS6uVs0

《说用户听得懂的话》：http://t.cn/RSIeeww

《服务即营销》：http://t.cn/RoVFBLG

《有温度的服务投诉处理》：http://t.cn/RoVFBLq

《缔造优质服务体验》：http://t.cn/RoVdg2V

《应对投诉的心理准备》：http://t.cn/RoYkyBQ

□ 第三节：蜕变学院

蜕变学院承接的是老员工的能力提升任务，尽管“80后”“90后”大多接受过大专及以上的高等教育，但是缺乏生活阅历和具体服务工作技能，在适应越来越复杂的话务时就显得越来越慢，因此需要全面的、系统的能力提升体系来帮助老员工更好的成长。

在能力提升体系设置上，区分中心级、团队级和员工级三个层面。中心级能力提升，除了少部分年度计划中外聘的培训外，更多的是结合实际运营，短平快的提升能力。例如，依托事件划小中组建的项目团队，做专题性的能力提升；对老员工进行心态筛查，开设心理疏导课程；拓宽职业通道，光树标杆，提高老员工的成就感；建立社团文化，提高老员工的归属感。团队级能力成长通过绩效提升计划进行结对帮扶，通过主题培训入组送培和充电计划来针对性修补团队短板。员工级通过后20%人员绩效提升计划和“消灭4000”计划，来提高员工的创收能力，提高流失成本。比较有特色的做法主要有以下几个：

一、岗位练兵常态化

常言道：“台上十分钟、台下十年功”，把阶段性的岗位练兵常态化，将是提升能力的“秘密武器”，“干什么、练什么、缺什么、补什么”的目的。

闲时有组织的练兵。“养兵千日，用兵一时”，其实在呼叫中心有很多“养兵”是时间，可以根据四季变化，如春节前后一般是话务闲时，可以根据日、周、月话务变化规律，整理空闲时间，这些时间都可以拿来岗位练兵。在万号大学开展将近一年的充电计划，就是利用话务闲时，有组织性的抽调人员岗位练兵，话务闲时的月份可保证人均8个工时学习时间，话务忙时的月份可保证人均4个工时学习时间。充电计划日常学习由值班长负责，围绕各自团队的服务短板开展或案例分享、或头脑风暴、或话务处理思路讲解、或重点业务掌握自查等学习，阶段性的统一组织全员性PK赛检验学习成效。

事件式专项练兵。万号大学组建了不少创新项目组，这些项目组会对人、系统、服务流程进行分析，问题导向找根源性短板，因此就有了展开事件式专项的可能，例如万号大学台州分院先后对每月1～3日出账期话务高峰如何避免、月末用户挽留怎么做、账务话务如何能高效、营销和服务的关系等专项性服务能力练兵，将需要改进的服务流程和服务技能通过练兵进行全员覆盖。

二、常态化分享标杆经验，让星星之火燎原

“高手在民间”，在客户接触点的一线员工中有不少藏龙卧虎的高手，万号大学不间断挖掘优秀服务经验，进而全员复制推广，最大程度促进服务能力的全面提升。

怎么发现标杆？两手抓！一是通过一些项目组，作为常态化运作主动寻找标杆。寻找优秀经验、说话的技巧、营销的手段等，最终通过案例的方式在多种媒体渠道上输出给一线员工。二是坚持管理人员听录音制度，例如在在万号大学的台州分院，一直坚持“体验100，满意100”活动，规定分中心经理、主管、业务培训、综合、技术支撑班组等全体非一线人员，每月听100通录音，不打分，但是强调输出结果，了解用户心声，洞察一线能力，梳理优秀经验和系统优化需求，倒逼服务的改进。

三、一个都不能少，后20%人员能力加餐

不能让少数人影响了万号大学的服务感知，体系化的关注后20%人员的能力。这些员工因绩效排名靠后难免产生情绪，甚至离职，因此提升他们的服务能力和绩效即是最大的帮扶。

无边际的合作促提升。以万号大学的“绩效提升计划”为例，针对落后的班组和个人进行系统性的帮扶。第一阶段，专题对排名后20%人员专项提升，由培训、质检、班组长、团总支等开展无边际的合作，对能力不足的员工针对性听电话，然后辅导方法、给技能；对意愿不强的员工实行值班长及主管“留”学制度，下班后留学，直到学会为止。经过攻坚，后20%人员业务一次知晓率从原32.98%提升至82.22%，学习氛围和意愿有明显的转变和提升。第二阶段，“消灭4000”计划，各划小团队接话划小承包机制，聚焦组内收入低于4000元的人员进行重点帮扶提升，通过把员工能力提升与绩效提升相结合，让低收入员工受益，低于4000元收入的人员占比从15%缩减至5%。

四、拓展训练，将员工心连在一起

年末对于呼叫中心来说都是人员流失的高峰期，通常我们会做些员工沟通会、年末晚会或者颁奖等活动，来促进客服对团队的感知，但近两年来，我们发现收效甚微，人员的流失并未得到有效遏制，所以2017年我们引入了拓展训练，把员工沟通会从室内搬到室外。

为何要选拓展训练活动？每一个拓展项目里都会设置不同的障碍，挑战性是其特点，参与的人必须通过障碍才能赢得挑战，而这些障碍都是一个人无法完成的，任何一个人都不能脱离团队，任何一个人的疏忽都会导致满盘皆输。因此，参与者会更懂得合作要默契、配合要为协调的团队理念。

在拓展训练后无缝衔接安排团队员工沟通会，盘点年度成长收获、展望来年的奋斗目标，把对团队的激情和认同延续到实际工作中来。同时结合分段式年末激励、荣誉授予、春节归家补贴等举措调整，2018 年岁初月度人员流失率 1.8%，较去年降低 2.64%。

五、继续教育提升计划

活到老学到老。浩瀚宇宙，存在很多已知的、未知的事物等着我们去认知。呼叫中心的用工范围一般集中在校企合作的在校生、在刚走出校门的学生群体、或者在社会上有一定工作经历的人员，往往年龄段会比较年轻，这种年龄层次一种是学历结构相对偏低，参差不齐，同时也是引发人员不稳定的因素之一。

作为企业而言，针对在岗的员工有必要 于一定的激励，鼓励员工开展继续教育提升活动。继续教育（Continuing education），广义上是对已经受过一定学校教育，并已在工作岗位各类在职人员进行的教育培训活动。从狭义上来讲，继续教育是指对在职专业技术人员知识、技能进行补充、提高的一种高层次的追加教育。专业技术人员的继续教育目的是为培养创新人才、为技术进步服务、为发展储备人才，从而为参与竞争奠定基础，发挥积极作用。这种鼓励，能够把把企业继续教育理念融入到企业文化中，用企业文化的制约作用引导员工的继续教育学习。

万号大学的出发点就是打造“业绩好、修养好、身体好”的三好员工，尊重和关心员工，注重员工的全面发展，用愿景鼓舞人，用机制激励人，用环境培育人，注重团队合作在企业发展中的作用。继续教育激励则是对于在职继续教育并取得学历证书的，根据学历的含金量 于不同额度的学费报销，同时同步可以要求员工和企业签订培训合同，延长工作服务期限，确保继续在岗服务 2 年及以上；对于已经到达管理支撑岗位的员工同样也可以在学历上提出要求，通过自我学习来适应运营发展需要，提高员工素质和业务水平，改善分人才结构，系统地配合万号大学人才培养和后备人才机制的运作，应该来说，制定继续教育激励制度体现企业的核心主张而形成的一种组织行为、价值观，能够在体系内营造一种学习的氛围，潜移默化的激励员工，也有助于企业凝聚力的形成。

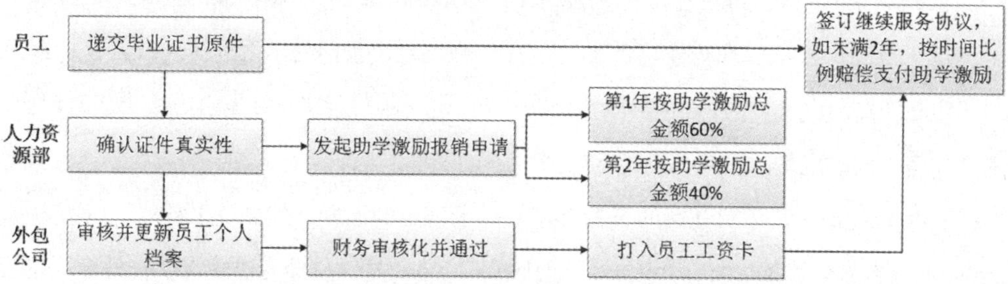

训练师一对一辅导

蜕变课程示例：

《治理拖延症》：http://t.cn/RK7pAEv

《电话服务的硬规定》：http://t.cn/RKXCPDl

《打造良好的行为习惯》：http://t.cn/RKunjoE

《如何让自己在职场中变得更有价值》：http://t.cn/R92JYSD

《面对压力如何应对——舒压神功》http://t.cn/R9agsSI

《把握积极心态》http://t.cn/R9B2iAH

□ 第四节：成龙学院

成龙学院系以管理支撑、班组长为主要提升人群，根据呼叫中心实际需要，培养骨干员工的岗位胜任力，体系化推进基层管理人员能力提升培养机制。传承万号大学培养人的理念，建设学习型团队，根据员工不同的发展阶段给出针对性的培养方案以及职业发展通道，通过管理支撑人员能力的不断提升，发挥“领头羊”的带头作用，让他们具备更大的影响力去帮助员工、带动员工、影响员工。

一、面向管理支撑人员的“学练验”体系

成龙计划中对于管理支撑人员能力培养方式，与以往常规培养最大的区别和特色在于“聚焦重点能力、共性短板，分阶段主题式开展能力训练。其中各种方式的训练贯穿讲解、实战、检验各个环节”，课程与训练占比 1:1，为了使学员真正做到学以致用，甚至训练时间是超出讲解时间。成龙计划的培训也不仅仅是理论知识，而是一些真正可以解决问题，能指导日常工作的好方法。那么，管理支撑人员的主题训练到底如何体系化地实施呢，首先要找准短板。如何聚焦不同工作岗位管理支撑人员的能力训练方法是首要解决的问题。

(一) 搭建“岗位胜任力模型”，量化岗位特性实现分群能力提升

为了使骨干人员能力培养更具针对性，在能力模型的搭建上，首先就是“量化各岗位序列特性”，通过对各岗位主管的访谈，并共同制定“能力提升表”各直属主管根据各岗位的实际工作需要进行必备能力及辅助能力的选择，在后期的提升中有重点的做，并且在课程中也相应地制定了“必修课程、选修课程”来配套量化的能力模型。能力标准的不同，使七个班组十个岗位，从“五大能力、两大维度和深入体验“等方面开展全方位提升活动。为了锁定基层管理人员培养的五大能力涵盖沟通表达能力、逻辑思维能力、数据分析能力、管理能力、专业岗位技能，跟据各岗位能力模型及人员成长特性，将人员在不同阶段所需要具备能力标准，结合每层级学分要求，对同一岗位处在不同能力的人员，进行了区分，最终决出设“岗位新手、岗位能手、岗位专家、综合专家”称号，帮助各岗位进行人才的区分与后备管理人员储备提供评价基础。

例如：万号大学台州学院在刚实施的第一年中各岗位共有 73% 人员获得“岗位能力”，通过主管对每个岗位写实也帮助管理支撑人员更了解岗位职责，对自身岗位胜任力有了

新的认识和动力，也激发了岗位的竞争力。

当对各模块管理支撑人员重点能力及短板有了明确定位和深入的了解，那么训练环节的设置过程也是至关重要的，其实对于各呼叫中心来说，管理支撑人员参与培训的机会很多，学习的内容涵盖也广，但是往往是学的时候感受深，学完了却不知道如何运用到工作中，所以成龙计划与普通的培训最大的区别是更侧重与如何将理论运用于实践中。

（二）学练合一，追逐体系化培训模式

“培”与“训”的真正结合，改变传统培训单纯讲解上课的模式，真正将培养和训练相结合，每门课程都来源于实际工作需要，并围绕着四个要点“理念的传递 + 方法工具的提供 + 实际的演练 + 课后的跟踪与检验”，特别是在训练的环节，它贯穿与课程、训练、考核的全部流程中，切实将理念落到实处，让受训者从听得懂，到真正的“可使用”。

1. 课前先访谈确保有需要，课程从方案的设计上入手，借助员工访谈、班组长访谈、到主管直属领导的访谈进行实用性课程的制作，切实保证课程的时效性。

2. 课件制作要实用，课程内容制作由成龙项目小组与中心相关专家进行沟通制作，课程的培训都邀请擅长及各领域的专家，讲解人员同时又来源于骨干员工层面及直属领导，使培训更具影响力和说服力，同时对培训人员也是一次历练与挑战，最终由讲解人在业务例会进行宣讲过关进一步保证课程的质量。

3. 训练检验贯穿课程始终，以往的课程以讲师讲解为主，在成龙每堂课程中都配有相应的训练及测试，特别是在课程的后期跟踪及效果评估上，都回归于实际工作，使培训效果更客观，切实做到培训“能评估、可考核”。

呼叫中心的专业性要求所有的管理人员必须是一线岗位层级晋升上岗的，因此对于每一位管理人员从一名普通的优秀员工到管理人员的转变是至关重要的，同时成为一名优秀的管理支撑人员需要不断深入一线并且能给出真正可帮助一线有效的辅导方法，这就要求对于基层管理人员的训练方式要更加强与实践的紧密结合。

（三）重实操、强实战，促使理论运用于实际工作

成龙计划主题训练最大的特色和最重要的部分是，将理论中相关的内容运用到工作中的实战练习，除了课程中重点章节及理念配套的训练互动外，每门课程都配套半天的时间，对上午所学理论在工作中的具体运用进行实操训练。其中训练环节的设置过程也是至关重要的。

1. 准确定位管理短板，通过 360 度访谈，包括中心领导、直属主管、管理岗位、基层员工等，从不同视角挖掘骨干员工在工作中存在的短板使问题更聚焦。

2. 训练场景的设计更务实，在训练中选择对员工有直接影响也是最常用的班组会形式，进行合理科学的优化，使班组会更有成效，从内容、形式、讲解等不同角度进行不同层级的打分。同时还选择工作中常遇到“四大面辅场景”，包括重点业务落实、员工行为规范、重点工作落实、录音沟通“进行现场场景还原，由中心专家顾问团进行现场点评指导，使问题更直观辅导更有效。

3. 学与练中出真知，在成龙计划全年的训练中，通过五大能力维度相配套的训练与测试，对各班组及划小责任单元负责人进行不同层面的分析与点评，例如：话务运营组在五大能力中，较优为沟通表达能力，测试成绩为 89 分，在中心排名第一；急需提升的是基础业务能力，话务脉络及专区使用测试为 82 分，证明在后期工作中除了做好员工辅导与管理能力提升，在基础业务能力方面也可以有更大的提升。在实施主题训练的一年中共组织 8 次大型训练，2 次全员过关，1 次中心型大型分享会，包括两项基础业务能力训练、六项设计管理、辅导、分析能力的实战训练，并将训练的成果带到实际工作去，真正做到方法的落地，标杆经验的常态化。

除了对整个培养过程从培训到训练每个环节进行周密的设计外，如何激发参与人员的积极性，改变管理支撑人员学习的被迫感，需要有一套切实可以实施的激励办法。

（四）360 度考评激励，打通骨干人员成长通道

1. 通过“学分制管理”激发参与积极性，成龙计划激励体系与万号大学学分管理相结合，使考评更客观，激励更直观。学分作为衡量各部门各岗位能力达标基本计算单位，是对骨干员工进行岗位能力及岗位级别评估的基本依据。按照必修课程及选修课程进行学分发放，必修课程与选修课程按照百分制计算，各岗位序列根据课程要求，必修课程修满可得学分为 70 分，选修课程修满可得学分为 30 分。根据各岗位职责要求，在各层级资格评定标准时限内，完成同岗位不同系列的评估。

2. 为中心“骨干员工培养及后备人才储备“建立考评依据。根据所有人员在周期一年的学习与实践中所得的学分，划分为同岗位不同人员层级，包括“储备干部、岗位新手、岗位能手、岗位专家、及综合专家”使人才选拔更科学，为各岗位择优录取提供依据。同时帮助中心建立了人员培养模型，及丰富的人才储备库。

通过"成龙计划主题训练"骨干人员的培养，聚焦工作中的短板，直面管理人员的问题，从基础能力到综合素质与能力的培养为目标，为中心培养全面具有综合能力管理人员提供更多的支撑，从划小责任人主体出发，着力培养基层管理和支撑人员的业务学习能力、重点工作落实能力、以及团队管理能力，使内部资源更聚焦，流程更顺畅，倒三角支撑更到位，能力得到了提升。

二、班组长怎么管理

呼叫中心班组长在团队管理中起到的作用如"兵头将尾"，团队的优秀与否，与班组长日常所实施的管理密不可分。党多年的实践，军官身边要配个政委，而我们的班组长需身兼两个角色，一方面要做"政委"，具备务虚做思想工作的能力，保持"90后"占主导的团队士气高昂，团队的流失率维持在一个合理的水平，一方面要做"军官"，有规划地带领团队绩效稳定达标、团队的考勤率稳定、员工的满意度持续保持高位。班组长岗位重要而繁重，他们的能力提升也是迫切的。

那班组长们需要具备什么样的能力呢?可以概括为会沟通、会辅导、会激励三个核心能力。现在的呼叫中心，常见的构成模块会包括：呼入／呼出客服、质检、培训、业务支撑、投诉支撑等。在工作过程中，每个模块都有自己聚焦的重点：话务重效率、质检重服务、业务重发展、培训重能力、投诉重解决率……从单一的要求上看，这些都是对的、都是合理的，但如果将这些要求进行整合，就难免出现互相冲突的地方，而这些能力指标要求最终的落脚执行人都是一线的客服人员，就会不可避免地造成员工的混乱，所以班组长要会沟通，了解这想事件的真实意图，才能做工作整合，提高效率。班组长直接面对一线客服，指令没有传递到位、短板有没有辅导清楚，直接影响一线的执行效率，所有班组长要学会辅导。做思想工作，简单概括就是"讲明白为什么""我们可以怎么做"，团队每个人都理解了才有灵活性的格局，班组长需要具备这样的能力，才能更好的激励团队前进。

（一）会沟通——建立全面交互氛围

互联网时代，两项能力变得至关重要：大数据能力和全面交互能力。大数据发现问题，全面交互推动解决问题，二者缺一不可。营造全面交互的意识和氛围、建立交互的职责和制度是通过交互提升运营管理能力的有效举措。交互一般可以分为：上下级之间的交互、划小团队之间的交互和跨模块之间的交互。如何提升这个方面的交互能力和交互水平呢?

1. 计划和目标的交互

全面解析，深入沟通。当下，呼叫中心的员工以“85后”“90后”为主体，这些员工存在一个共同的特性就是缺少对工作的规划,这对与管理者说既是问题也是机会。问题是，这部分员工缺少自我管理和自主学习的特性。机会是，正是他们缺少自我的规划，就很容易影响，可以把班组的目标当做自己的目标。

要做到这一点，正确的交互显得尤为的重要。每一个班组的目标和计划，是管理者根据公司的要求结中心整体的目标来制定，但下属没有参与过制定的过程，如果只是简单将计划和员工复述一遍,很难起到真正的作用。所以和员工沟通中必须将前期的背景原因、中间执行的关键和最后想达成的结果做全面的讲解。这样才能达成真正的共识，管理者和员工才能在工作中目标一致，齐心协力。

2. 走出去、请进来的交互

在呼入的各个团队中，经常会出现不同团队之间的两级分化，有些团队成绩优异，而有些团队却一直处在下游。对此，管理者们会花费大量的时间、费用和精力用于班组长能力的培养上，例如邀请业内名师授课，虽有不错的效果，但受制与费用、时间、好的老师资源、培训无法针对等因素的制约,无法常态化开展。而往往忽略很多的团队管理经验、解决问题的技巧其实就在我们身边。

成绩优异的班组，为什么会做的这么出色?这其中就有很多精华，就看我们能不能挖掘、能不能分享，并使之成为整个大团队的教材，从而进行学习和复制。这就需要形成划小团队之间的相互沟通学习的氛围：

(1) 建立强弱班组结对帮扶制度，带后进班组快速提高；

(2) 经常性开展带队主题探讨，促进相互交流；

(3) 常态化开展优秀班组总结分享，促进经验的梳理和共享；

(4) 对于输出有效经验的班组长给予一定的奖励和荣誉。

通过以上的方式，避免了各团队之间因为互相竞争而引发的不交流、有好的做法藏着掖着的情况，最终形成大家一起来探讨问题、交流经验的工作氛围，从而带动每个团队都能有所收获。

3. 跨模块抱团交互

跨模块是三个交互过程中最为复杂，也较为困难的。每个模块的关注的重点不同，就会存在认知的差异。如何才能通过交互整合各模块的力量形成合力，实现 1+1>2 的效果呢？

正确的心态：在团队协作过程中，最忌讳的就是本位思想，认为自己的想法是最重要，希望别人能无条件的理解。但这是不可能的，因为就算同样的事情以不同的角度去看，都会有不同的结果。所以在跨模块的交互过程中，必须具备以下的心态：

☆ 积极的心态：出发点都是为了更好的工作，每个模块指出的问题都是希望我可以变得更好。

☆ 开放的心态：在工作过程中，所有的问题都可以一起探讨。

☆ 学习的心态：不管观点是否一致，都要学习到对方在这个问题中所付出的努力和思考。

专项攻坚：什么是专项攻坚？就是选定在运营管理中发现的某一弱项能力，成立专项团队，开展阶段性集中能力提升。

通过专项攻坚可以：

跨模块组队——将各模块的骨干员工聚集起来。

统一目标——群策群力，阶段性围绕同一目标而努力。

团结协作——在攻坚过程中，团队成员紧密协作、与其他模块之间紧密协作。

通过这样方式建立了常态化的交互机制，也培养了过程中交互能力。

4. 常态化的轮岗交互

团队之间的协作还有一个很核心的内容就是能换位思考。只有双方之间能彼此了解对方的真正需要，能站在对方的立场上去思考，这样的协作才是最顺畅、最具成效的。

那如何才能真正达到这样的效果呢？其实不管什么样的方法都不如亲身的岗位体验来的实在。在没有换位之前，可能都会碰到这样的问题——

员工说：质检为什么就知道抓小辫子？

班长说：支撑怎么连这点要求都做不到？

支撑说：客服代表怎么连这么简单的话务都讲不到位？……

这些现象的存在、相互之间的不了解，严重影响各模块之间的有效协作。建立一套完整的轮岗体系，是解决这一问题的最有效手段。在运营过程中，必须重视岗位之间的体验，这既是解决相互之间不了解的有效方式，也是对于呼叫中心人才培养的重要手段。根据不同的人员可以分为：

（1）换岗——针对特定工作达到一定年限的管理人员开展。

（2）到岗式轮岗——持续至少三个月，针对班组管理骨干开展。

（3）各岗位体验——持续1到2周，针对后备的管理人员开展。

通过这样方式，在管理支撑层面真正实现岗位之间的互相了解，在模块协作作战中事半功倍。

（二）会辅导——标准化动作提高辅导效率

现有的呼叫中心团队基本是由“85后”“90后”刚出校园的学生或是新新一族组成，这个群体非常年轻，喜欢表现自我，喜欢特立独行，往往在工作上创新意识很强但职业化不够，“上班一个格子，下班低头一族”，缺乏健康的生活和工作习惯。带领这样的团队更多地要体现在“理”字上，所谓的理顺内部各岗位之间的关系，实现内部各岗位之间的有效配合和良性互动，唯有如此，才能将团队战斗力发挥到最佳水平。

1. 录音分享执行标准

对录音分享前、中、后有明确的要求。分享前一要做到“多听”，通过同类型话务的听来了解员工问题背后的真正原因；二要做到“多想”，理清分享的目的和解决员工×××的问题。在分享中一要做到分段播放，激发员工思考；三要做到共同参与，调动员工的参与性；四要做到共同讨论，调动员工积极性，多给员工说话和思考的机会；五要达成共识，在分享结束后通过确认的方式与员工达成共识。在分享后必须在3天内实时跟进，采用专项跟进的方式，和分享的内容相契合，跟进结果要第一时间和员工反馈。

2. 团队绩效管理办法

通过标准化能力提升动作、组内优秀经验共享、弱项能力专项提升的方式，快速提升后进班组的业绩，从而达到帮助整个团队提升以及员工增收的目的。将当月绩效排名最后2名的团队进入绩效提升行列，开展专项绩效提升分析。主要采取：

（1）专项分析：绩效提升班组必须进行组内上月绩效分析，追根溯源，通过关键能力提升动作开展专项能力突击。

（2）共同诊断：邀请中心各组开展绩效分析会，帮助绩效提升班组把好关。

（3）目标引领：提升班组确定当月的目标。

（4）结对帮扶：根据能力互补的原则，采用班组结对的方式，复制优秀班组经验。

（5）层级沟通：对于班组内连续排名后位的人员进行月度专项绩效提升，每月3日之前提交《主管层级沟通及提升申请表》。

3. 现场行为管理办法

统一思想，人人有责，提倡走动式管理，制定了包括《机房现场行为规范要求》《设备故障流程申报要求》《班组长走动式管理要求》《违规处罚条例》，规范了工作场所的行为规范，树立职业化的现场工作氛围，从而改变员工的精神风貌，提升整体的工作效率

我们经常会发现，班组长或是支撑人员在帮扶员工后，员工会觉得这样的帮助是理所当然，离开时没有"谢谢"。或是在公共场所的使用中会发现很多年轻人会把休息室的门关得"砰砰"直响，公共物品使用后的未及时整理。而这一切也让我们在培养中反思，这些其实就是职业化素养的问题，员工在进入公司之前就没有养成这方面的良好习惯，那么既然到了企业，企业有这样的责任和义务要做好职业化的引领。因而我们从人员工作表现、行为表现、环境卫生、环境氛围、安全使用规范和意识引导等全方位进行规范性要求。例如：进入机房更换工作鞋、工号牌规范佩带，设备使用规范等，做到让员工简单明了易操作。班组长通过三分之一走动式管理，主动走入一线，每天1/3时间用来员工现场管理，日巡视3～5次来了解员工的行为规范和精神状态，对于不规范现象进行实时关注及引导。在这个基础上通过6大文明：行为文明、着装文明、会议文明、节能文明、公共区域文明、互相帮助文明。并通过我们的班组会、日常沟通中强调和培养员工良好的职业素养，营造一个文明、整洁、优美、高效的办公环境，让不良因子在整个透明化、正能量的环境中潜移默化。

4. 业务落实管理办法

通过主体的转变、学习意识的引领、检查手段的转变，建立有效的重点业务学习机制，达到快速提升重点业务落实成效的目的。

（1）管理支撑人员的学习规范，通过100%参加交接会、小结会以及知识库自我理解和提炼后，制定接应学习计划并积极参与到练兵培训中，熟悉掌握基础知识技能和系统操作技能。

（2）重点业务组内落实规范，根据员工业务能力、自学能力、应变能力进行骨干人员、中层人员、后进人员分层。班组长借助关键信息表，给员工讲思路、讲条理、讲方法。

(3) 业务落实组内检查规范，按照重点业务检查标准采用“50% 现场 +50% 录音”的方式开展检查，骨干人员检查中层，后进人员由值班长检查。对于 2 次 3 次出错人员由各组自行出台处罚措施，如指压板等。。四是员工学习规范，基本参照管理支撑人员学习规范模式，同时由班组长负责每天对员工进行 1 ~ 2 个问题的抽查，对于抽查后自学掌握不好的人员进行相应处罚。

(三) 会激励 —— 能做思想工作

“思想对齐，行动才能对路”，我们一直强调员工要知情权，能知“大象”而非“盲人摸象”，所以值班长在日常管理过程中，需要具备做思想工作的务虚能力。

1. 班组会 15 分钟务虚

在万号大学，除了日常班前会以外，班组会每个团队每月不得少于 3 期，经过成龙计划的实训法，我们定义了新的班组会标配流程。一是要做到价值引领，开场 15 分钟价值引领学习优秀文章、宣贯文化理念、减压方式的转变；二是要宣贯公司重点工作，梳理相关内容组内讲解，让员工了解方向。三是组内情况分析，通过指标、能力、录音分享、案例分享等形式开展分享，制定下阶段目标。四是表扬与帮扶，适时开展优秀表彰，并尽量给予优秀员工经验分享的机会。

2. 绿灯会广开言路，让一线发声

倾听心声、及时解决。在日常工作中，要想做好一线的思想工作，那得走进一线、了解一线，理解一线的真实想法和感受，才能针对性的解决问题，因此常态化的开展“绿灯会”听一听员工的心声和建议就非常有必要。在过程中，如何能让员工畅所欲言非常重要，要达到这一点，就必须建立员工的信任。所以对于员工提出的问题，必须在第一时间或者是时限内解决。如果无法解决的,要给予及时的回复。这样才能取得员工的信任，在绿灯会议中真正挖掘到员工的心声。

3. 深入了解，全面帮扶

做思想工作还体现在帮扶中，随着万号大学架构扁平化实行以来，现在 1 个主管一般面对 10 位以内的值班长，而 1 个值班长一般面对 25 位左右的员工，这就给针对性帮扶提供了有利的条件。原先值班长与员工间会有班长得岗位，所以值班长在管控团队时因为不了解员工,他们更依赖数据,跟员工的沟通很难免就会出现就着数据讲数据的情况，沟通过程很难做到针对员工特点，只能做到要求提醒，没发提供针对性帮助。这样的帮扶员工不认可，成效也可想而知。一次良好的帮扶，需要一个良好的开端，这个开端要解决员工思想顾虑，更好的接受问题并改进问题。因此帮扶前，班组长必须做好数据定位、录音剖析、了解员工状态、心里有解决方案；帮扶中，不给员工“戴帽子”，通过沟通引导员工自我认识问题并自我提出改进措施；帮扶后，要闭环跟踪，鼓励员工在实际服务中改进问题。

三、专兼职培训师培养

日本经营之神，松下幸之助说过：“出产品之前先出人才，教育是现代经济下企业发展的杀手锏，一个企业家要不失时机的把培养和训练员工排在重要的工作日程。”这句话道出了，培训在企业中的重要作用与地位，当然构建一个合理科学的培训体系，其中一个很关键的因素是“优秀的内训师”。万号大学作为万号重要人才培养的重要载体，之所以能顺利完成三大学院的培养计划，内训师在整个过程中担当着举足轻重的位置。他是企业发展的推动者，也是文化氛围的宣传缔造者。

作为呼叫中心无论是从企业性质还是人员结构与特性，培训工作都担当着重要的角色，而培训的实施主体更是起着决定性作用，那么内训师的培养需要哪些关键要素呢？一是科学的师资选拔机制；二是完善的培养计划；三是合理的管理激励办法。万号大学不仅承担着三大学院的培训计划，还有培养三好青年的使命。那么，万号大学的师资管理办法又是如何体系化的实施并初具规模呢？

（一）人人为师，搭建从几位到几十位的培训储备力量

所有的呼叫中心对于培训师资队伍的选拔都有一套严格的标准，除了数量有限的几位专职培训师外，在各个岗位都涌现出一些专业性强，经验丰富，贴近一线的培训骨干力量，那么这部分人员将在日常的培训工作中的主力军。

1. 多渠道的人员选拔机制：不是仅有专职培训师才能做培训，往往专职培训师是具备培训的良好的综合技能，但是在各个专业岗位上也有一批热爱培训、擅长培训并具备一定专业培训特长的骨干，那么极大的发挥他们的力量既可以弥补培训师紧缺及培训压力过大的情况，还可以挖掘和鼓励一批有能力有干劲的岗位骨干，包括值班长、各模块的管理支撑人员、各类项目的负责人、以及表现突出有特长的一线员工，不管来自哪些岗位，通过培训师角色的历练，更加发挥自身的职业价值。

2. 多样的选拔模式带动良好的培训师资氛围：运用各种形式的选拔活动，最大程度

搜寻可培养的师资力量，从传统的班组推荐、自我推荐到开设各类新颖的选拔模式，比如竞技赛、师带徒 PK 赛等。例如：万号大学台州学院开展的“我是最强音”兼职培训师选拔活动，在趣味与现场竞技中，既为师资选拔造势，同时也是兼职培训师很好的实战训练环节。

3. 形成固定的选拔周期：兼职培训师的选拔培养不是一个阶段的工作，而是一个长期储备的过程，因此要形成规律的周期，万号大学对于兼职培训师的选拔每年一次，在这一年的周期里即完成新人的挖掘，同时肩负着全面的专兼职培训师培养计划。万号大学台州学院一直倡导着“人人为师”的理念，同时也严格执行着整体的专兼职培训师培养准则，从最初的 4 位专职培训师，发展到 2017 年 40 位专兼职培训师。

（二）给平台做培养，全面提升专兼职培训师能力

围绕持续深化培养专兼职培训师能力，聚焦提升专兼职培训师的“备课”“授课”能力，通过周密的培养计划、以及充足的实战训练，创造良好的培养平台，让所有的专兼职培训师都能成长为更优秀的企业内训师。

1. 制定全面的专兼职培训师培养计划

坚持“请进来，走出去”。“请进来”指的是借助各种资源，各种机会让他们参与更多的专业素养培训比如定期的培训师 TCT、TTT 课程，除了外聘的专业讲师课程外，在内部也要形成开放的交流文化，可以运用“绿灯会议”的形式，组织培训师定期的主题活动，让培训师们共用探讨，取长补短。“走出去”就是要增加实战，实践出真知，培训工作更是如此，在实际授课中不断积累培训经验。

激起“传帮带”的好氛围，例如万号大学台州分院在借助兼职培训师选拔活动“我是最强音”中组建了一支“师带徒”团队，用培训经验丰富的老培训师来带动新培训师，并开展定期的主题讨论活动，内容涉及 PPT 制作、授课技巧、各专业知识等内容。

2. 抓住各种培训资源，增加实战训练

围绕兼职培训师可享受的培训平台、培养计划、激励机制进行具体清晰的说明，再制定每月一主题的培养方案，从培训需求调查、课程制作、课程讲授、效果评估几个方面进行全面讨论，通过沙龙和实战演练，给兼职培训师更多的实战经验，比如：

☆ 个性化小班组培训：各班组、划小责任单元等内部培训。

☆ 中心共性问题及重点业务落实：通过中心业务例会讨论确定的业务或技能素质

类课程需要全中心进行宣贯培训的内容，包括常规业务类，小结会、互联网视频类（万号小讲堂）；专项专题类，各专业线、专项主题等大型素质、业务课程培训。

☆ 三大学院类：包括新兵、蜕变老员工及成龙骨干员工课程制作及讲解。

3. 发挥兼职培训师的力量，实现自我成长输出更多价值

开放分中心内部的培训平台，如班前会、主题培训、新兵培训等，同时创造向外输出的平台，2017 年的对外输出项目中如与《客户世界》杂志的专项合作项目——客服成长系列课程《好客之道》、给台州本地网提供的管理经验课程、向其他兄弟分中心输出优秀管理经验课程等，除了专职培训师，兼职培训师也贡献了不少优秀的课程。

（三）科学的激励管理办法为兼职培训师发展提供必要保障。

1. 适当的物质奖励是激励的体现

奖励前要制定原则，包括奖励的标准，每个阶段设立梯度值，可以细化到课程制作及讲解设置不同的奖励标准，并依据课后的满意度调查作为依据。

除了课时费，万号大学还增加了适当的积分奖励，作为年底评优评先的依据，具体数额标准视具体情况而定。

2. 激发工作价值感与荣誉感

每年的教师节都是万号大学的大日子，各个岗位的所有管理支撑人员聚集一堂，表彰优秀的专兼职培训师，这是内训师的盛会。通过这种大型的表彰庆祝活动激发他们的岗位激情，同时也可以获得一些晋升机会，比如获得兼职培训师资格即纳入专职培训师队伍，表现突出者将优先列入省级培训师的培养序列。

每年年底会对当年兼职培训师梯队进行优秀评比，依据课时及人员表现正态分布开展评选，综合得分前 5% 人员进行“金银铜牌”奖励，获得“优秀兼职培训师”资格享受连任并享受 1 年连任资格。

成龙课程示例：

《把握积极心态》http://t.cn/R9B2iAH

《班会开得好，管理没烦恼》http://t.cn/RCw8jTV

《员工健康模型》http://t.cn/RC0SK1C

《如何带团队士气》http://t.cn/RNc5VMe

《学校到企业的心态》http://t.cn/RpAjfDd

《呼叫中心如何培养班组长的执行力》http://t.cn/RpYx8o0

第五章

[支撑配套体系——解决谁帮着一起做的问题]

支撑配套体系是希望通过科学的资源配置和一体化的运营规范，为一线团队提供全方位的服务与支撑，解决谁帮着一起做的问题。

现在先闭起眼睛回顾一下，在我们曾经的运营管理过程中，是不是碰到过这样的事：

☆ 一线运营团队的可衡量指标很多，但评估支撑团队业绩的参数却很少。

☆ 月度会议中提出的问题总是惊人的相似，看似很清晰的任务往往达成不了。

☆ 每个部门都只关注自己部门的目标，很难站在上下游协同部门的角度换位思考，工作落实的时候很容易因为部门间的不理解而产生损耗或者发生各部门间的计划冲突，导致执行不力，结果出现偏差。

这些现象并不是偶然存在的，很难一个个独立地去化解，而是需要体系化地去完善支撑配套的各个流程环节，即运营布局。运营布局是三个层面的事：

☆ 做正确的事，是考虑清楚运营方向

☆ 正确地做事，是流程策略方面的事

☆ 把事做正确，是行动执行方面的事

运营方向由客户中心管理高层负责，分别从现状和未来出发，围绕目的定位来进行设计规划。流程策略由客户中心中层负责，根据问题，找准原因，制定策略。行动执行由客服中心基层负责，对执行结果负责。客户中心运营顺畅，服务走心，一定源于内部各部门的紧密协同和换位思考。因此，建立一个以员工为中心支撑配套体系尤为重要，一个以文化为统领，运营为基石，技术为力量的支撑配套体系。

□ 第一节：投诉流程管理

投诉处理是客户中心全局全流程中非常重要的一环，既与前台触点运营能力息息相关，又独立自成体系。投诉管理的关键是在于建立一套要求清晰、分工明确、奖惩分明的体系。

投诉流程管理的主要任务是：及时处理客户投诉，分析当前服务热点问题，提出公司在生产经营、业务管理、产品质量、系统支撑、服务保障等方面存在的薄弱环节，协调运营资源，努力创造良好的外部沟通环境。投诉流程管理的工作目标是：有效管控客户投诉量，及时预警批量或高危投诉，提高投诉处理的及时率和满意率，降低越级投诉和媒体曝光。

一、投诉处理原则

首问负责原则：接受投诉的第一触点为首问责任部门，对投诉处理过程中各协同单位负督促责任。

优先性原则：对可能会引起群体客户投诉的事件优先处理、对可能引发社会舆论危机的事件优先处理。

责任追究原则：对投诉产生负有责任的部门、以及在投诉处理过程中存在推诿回避的部门，根据规则追究考核。

二、投诉处理流程

投诉处理流程应包括受理、流转、处理、答复、回访五个环节，确保处理闭环。

（一）受理：各触点接受投诉申告的人员遵守首问责任制原则，根据公司规定规范给予解答；对用户不能接受或公司尚未明文规定的内容记录在单（客户名称、地址、投诉人、联系方式、投诉事项、预处理信息、诉求等），选择投诉类别，派发投诉工单。

（二）流转：根据不同投诉类别，在系统内设置自动定向流转，减少人工干预的时间损耗。

（三）处理：投诉处理以分层处理为原则，基础性问题以客户中心处理为主，专业性问题以公司专业管理部门处理为主，属地性问题以落地分公司处理为主。接收到流转工单的处理部门对投诉问题进行核实处理；需要其他部门协查的，描述协办内容后由系统标注一个环节处理人员的联系方式后再次流转；有明确处理结果后工单流转回客户中心。

（四）答复：由客户中心投诉处理人员根据处理结果回复用户并记录回复情况，按投诉类型归档。

（五）回访：投诉处理完毕后 72 小时内发起回访，了解客户对本次投诉处理的满意，并收集建议意见。对回访不满意的客户，升级到不满意责任圈进一步处理。

三、处理规范与要求

投诉管控从运营角度上说分为过程管控和结果管控。过程管控的抓手有越级工单管控、重复工单管控、震荡工单管控、超长工单管控和不满意工单管控；结果管控依赖于一套有效的管控指标。

（一）过程管控

越级工单管控：要求各触点在工单上标识越级倾向，工单始终带标识流转；各处理环节对越级标识工单执行优先原则。

重复工单管控：系统对 7 个自然日内同个客户发起的同类投诉工单打标，自动派发给较高技能组的处理人员，处理人员结案后对造成重复的原因进行定义，应用于反哺、考核。

震荡工单管控：各处理部门来回流转两次的工单在流转同时由系统发短信给处理环节的上一级主管，流转三次的工单由客服中心监控岗人员介入协调，并定性责任部门，应用于通报考核。

超长工单管控：根据处理需要对不同类别投诉设定不同时限，对超出既定时限的工单通过短信通知责任处理部门的主管，督促介入处理。

不满意工单管控：将结案不满意和回访不满意的工单流转至客服中心监控岗，由监控岗判断升级处理去向后派单流转并自动触发短信告知。二次不满意工单不再进行回访。

（二）结果管控

☆ 每万用户申诉／率

☆ 每万用户越级／件

☆ 有责投诉／件

☆ 重复工单／率

☆ 投诉客户满意结案／率

☆ 二次不满意／率

☆ 工单处理及时 / 率

☆ 整单处理时长 / 小时

☆ 客服中心集约处理 / 率

四、责任分析与支撑需求

客服中心对投诉处理过程及效果全程监控，并负责投诉事件的责任认定和分析，作为公司改善运营策略、落实服务考核的依据。为了有效落实责任分析，在投诉流程设计和投诉系统设置上要预先进行规划，应预先考虑一下字段：

（一）投诉分类：建议设置现象分类和原因分类。现象分类应用于触点受理投诉时的工单第一次自动派单流转的方向，原因分类应用于投诉结案后的定义定责和投诉管控趋势分析。

（二）流转标识：每个部门每个环节的流转都应该记录系统，是管控各部门的处理时长和效率的准确依据。

（三）关键字标识：关键字标识在投诉预警、投诉分析和投诉批回的应用中起到有效定向的作用，包括业务关键字和行为关键词。

（四）退赔标识：退赔标识对公司产品销售的规范性、客户接受程度和合作企业的结算考核有很好的借鉴意义。

（五）越级标识：对在沟通中流露出越级倾向的事件打上越级标识，有助于该事件有区别的加速、慎重处理，也有助于事后的分析。

（六）投诉专业户标识：这个标识有助于让第一次接触到此客户的客服人员树立起预警意识，更慎重、不过度地提供服务；同时也便于客户中心采集专业户信息，以备不时之需。

五、设置高风险专席

（一）对准入专席的客户进行界定

1. 多次投诉客户：3 个月内有 2 张以上投诉单，7 天内在途或办结投诉单的客户。

2. 高频呼入客户：24 小时内拨打 3 次及以上客户。

3. 系统打标客户：身份特殊、对服务要求特别高的客户。

（二）岗位胜任能力要求

1. 熟知企业文化、流程、产品、业务的资深员工。

2. 擅于沟通、逻辑清晰、临危不乱。

3. 预警能力强，文字表达有功底。

（三）高风险专席职能

1. 专席话务优先处理，专席客服准确界定是否高风险话务。

2. 对需要进一步等待协商的高风险客户进行标注。

3. 对批量风险及时传递预警信息。

4. 全流程跟踪高风险客户的问题解决。

六、提升投诉处理技巧

客户中心是投诉处理流程中的头尾，处理能力的强弱很大程度上影响客户情绪的缓解或激化。在处理过程中客服人员应掌握以下四个方面的技巧：

（一）收集信息

认真聆听客户的表达，确认用户反映的是“情绪”还是“问题”。

1. 反映情绪的客户一般都确信自己的批评是正确的，客服人员不要立即与客户解释对错，不急于表达立场；耐心回应，表示理解，最后客观地给出回复，不扩大延伸话题。

2. 反映问题的客户表达的信息量会比较大，客服人员要根据客户描述和平台查询判断投诉是否成立，并记录发生时间、争议对象和客户诉求。

（二）找准动机

辨认和领会投诉客户的意图能为下一步投诉处理打下良好基础，客服人员必须在首次沟通中就找准客户的投诉需求，是情绪、是补偿、是寻求答案、或是解决矛盾。

（三）洞察类型

不同的客户类型应对应不同的行动方案：

1. 牢骚型的客户以发泄情绪为主，客服人员以安抚为主。

2. 理智型的客户通常开门见山，主要是希望解决问题，客服人员应传递出及时处理、督办的信息。

3. 谈判性的客户一般以情绪做铺垫，以补偿为条件，客服人员应捕捉尽量详细的信息，记录提供给下一步的处理人员，委婉安抚不承诺。

（四）软化矛盾

1. 积极的沟通态度和适时的回应。

2. 不吝啬自己温暖的语调、恰当的恭维和致歉的诚意。

□ 第二节：业务流程管理

业务是客户中心运营的龙头，包括了知识承接转化、短板业务提升。客户中心对员工的知识支持是一个演进的过程：文件原料整理→按业务树分类→客户化语言转化→知识点关键字搜索→关联知识点链接→按应用场景分类→……→知识运营……

知识支持在不断进化，在这个发展的过程中我们已经明白，知识不是用来保存的，是用来消费的，要把知识转化为解决问题的办法。但问题是，员工并没有管理者希望的那样热爱学习，往往只有在特定场景需要的情况下才会去知识库找答案。所以，我们得清楚员工什么时候会需要用到知识，他们是如何利用知识的，在使用的过程中怎么才能更简化、顺畅。

知识转化成应用有两个关键环节，知识本身的体系化与员工个体的知识内化。

一、知识本身的体系化

我们都希望员工在与客户沟通的时候能找准重点、思路清晰、条理分明，而知识平台给到员工的支持就是“知道说什么，怎么说”。

从知识支持的演进过程可以看出，知识体系的首层逻辑很久以来都是从公司业务和产品的角度去归类梳理的。看似正确的结构在对员工实际应用支持上却遇到了逻辑表达的困难。每一场与客户的沟通都是在某一类场景下多个业务和产品问题的叠加，场景化的逻辑梳理才是以客户为中心，围绕重点话题的解决思路。

场景化梳理、平台支持的路径参考：

（一）分析对话录音、对话文本和工单内容，聚焦于高占比的场景和重要服务场景，归类这些应用场景。

（二）按场景分析出高频相近的询问，归类定位客户的需求，记录对话中高频相近的操作轨迹，提炼这些关键字，标注出优良对话作为测量合理交互时长的参考依据。

（三）分场景梳理对话交互的逻辑顺序和对应操作步骤。

（四）记录历史交互／制单轨迹，对大数据进行收集、分析、打标，梳理判断因子，根据因子组合给出预判结论，推送对应服务策略。

（五）在高频场景植入“step by step”逻辑问答，以及配套问答所需要的操作接口和知识链接。

（六）按不同场景配套设计对应的标准化权益提示、注意事项提醒、咨询内容概要等短信或链接。

二、员工个体的知识内化

（一）知识承接流程

知识承接流程的目标是：接应公司的业务更新，按知识重要等级，制定培训计划，将重要业务纳入阶段性强化落实，配合中心进行系统升级的业务测试及反馈工作，保障中心整体业务能力。

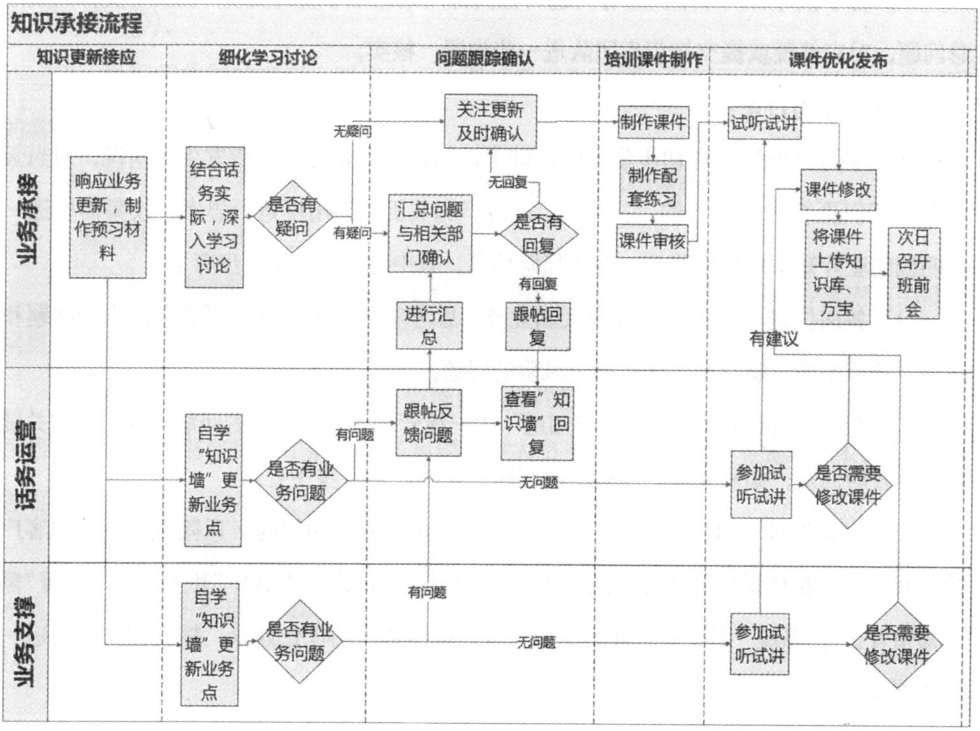

知识承接流程

(二) 分场景短板能力提升流程

分场景短板能力提升流程目标是为进一步完善员工短板能力提升效率效果，建立从全面收集问题、有效分析原因、到以不同场景适用的举措对短板能力进行针对性补缺并跟进检验、观测成效必要时再次纳入补短的体系性管控流程。

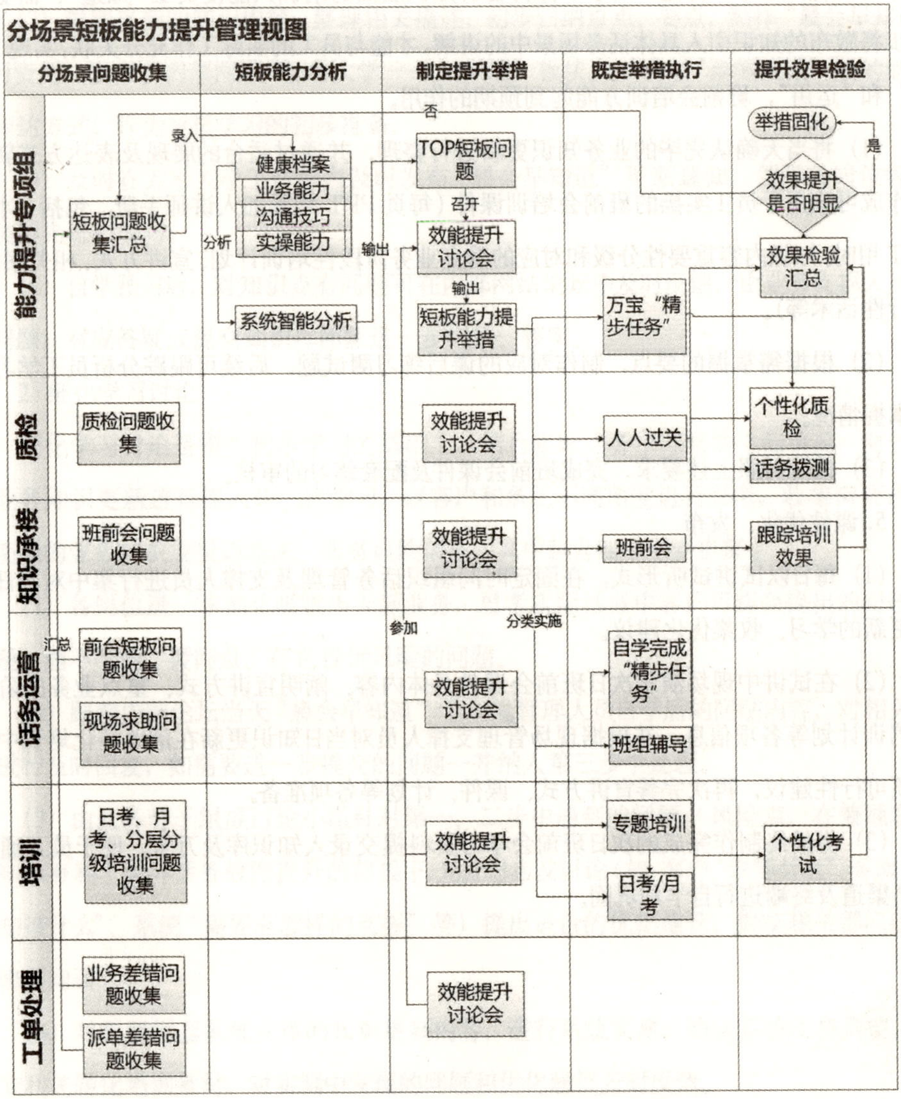

分场景短板能力提升管理视图

1. 分场景问题收集

话务运营、工单处理、质检、培训等各种不同的角色岗位，在日常工作中都能随时接触到不同的员工问题，各类问题不但涉及的业务点非常分散并且还有着不同的特性：现场求助和质检中更容易发现员工的学习、工作意愿问题；工单处理和培训中通常反映出学习能力和技巧问题。然而无论各个岗位发现的具体问题如何不同，都能够通过一种共同的方法来收集归类——分场景收集，即根据用户的需求来进行问题分类。对员工而言，根据用户需求的分类，才是最直观、最容易辨别的，从员工的视角切入的补短，才是“良好的开端”。如何进行分场景收集，主要包含四个关键步骤：

(1) 泛听话务，详细记录不同的用户需求；

(2) 提取不同需求中的共同关键词，区分场景大类；

(3) 以此类推在大类场景中区分出次级场景（场景小类）；

(4) 建立分级图，并对过于细分的场景进行归并。

有了分场景归类，各岗位收集到的不同问题，均可通过共同的分类录入系统。在万号大学，这个用于记录问题的系统我们称之为“员工业务健康档案”系统。

2. 短板能力分析

短板能力分析是将不同问题对应的产生原因进行分析，找出对应的能力短板。原因分析的过程需要从培训、系统支撑、绩效方案、管理办法等不同维度进行深入的流程穿越、现场调查来确认要因。将持续累积的结论经验（常见的能力短板包括业务能力、沟通技巧、实操能力上的短板）和数据统计方法制成分析模型植入系统后，系统便可根据进行高效地完成智能化分析，确定分场景的具体待提升短板能力，减轻人工数据分析压力。

3. 制定提升举措

根据分场景的短板能力分析的结果，各岗位需要联合讨论制定出针对性的提升举措。讨论的过程使各岗位都清晰即将要“做什么”“为什么要做”。至于“怎么做”“何时完成”则需要进一步明确具体做法和计划时间。通常，专题培训、针对性考试类的举措适用于解决业务能力类的短板提升问题；情景模拟训练更适用于沟通技巧类的短板能力提升；实操类的短板则需要反复案例练习来解决。至此，短板能力提升的对策表已形成。

4. 既定举措执行

对于大多数团队来说，根据既定举措妥善执行是一种常态，但如果遇到执行力不尽强迫选择等各种问卷形式。

☆ 测验法：用于测试某一个群体人员的知识、技能掌握程度。

☆ 报表分析法：根据组织报表、计划性材料等分析推导。

☆ 小组研讨：选择代表性人员加入主题小组，在工作角色分析、群体问题分析等方面探讨培训能力需求及相关课程规范。

☆ 个案研究法：针对绩效不善的部门或人员进行个案追踪，找出代表性的问题原因及绩效关键。

二、培训计划制定

培训计划的制定不仅要有效，还要有设计感。设计感是蕴含意义的实用性，所以设计应始终围绕不同群体的培训目的和意义。

（一）破茧计划的制定

“破茧”是面向万号大学新员工的培养计划，培养的目标是：让新员工在破茧期间，学到知识、融入团队、探索意义。

☆ 学到知识：公司业务内容按场景化分模块，根据开班对象、开班人数和中心运营需求三方面来决定模块课程的叠加，灵活定制培训周期。

☆ 融入团队：帮助新员工在培训期找到朋友有利于他们快速融入团队，扛过压力，渡过挑战。譬如：入营团建、满月活动、学长开讲了、毕业典礼、破茧礼等等。

☆ 探索意义：在工作中找到自己的位置有利于新员工理解团队文化、树立目标，提升能力。在破茧期设计有仪式感的里程碑，譬如：意愿树、左耳聆听小分享、瘦身大作战、绿色晋升通道等等。

（二）蜕变计划的制定

“蜕变”是面向万号大学成熟员工的培养计划，培养的目标是：使成熟员工愿意，并成为业绩好、修养好、身体好的三好员工。

☆ 绩效提升：围绕量、质平衡，分场景对员工个体的“准确把握需求”“准确把握业务”“准确推荐方案”段落短板，制定个性化提升方案，线上学习推送、配套测试，线下辅导、实景跟踪、分析成效。

☆ 职业化提升：围绕服务心态，设计主题课程和沙龙，强化职业素养和诚意训练。

（三）成龙计划的制定

"成龙"是面向万号大学骨干员工的培养计划，培养目标是：一支具备职业化、专业化、智慧化的后备骨干队伍。

☆ 技能进阶：全流程、全业务的延伸培训。

☆ 管理进阶：办公能力、培训能力的培训，通过小组项目成效评估晋级。

三、培训课程开发

培训课程开发包括了培训内容本身、培训方式、培训媒介、培训资源等一系列与培训有关的元素。课程的开发绝对不仅仅是培训师的事，万号大学成立虚拟"课案小组"，讨论培训计划中业务课程和能力课程的分配是不是合理，实操和情景模拟的安排是不是到位。校验培训课件是否符合：目标明确，有配套评估方案；对象明确，内容针对性强；课件内容层次分明，逻辑清晰。审核培训师对课件的理解程度和表达力。

☆ 从培训目标出发，运用"金字塔模型"罗列内容模块。

☆ 对内容模块予以逻辑顺序上的安排。

☆ 不同内容模块采用更适合的培训方法（问答、竞赛练习、音／视频播放、小组讨论、案例分析、情景模拟等）。

☆ 分段小结或回顾，巩固课程目标。

四、培训后的落地评估

培训评估分为两个阶段，一是课堂绩效评估，通过员工课堂反应、课后测验成绩来评估培训运作；二是应用绩效评估，通过员工行为改变、绩效提升来评估培训转化。

☆ 课堂绩效评估：关注学员，设计更多参与机会，引导学员表达理解和观点。

☆ 应用绩效评估：对比受训前后行为和数据，确认培训成效、优化培训课程。

□ 第四节：全方面的质量监督体系

在传统质检员的世界里，录音是客户中心发现员工不足的最直观途径。我们看一组数据，传统质检员每月对每个客服代表大约抽检 25 条录音，1000 个客服代表就是 25000 条质量信息，一年就是 30 万条。这么大量的评价数据用过一次就浪费了是很可惜的。只会发现问题，不能解决问题的质检对员工能力提升有帮助吗？视界决定世界，万号大学的质检要做掌握数据、运营数据的大质检。

一、让质检成为联机学习的路由器

质检员通常都擅长抽样打分、问题分析、质检对标、沟通辅导、处理申诉这些动作。但我们仔细想，这个回路的主体是质检员，而不是质检员们呕心沥血想要提高的对象——员工，这个回路的目标是规范，而不是组织想要的差错成本降低、满意度提升。因此，万号大学倡导质检员站高一步，跳出质检做质检，把目光聚集在如何赋能员工，如何有效创值。

（一）树立大质检意识

大质检包括三个方面的定位。首先是全流程，关键是全面，立足于系统性全流程问题的发现，定期输出运营健康指标的评估报告；其次是大数据，关键是高效，多维度收集数据、建立数据间的逻辑判断，找到现象背后的“真相”；第三是智能化，关键是精准，质检数据上平台，实现靶向分析、精确画像、针对性提升。

（二）建立联机学习模式

质检们应该认识到，串联一个个知识的是场景，应建立以问题场景为中心的联机学习模式：收集信息→整合思考→分类分享→在线学习→线下跟踪。

1. 收集信息：包括录音、对话、工单中关键字词的组合抓取，各类测试、模拟中的差错，也包括不同场景下的话务效能短板。

2. 整合思考：分场景对通话时长、一次性解决、满意程度进行组合定位，找到能力弱的群体、掌握差的场景。

3. 分类分享：调用和整合员工自己的答案，提炼逻辑、归类分享。

4. 在线学习：把分享包装成“任务”，分配给指定人员，线上自学问题场景，获得同事们分享的经验技巧，完成对应练习。

5. 线下跟踪：在实际场景中检验行为改变，根据学习成效判断是否纳入线下辅导。

二、让“精步体系”成为精准辅导的利器

“精步”寓意精进、进步，通过向导式提升策略，引导员工自学自测，快速帮扶提升。是针对话务质检盲慢，对策制定茫乱，反哺培训多散，跟踪管控累 的运营现象，在联机学习模式基础上建立的能力提升体系。

（一）自动录音画像

对交互处理中的操作轨迹、知识库查询关键字、派单分类等等海量信息进行梳理，构建不同服务、销售场景下的评价模型，对话务录音进行分类打标。

（二）健康档案诊断

在画像数据基础上，结合员工关键业绩指标和其他行为阀值，自动输出疑似问题录音供质检进一步诊断确认。将确认后的问题收录健康档案，通过健康档案智能分析模型与各场景下的能力短板做关联对接。实现快速、准确、全面地定位员工问题现象背后的能力短板。

（三）分类学习素材

制作分场景的学习素材库。根据不同场景和能力短板诊断结果，从基础素材中匹配组合出针对性提升策略包，给出个性化专属的自学辅导提升方案。策略包括同场景下的优秀样例录音、准确简练的改进办法和图文资料、配套的常见问题测试等等。

1. 个性进步辅导

分为“推送任务”和“自学任务”。推送任务是质检员根据健康档案诊断后推送给员工的针对性学习训练包。自学任务是员工根据自己需要，自主选择分场景的学习训练包。训练包涵盖同场景下的优秀录音、话务脉络逻辑的推荐点评、该场景下应用到的业务知识理解、该场景下的技能反映测试和业务知识测试。

2. 可视化闭环

全员手机端安装“精步一点点”APP，质检员实时掌控精步任务的执行进度，一方面提醒督促员工完成任务，另一方面对完成学习环节的员工做闭环复检，对精准辅导后同场景下的实际录音进行评估。

质量管理的模式和手段应随着运营的迭代不断更新，质检的工作不仅仅是评价，而且是赋能员工。依从的不仅仅是标准，而且是要看服务是否满足了客户的需要。

□ 第五节：智慧运营体系

随着信息技术的快速发展，及人工成本的不断增加，用更高的科技取代成本高昂效率低下的人工劳动是所有行业的一大趋势。企业如何平衡售后服务与发展利润，关键要利用互联网、大数据、智能化等技术手段，降低人工成本、提升人工服务效率。浙江10000号中心利用大数据分析、语音识别及文本识别等AI技术，内外兼修，率先设计并建立多媒体智慧客服体系，实现客户服务智慧化及客服运营智慧化。

一、客户服务智慧化

利用大数据智能服务引擎，以提升客户感知、一线效率和服务价值为切入点，为客户提供智慧化服务体验。

(一) 语音服务扁平化，提升客户自助服务体验

传统的客服语音自助服务因按键操作繁琐，需多次操作才能直达所需服务，或因不小心按错键导致反复操作，导致查询等待时间长、用户体验差等问题频繁出现，无法真正起到服务分流作用，影响企业发展速度。因此，浙江10000号中心围绕“走心服务”，通过对客户状态、实时行为、历史行动轨迹的组合分析，预知客户来电诉求，由系统智能化展现出客户所需的菜单或指向对应坐席，一键直达业务节点；为了提升客户体验，去除繁琐按键，实现导航菜单扁平化操作，大大缩短了客户等待时间。

1. 个性化需求匹配，实现服务诉求直达

语音自助服务系统基于大数据客户标签，对客户的关键服务信息、实时状态进行实时预判，提供针对性的快捷菜单，一方面引导客户使用自助服务，提升客户服务效率，另一方面针对不同的客户提供差异化接入策略，快速响应客户诉求，提升客户服务感知。如欠费客户呼入，直接播报客户欠费金额，提供查账 \ 复机等自助选择菜单，极大简化客户按键操作复杂性。

2. 差异化人工服务，实现专业化适配

原来客户通过语音导航操作进入人工服务时，系统根据当前客服代表坐席空闲情况随机指配对应坐席，无法根据客户服务紧急程度、服务要求等实现个性化技能匹配，且按键设置与客户实际需求匹配度较低。浙江10000号中心基于大数据服务标签，提前预设10类预判服务场景，针对自助环节无法满足服务诉求的客户，在10000−0转接人工服

务前即对客户进行精准预判分群。无需客户按键选择服务倾向，系统自动根据精准预判分群结果，自动精准接入4类专业坐席服务，实现精准坐席服务分配。

（二）人工服务智能化，实现人机智能服务协同

为帮助客服人员从复杂海量的繁杂作业中真正解放出来，转而将更多精力投入到为客户提供更个性化、人性化的高价值服务之中。利用人工智能技术，从服务流程、数据管理、工作模式等方面进行优化重组，提升客户服务效率。

1. 以客户驱动为理念，构建智能化服务流程

传统的客服门户系统，操作入口众多，客户关键信息以模块为维度展现，导致客服需要多页面查找和判断，客户通话等待时间长、体验感知差。智慧客服门户4.0系统以客户需求为导向，跨服务模块、系统页面、数据类别，重新整合客户关键服务信息，实现30%简单话务首页一键处理，60%典型话务场景专区一屏处理。

如客户来电咨询账户欠费，原来客服人员需要进入账单页面，先查询客户总体套餐详情，再判断账务异常月份，最后核实客户欠费的具体原因，操作步骤至少3次以上。现通过智慧客服门户的首页面，就能一屏快速查看客户套餐构成、余额及欠费明细等，帮助客服快速高效解答客户疑问，话务时长平均下降8秒。如客户来电咨询多国漫游业务，原来知识库纳入近250篇独立的国漫知识，客服需要多页面切换、查看不同国家的漫游信息，自行组合判断并答复客户，服务效率低。现创新“多国查询模式”，客服人员只要选择客户漫游国家，系统自动实现对应漫游资费、拨打方式、手机设置等信息的动态组合。以列表对比方式清晰展现多国国漫信息，嵌入一键受理功能，缩短服务链条，极大提升多国的国际／港澳台漫游话务效率。

漫游资费　拨打方式　漫游资费短信

国家/地区(新天翼国际卡)		日本	泰国	中国香港
通话	拨回中国大陆	2.99元/分钟	1.99元/分钟	0.79元/分钟
	**133*回拨	1.99元/分钟	1.99元/分钟	无服务元/分钟
	接听	1.99元/分钟	1.99元/分钟	0.3元/分钟
	拨打第三国和地区	3元/分钟	3元/分钟	1.99元/分钟
	拨打漫游地电话	1.99元/分钟	0.99元/分钟	0.3元/分钟
短信	发送至中国大陆	0.69元/条	0.69元/条	0.19元/条
	接收	免费	免费	免费
	发送至其他国和地区	1.59元/条	1.59元/条	0.89元/条
上网	手机上网	2元/MB	1元/MB	1元/MB
	当日封顶资费	55元	25元	25元
	流量包推荐			港澳台100M...

手机设置
出国后您的手机需进行设置，建议您登陆国际/港澳台漫游网查看具体操作方法。
国际/港澳台漫游网站引导

高额风险
请出国前不要设置激活呼叫转移，以免出国后产生高额风险。
呼叫转移设置短信

服务提醒
1）彩铃、虚拟网、一号双机功能出境后均无法使用；
2）境外建议客户拨打7*24小时客服热线：G网/C网：(+)/(国际接入码) 8618918910000
短信

功能开通与取消　渠道协同　派商机单
语音、短信
语音、短信、数据

国际及澳台漫游场景

2. 以数据驱动为核心，构建智能化数据管理体系

在企业全渠道服务过程中，积淀蕴藏了客户在资产、消费、服务、需求、投诉等维度海量的数据。如何从千万级数据中提炼出高价值的信息，使传统客户服务转型为新型以数据驱动的智能化服务，浙江 10000 号中心建立了数据动态更新管理体系，采用“信息汇集 —— 模型建立 —— 数据应用”的多层级客户视图，实现数据串联热点服务场景，让数据真正“活起来”。

原来客服代表仅凭个人接话经验，人为判断客户来电诉求，导致客户问题定位不准确，通话时长长，接话压力大。浙江 10000 号中心改变传统数据运营方式，结合业务专家对客户话务诉求的剖析与研究，对数据进行整理和优化，提炼客户热点服务问题，实现预警、故障、账务、流量、营销、工单六大类客户需求洞察预知，智动匹配服务策略，使业务受理更加准确快速。当客户呼入热线时，客服门户智能预判客户潜在诉求，需求定位由原来十几秒降低至 5 秒以内。

3. 以技术驱动为关键，构建智能化工作模式

原有的工作模式下，话务处理效率主要依赖于员工的能力和经验。在人工智能浪潮下，智能技术的不断成熟已具备部分代替人工来解决客户问题的能力。因此将业务专家的经验与智能化技术相结合，建立智能服务模型和辅助工具，实现服务资源在服务过程中随客户需求动态组合呈现，提升客服人员处理效率及解决率。

(1) 设计智能服务模型

原来客服人员处理客户账务、流量等疑义时，因处理能力各有不同，造成服务口径不一致，解决方法参差不齐。浙江 10000 号中心通过聚焦客户热点问题，将分散的数据信息及服务功能进行整合设计，融合话务脉络，打造“一个系统 + 一键诊断 + 一键解读 + 一键处理”一站式服务模型，辅助客服准确定位客户问题，有效提升在线服务效率，规范服务操作。

如客户反馈宽带故障，系统动态展示客户宽带基础信息，减少客服多页面切换查询；精细化配置系统逻辑，模块化智能检测，自动组合故障原因，动态生成诊断报告及处理方式，简化人工故障判断；快速一键处理，故障工单能自动定位工单流转部门，减负二级专席，减少差错工单。整个故障处理交互不超过 3 步，客服只需学习简单判障及话术，培训流程至少由一周缩短至 1 ~ 2 天。

宽带故障智能模型

（2）设计智能辅助工具

传统服务的营销推荐，很大程度是依赖于员工的销售意识和能力。浙江 10000 号中心通过创新“营销比价工具”，从产品、消费两个维度将客户现有套餐与推荐内容进行一一对比，使客服销售思路更清晰，话术更专业、更有说服力。结合客户画像特征，如对于资费敏感型客户，比价工具还能差异化地提醒客服代表凸显打包资费优惠，形成“一户一案”的个性化营销推荐。真正做到营销的个性化、智慧化，为客户推荐最优营销活动。

比价分析	客户业务		实际支付	推荐套餐
基本消费	/		【月】232.03元 【年】2784.36元	【月】159(169-10) 【年】1908元
(融)销售品名称	201407乐享4G_199元-主套餐（销售品）_ZJ			不限量169套餐
宽带	【账号】	17767107899	0元	0元
	【优惠】	201407天翼4G分享计划20M 更多		
	【速率】	100M		100M
天翼高清	数量	1部	0元	3部：0元
手机主卡	【业务号码】	17767107899		省内流量不限量+国内流量4GB 语音：300分钟
	【销售品】	201407乐享4G_199元-主套	199元	
	【优惠】	根据CRM列表返回进行显示		
	【免费资源】	国内流量1GB+国内通话500 分钟 订购：4条	【套外】33.03元	
	其他	增值优惠 套餐外资费		增值优惠 套餐外资费
手机副卡	数量	2张		2张：0元
	【流量】	套内：主副卡共享 订购：10条		套内：主副卡共享

营销比价工具

在受理话务中，新装电信资产所涉及的费用计算，一直是客服话务用时较长且容易产生差错的环节。智慧客服门户系统将开户费计算进行了模型固化，客服无需查询知识库，打开费用计算器工具，只需勾选新装套餐和新装资产两项，其他 18 项计算项将自动根据底层逻辑配置表进行数据调取和计算，免去人工查询、计算的过程，实现一键直达结果。仅费用计算环节就降低平均通话时长 10 秒，且费用计算器准确率 100%。

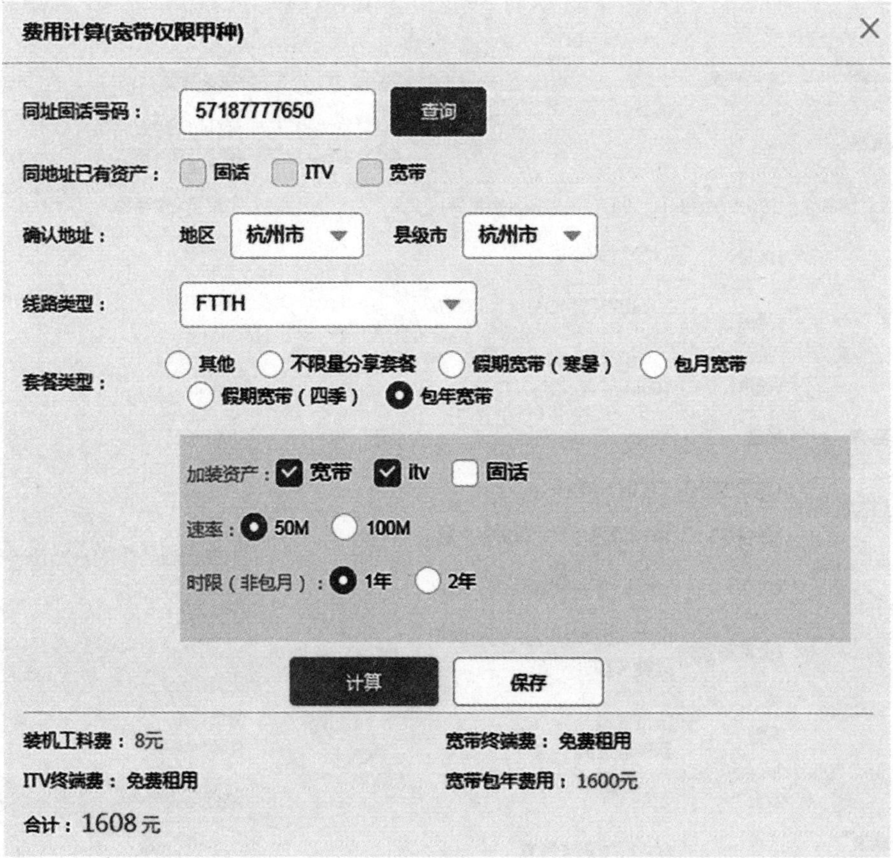

费用计算器

（三）渠道协同多样化，实现按客户偏好分群服务

随着移动互联网的高速发展，拥有智能终端的客户更偏好数字化的交互方式，客户需求在多渠道间穿梭。浙江 10000 号中心基于丰富的客户标签体系，对客户类型与渠道偏好进行分类打标，改变单一的渠道协同引导方式，让客户享受差异化服务体验。结合客户行为、使用偏好等数据标签，将客户细分为语音型、短信型、流量型 3 种类型，对不同类型的客户群体提供更加针对性的渠道推荐。

依据客户渠道偏好，按从渠道到服务的引导机制，建立精确引导短信模型，实现话后针对性自助渠道引导与协同、主动关怀。对流量型客户，细分微厅、欢 GO、QQ 等 6 种渠道偏好，如流量型客户偏好使用微信 APP，当客户呼入反映宽带故障时，系统能结合客户偏好，引导至微信渠道进行自助服务；对语音型客户主要通过 IVR 进行引导服务；对短信型客户重点通过短信客服进行针对性服务。

基于客服热线的服务场景，实现充值缴费、积分查询、账务余额、宽带故障等多渠道信息协同。如偏好微信渠道的客户呼入“10000 号”热线进行宽带报障时，系统自动触发工单进度提醒，直达客户微信 APP，实现服务一致性和延续性。当客户在营业厅咨询活动套餐时，系统平台将营销结果实时传送至“10000 号”热线，方便客服及时掌握客户潜在需求，实现线上线下处理流程一体化。

二、客服运营智慧化

利用智能语音识别及文本识别技术，以提升运营管理效率、一线感知为切入点，实现客服运营提供智慧化支撑手段。

（一）投诉管控智能化

为提升投诉服务管控，反哺服务价值，浙江 10000 号中心以文本分析技术为基础，搭建智能分词、智能预警、智能分析三大应用系统，串联起服务管控流中数据源、风险评估与防控与事前事后分析三大关键环节的智能化，替代原人工操作，在效率与服务能力上实现大跨越，推进运营智慧化的落地。

1. 分类智能化，提一线效能与源数据准确性

投诉工单原有分类方式为人工分类，由于电信产品种类多、管控渠道多，分类问题维度杂，每张工单需由人工从1218个中选出9个分类，每次用时需3～4分钟。人工分类不仅效率低，且易受到员工理解能力影响，造成分类原因偏差。针对这一痛点，浙江10000号中心利用文本识别技术，深度融合电信元素，搭建了投诉工单智能分类模型，用智能化工具取代人工投诉分类，压降人工分类时长，提升分类的准确性。

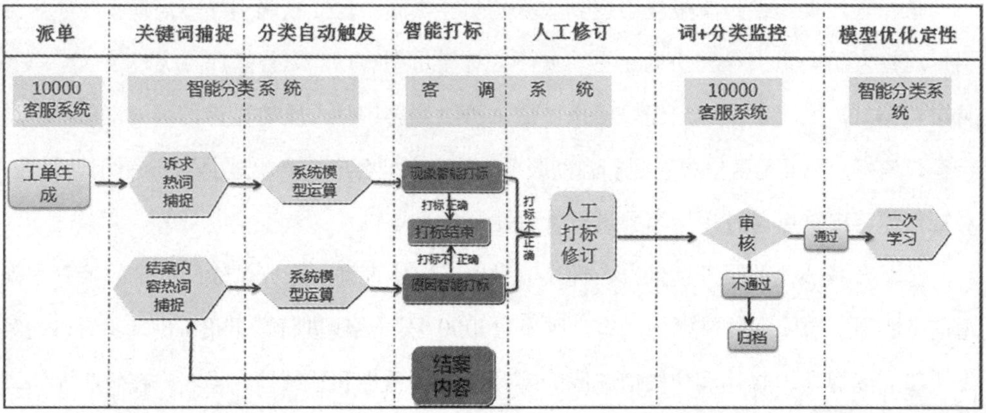

智能分类模型流程图

整个设计包含三个部分：一是搭建智能分类系统，提取人工操作规则，借助应用文本智能识别技术研发分类（含现象与原因）模型，让系统代替人工进行分类打标。二是前置现象自动分类的流程环，为系统发现“风险事件”提供前置条件。三是整个设计有词库运营、模型运营、系统流程架构三个关键点。

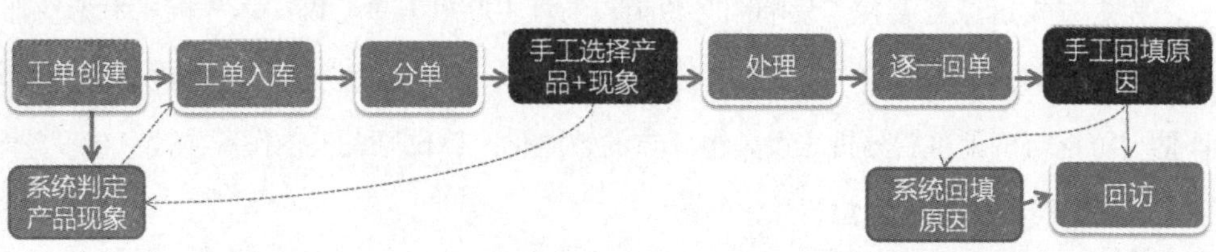

智能分类应用流程优化

2. 预警智慧化，控未知事件风险短平快支撑

投诉工单是企业在服务过程中群体性事件的汇聚之处，当群体性服务事件发生之时，信息却极度分散。原来投诉事件的分析依赖于事后报表统计，对群体性事件源头的定位、协同、预警、倒逼解决存在极大的滞后性。因此，浙江 10000 号运营中心重塑事中服务事件的服务流程，通过“工单热词监控 + 全电子全事件管理流程优化”手段相结合的方式，在服务群体性服务事件发展过程中及时识别事件，制定前台服务口径，启动后台预警机制，推动事件快速解决。

工单热词监控是以热词为基础，通过梳出可能的客户诉求场景，以异常事件捕捉模型为底层逻辑，前置风险事件的预警流程，实现扁平式风险事件管控流，化解人工监控风险事件的非实时、效率低、判断标准不一致问题。

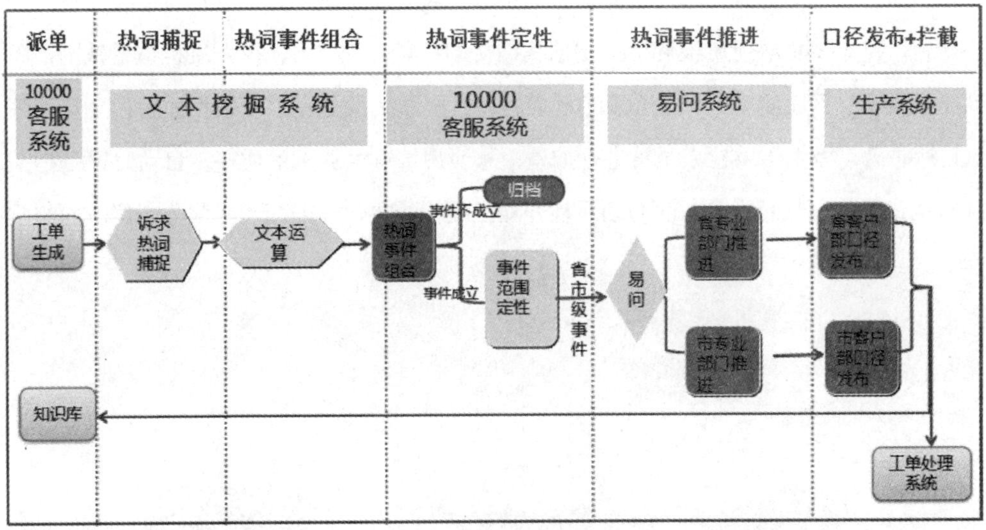

智慧预警全流程运作

3. 分析智能化，以定制幻发报表新活力

分析智能化是指以投诉工单近 4000+ 数据字段为数据基础，根据报表查阅人需要，定制输出字段 + 字段组合、字段 + 热词组合两种纬度 N 重条件叠加的数据分析体系，解决原传统报表字段固化，主题单一，深度不够的问题，向不同层级的用户提供私人定制式的数据分析服务，以推进企业内部在产品、服务及流程上的持续优化。定制式报表上线使用后，简化人工取数过程，分析效率提升 5 倍。

（二）质检管控智能化

传统的质检方式主要以人工抽查为主，质检人员通过对通话录音或聊天记录的抽样检查，并结合企业质量规范标准来进行合规性检测，以达到服务质量检查的目的。但是随着企业业务量的扩大，越来越多的问题也逐渐显现出来：一是质检覆盖率小，客户价值流失。传统质检采用抽检方式，这意味着可能存在隐藏的价值或者风险并没有被发掘出来；由于覆盖率较低，无法对所有数据进行聚合分析，无法准确把握客户需求抓住商机。二是质检工作效率低，成本高。服务质量检测是一项任务繁重，且重复性高的工作，质检效率低下。随着业务量的增加，在保证抽检比例的情况下，公司往往需要投入大量的人力物力来满足质检的需要。

浙江 10000 号中心在现有客服质检体系的基础上，利用智能语音识别技术，优化人工抽检服务质量的方式，通过智能语音识别系统与质检系统、人工抽检与系统质检的全面融合，建立一套常规质检和专项质检相结合的质量管控体系，扩大质检覆盖范围，提高质检效率。智能质检分预质检和自动质检，其中预质检是指系统根据质检模型自动筛选目标录音，提供给质检人员再进行抽检，一般用于重大业务的质检。自动质检是指系统对全量录音根据预设的模型自动质检并输出质检结果，一般用于对服务态度方面的质检。

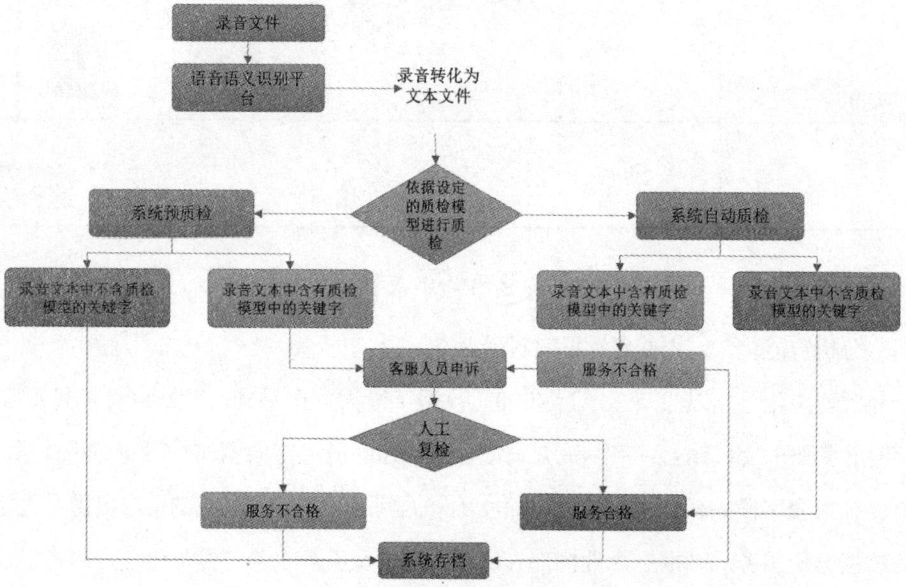

智能质检流程

智能质检实现的主要功能：

1. 角色分离：将通话录音中的对话进行角色分离，准确判断出用户语音和客服代表语音。

2. 智能规则：根据事先整理的关键词列表，系统在给定的录音中自动检测并标记出所有出现的关键词以及时间位置，如服务禁语、强调语等。增加静音检测、语音语速检测和上下文逻辑检测，甚至还能够实现情绪检测等更多智能检测。

3. 数据统计：支持从不同维度统计相关数据，提升质检效率。

（三）运营监控智能化

呼叫中心每天都会产生数以万计的数据，这些海量的数据是否可以集中展现，关联中心重点指标信息，并反哺到客户服务中去？数据的可视化和互联网化显得由为重要。浙江 10000 号中心在运营实践中，通过设计运营监控工，有效促进运营管理效率及效益的提升。

1. 运营健康档案

为进一步提升员工能力，以大数据分析助力运营管理，浙江 10000 号中心利用数据挖掘与建模，面向全中心、团队、个人三个维度，建立以人员管理、运营管理两个维度的全方位评价模型。以“档案”形式，在内部岗位竞聘、团队管理、能力提升、岗位认证、评优评选等方面广泛应用，为员工能力提升及管理效率提高提供重要的数据支撑。

“健康档案”首创通过各项表现因子组合成意愿模型，将原先的管理人员主观意识评价方式转换为系统科学智能分析的方式，客观的评价员工意愿情况。同时，收集员工的各项业务能力因子，组合分析员工的业务能力，发现员工短板，针对性提升。通过心态意愿评价＋业务能力评估后，综合性的智能分析员工，全面评估员工，让管理人员有标准化的评价和分析方便管控员工各项能力，有效提升管理效率。

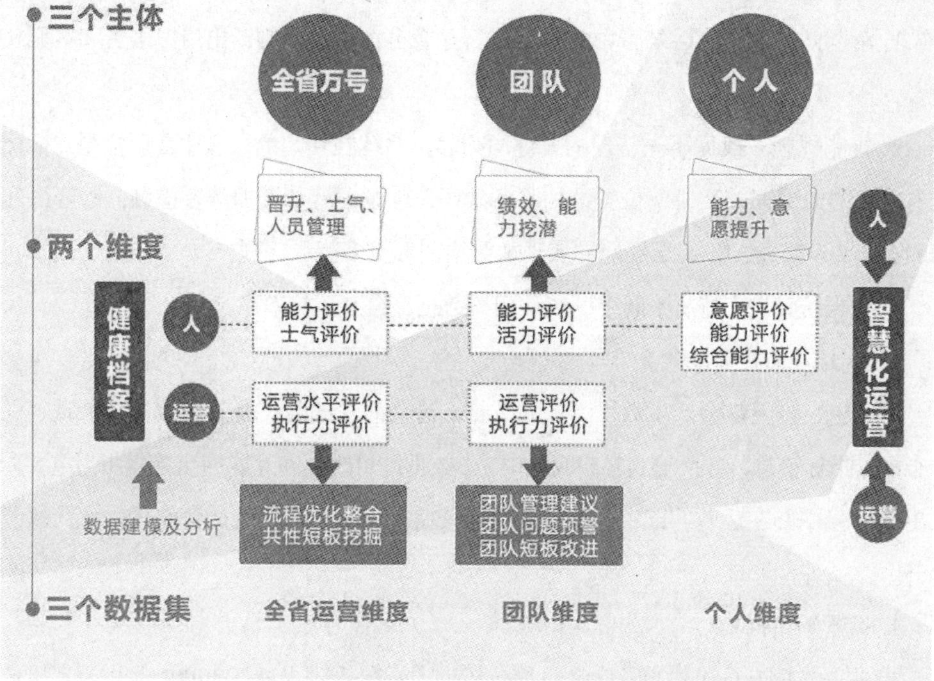

健康档案设计框架

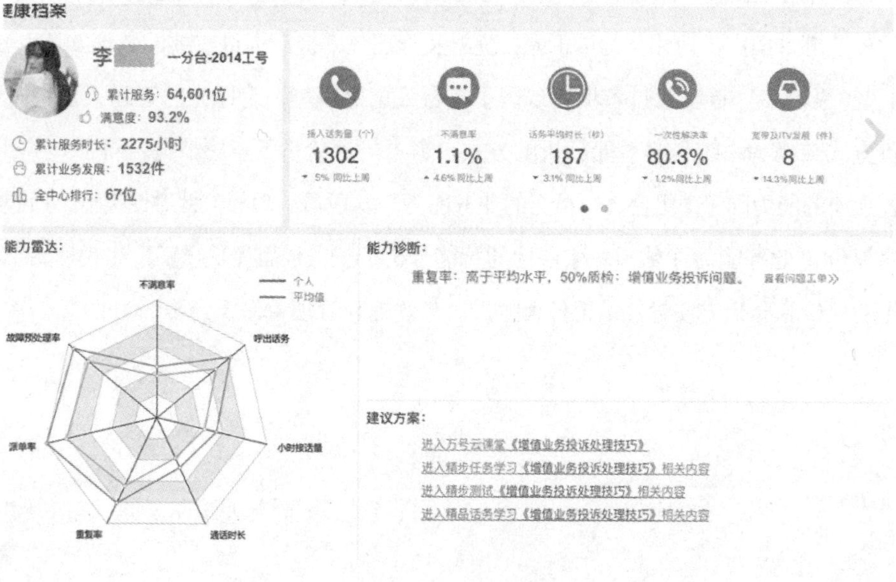

员工健康档案

2. 万宝平台

呼叫中心日常服务工作事务繁杂，内部运营管理面临员工队伍日益年轻化、业务知识日益复杂化、学习时间日益碎片化、管控要求日益精细化等挑战。因此，浙江 10000 号中心自主设计和开发，以倒三角支撑为出发点，打造互联网 +“10000 号”内部运营的平台载体。面向一线员工，提供万宝 APP，支撑员工能力提升、激励评价、分享学习等功能应用；面向管理支撑人员，提供掌上运营工具，提高整体支撑效率与能力。

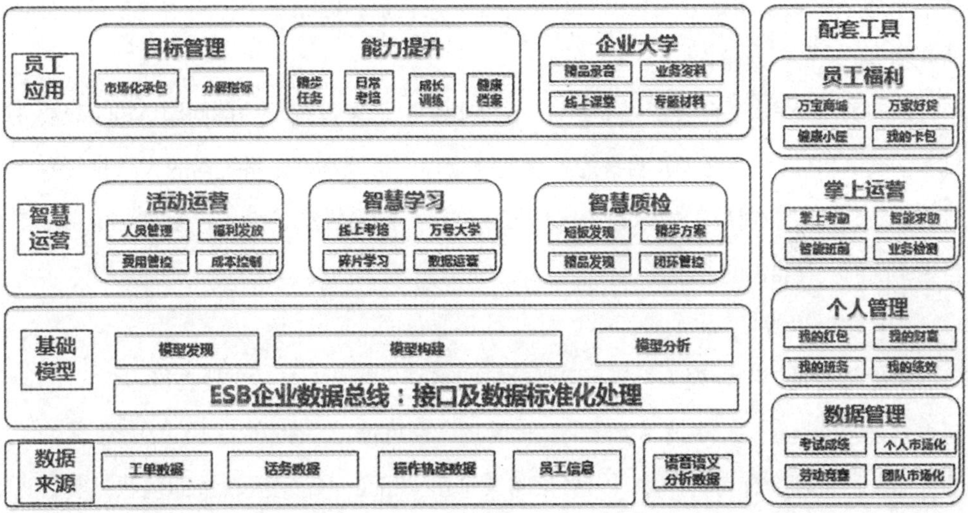

翼万宝整体架构

(1) 万宝 APP

万宝 APP 的定位是解决“目标管理”“能力提升”“配套支撑”三方面的问题。“目标管理”围绕“发现差距－定位问题－帮助解决”，按日对目标指标进行监控，准确定位员工的行为问题和知识短板，并启动能力提升配套模块，辅助员工学习提升。“能力提升”创新学习路径，以游戏化考培和健康档案为源头，针对性输出学习策略。“配套支撑”以员工使用感知核心，员工可以通过万宝 APP 查询个人学分、班务、收入；发起请假／调休／年休／换班；申请开设自己的好货店铺；在线预约健康服务；用学分兑换自己心仪的礼物等。

通过万宝 APP 平台实现线上到线下的支撑，打破了数据传输的问题，员工只要在手机上下载 APP 即可实时关注自身的各项关键指标，将原本基于系统内的大数据迁移至手机客户端，及时展现员工指标的健康程度以红绿灯的形式给予警示，使每一位员工都能自主、随时关注自己的各项指标。

(2) 掌上运营

掌上运营是辅助管理人员进行日常管控的智慧化运营工具，主要功能包含人员管理、绩效管理、费用管理、申请单管理、文档管理、会场管理、荣誉管理 7 项功能。

①人员管理：针对客户中心人员招聘渠道多、用工复杂、流动快的现状，实时直观展示人员结构、工龄分布、岗位分布、户籍占比及学历占比、离职率、签约率、留存率等等，便于管理者实时掌握人员相关数据，为招聘需求、合作预判提供准确依据。

②绩效管理：立足整体，对各部门、各班组、各岗位、各工龄等多种维度下的收入进行图形化对比对标，主要观察的是可比条件下的最高值、最低值、平均值，通过微调绩效考核指标，进行平衡调节各岗位各层级的绩效收入。

③费用管理：为了确保客户中心整体费用使用规范有序，掌上运营可直观察看管理外包费每月预算和实际使用偏离度；管理外包费收支明细和余额；管理运营费全年预算和实际使用偏离度；管理运营费分类使用情况。

④申请单管理：包括内部费用审批申请和请假审批。各类申请和审批在系统中留下痕迹，规范了流程、提高了效率，也便于管理问题的发现和改进。

⑤文档管理：掌上运营搭建了私有云存储，构建客户中心内部运营的文档目录，将客户中心各年各类各层级的文档进行汇总、共享，并记录上传、下载、覆盖的日志，可进

行全局文档搜索。

⑥会场管理：掌上运营配置了客户中心所有会议室、培训室的会场资源，进行电子预约，提倡大家有序使用。

⑦荣誉管理:线上记录客户中心各年个层级对外获奖情况,包括荣誉、奖牌、称号展示;

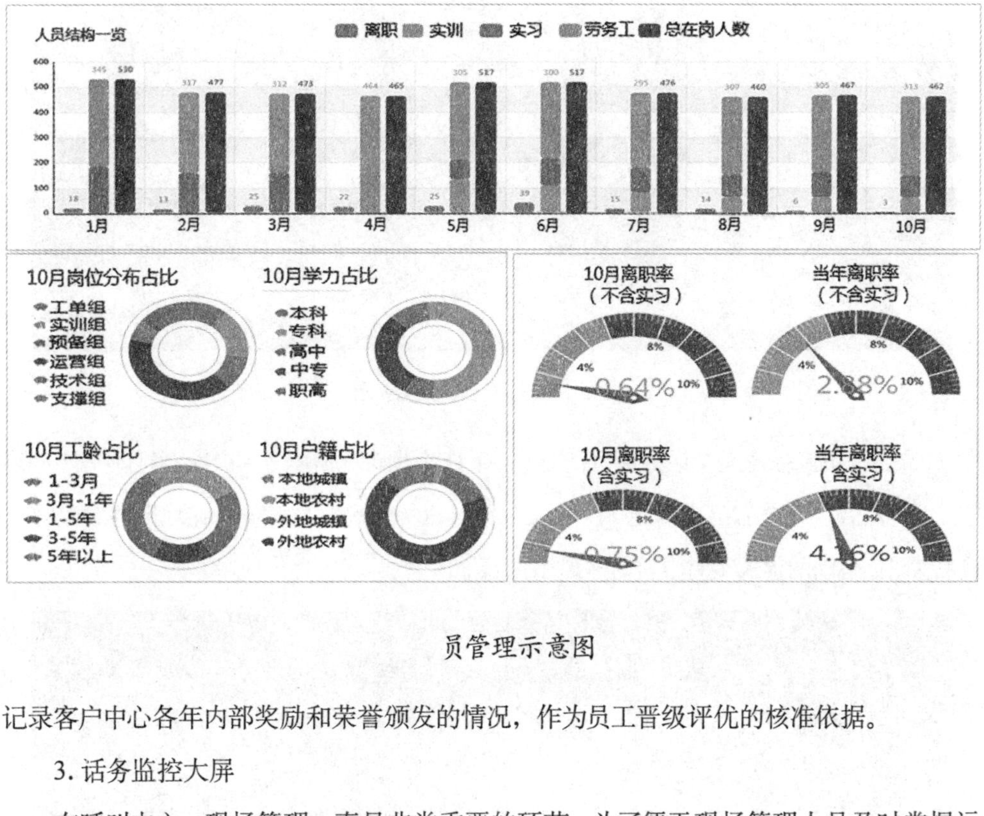

员管理示意图

记录客户中心各年内部奖励和荣誉颁发的情况，作为员工晋级评优的核准依据。

3. 话务监控大屏

在呼叫中心，现场管理一直是非常重要的环节。为了便于现场管理人员及时掌握运营情况，合理调配人力与资源，浙江 10000 号中心利用大数据，设计开发了可视化的话务监控大屏。通过大屏可查看当月整体和当日实时话务情况，对突发故障和接通率不达标实时预警，对重要指标设有达标线，直观展现前台服务运营情况。大屏监控主要分为三部分：

（1）三单流转情况：主要呈现呼叫中心故障单、投诉单、商机单三单的派发流转情况。

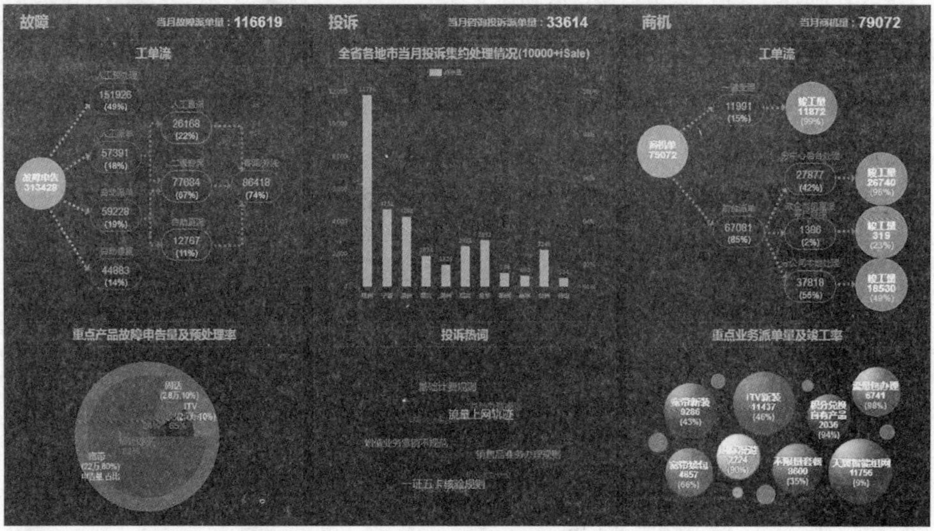

三单流转情况示意图

（2）各地市服务情况及话务预警：展现全省11个地市电信服务用户数、当月呼入“10000号”的用户数。如全省出现接通率、突发故障异常等情况时，大屏将在地图的对应的区域中以图标跳动的形式实时告警，并提示预警原因。

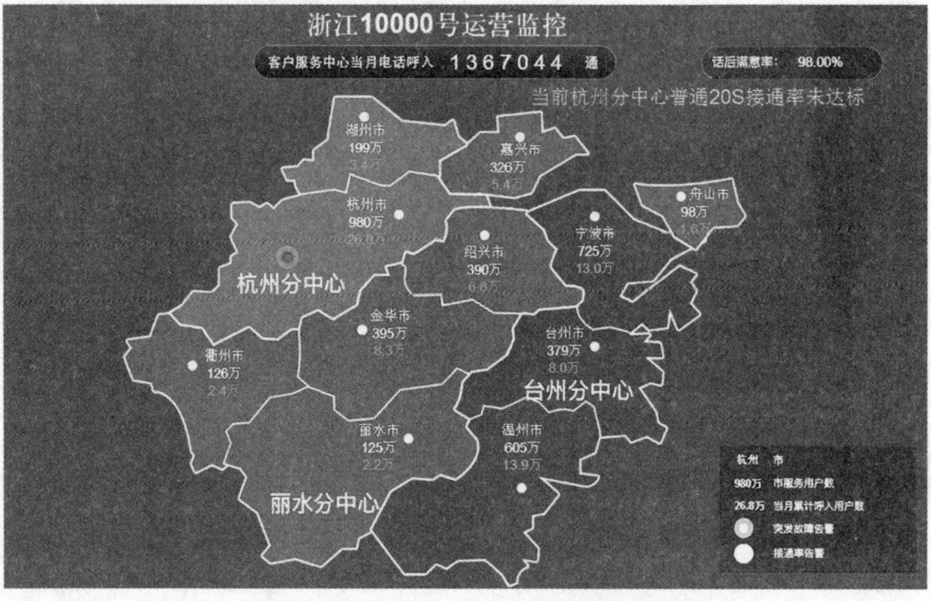

各地市服务情况及话务预警示意图

(3) 各渠道服务量：结合中心重点关注指标，设置“传统语音、新媒体客服、传统语音服务量与接通率、传统语音关键服务指标”四个子模块。一屏展现重点关注的服务运营指标，辅助现场管理人员，针对性调配服务资源。

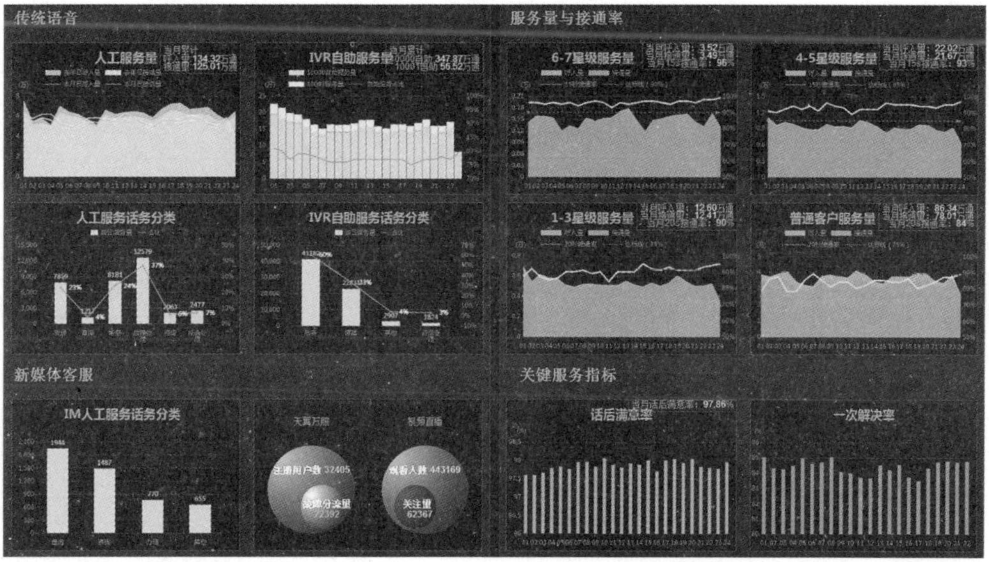

各渠道服务量示意图

□ 第六节：排班流程管理

排班管理对于客户中心来说，是客户直观感受一个客户中心服务水平的第一印象，是直接影响客服中心成本管控的关键要素，也是客户中心员工满意度的第一专注点，可见，排班是一个均衡博弈的过程。万号大学的排班管理流程从排班数据整体→排班模式确定→话务预测→人力安排→人员编排→现场管理→排班评估，共 7 个步骤。

一、排班数据整理

排班数据的整理包括话务数据、人力数据和指标数据，收集并明确各数据的定义、计算公式和取数渠道。

(一) 话务数据：呼入量、接通量、平均通话时长、平均话后处理时长、接通率／服务水平等

（二）人力数据：组织架构、团队构成、技能分类

（三）指标数据：各类人员效率指标、各类人性化指标等

数据类别	分类	数据名称	指标定义	计算工式
话务数据	呼叫量	呼入次数	在 IVR 中转入服务，占用队列的座席信道业务量，也即为打入客户中心后选择人工服务的呼入量	——
		通话次数	转入人工接听后被接起的数量	——
	平均通话时长	通话均长	客服代表与来电者在线交谈的平均时长	每通来话时长／来话次数
		话后均长	客服代表话后小结的平均时长	每通话后处理时长／来话次数
	接通指标	总接通率	所有呼入量电话与所有被接听电话的业务量百分比	（总呼入数／总接通数）*100
		服务水平	有 X% 的电话在 Y 秒内被接听	统计时限内 Y 秒内电话接听量／（统计时限内电话的接听总量＋统计时限内放弃的电话总数）×100%
人力数据	技能分类		座席人员的各类技能人员数量	——
	组织架构		话务台的团队数量与技能人员数量	——
	团队构成		各个团队中每种技能人数的数量	——
指标数据	效率指标	工时利用率	是客服代表能够达到的接话能力，平均不低于 80%	（在线时长－离席时长）/（排班时长＋补时）*100%
		话务利用率	客服代表与客户沟通的时间占总在线时长的比例，平均控制在 75% ～ 78%	通话累计时长／客服代表系统在线时长 *100%
		遵时度	客服代表实际遵照排定的班表的在线情况	Σ遵时工时／Σ排班时长 * 100%
		话务预测拟合度	某一时段内预测的话务量与实际的来话量的吻合程度	某一时段内预测的话务量／该时段的实际来话量
		排班拟合度	排班安排接近服务水平要求的情况	根据预测安排的坐席人员数／实际服务水平需要的坐席人员数
	人性化指标	公平系数	在一定的排班周期内，客服代表的班表平均工时差异及相关班次次数的差异情况	
		月总工时	月周期内客服代表班表中安排的工作时间，包括加班工时，培训工时	
		休息天数	排班周期内，每个客服代表安排为休息的自然天数	
		最短班次	班表中排班工时最短的一种班次	
		最长班次	班表中排班工时最长的一种班次	

排班数据定义参考

二、排班模式确定

（一）对工时进行规范

1. 工时：明确为付薪工时，等于排班工时（包括班前会）

2. 法定工时：标准排班工时为167小时/月，排班时超出部分应根据法定标准给予2倍或3倍工资补足

（二）对排班基础条件进行定义

1. 时间精度：设定0.5小时为话务预测的最小刻度

2. 资源精度：设定个人/班组为排班刻度，如以班组维度，那么同一个班组的班次为相同

3. 排班周期：设定周/月为排班周期，按周或按月为客服代表安排工作日程

4. 排班时段：根据客服中心服务时间设定，例7:00—22:00

（1）对排班周期中的班系进行明确

☆ 设计一系列班次，比如早班、中班、晚班等，在班次设计时要充分考虑到的人性化指数。

影响因素	建议
班次长度	6小时≤每天上班时间≤8小时
班段个数	1段≤每天班段个数≤2段
班段长度	2小时≤每个班段长度≤4.5小时
连续上班	连续上班天数≤5天
吃饭时间	11：30≤午餐≤14：00，17：00≤晚餐≤19：00
吃饭占用时间	0.5小时≤吃饭占用时间≤2小时
轮循方式	上3休1、上5休1、上3休2等
休息天数	大月休9，小月休8

人性化班次设计

☆ 将班次纳入班次库，字段包括班系、对应班次、班次对应时间、工时（分钟）

班系	班次名称	上班时间	工时（分钟）
早	早 001	8:00–11:30　12:30–16:30	450
	……		
中	中 001	9:00–12:30　14:00–17:30	420
	……		
小晚	小晚 001	12:00–16:00　17:00–20:30	450
	……		
大晚	大晚 001	16:00–19:30　20:30–23:00	420
	……		
通宵	通宵	22:00–1:30　3:00–7:00	450
跳班	培 001	8:30–12:00　16:00–19:30	420
	……		

班次库

三、话务预测及方法

（一）话务预测

1. 话务量预测：包括历史的总话务量、日话务量、时话务量、以及影响话务异常因素预测。

2. 平均处理时长测算：包括平均通话时长、平均事后处理时长。

3. 某半小时坐席数测算：（半小时预测话务量 × 平均处理时长预测值 × 管理者期望的服务水平）÷。（1800 秒 × 话务利用率 × 出勤率）

4. 人力预测：根据 3 测算得出每半小时人数和当天人力需求数

（二）话务预测的方法

1. 移动平均值法：用一组最近的话务数据值来预测未来一期或几期内中心未来一期或未来多期的一种常用方法。移动平均法适用于即期预测。

2. 指数平滑法：认为时间序列的态势具有稳定性或规则性，所以时间序列可被合理地顺势推延；认为最近的过去态势，在某种程度上会持续到最近的未来，所以将较大的权数放在最近的资料。

3. 多元向量：综合考虑各方面的因素，以及各因素的影响量或且是影响系数，从而产生下一阶段的业务量。

4. 趋势系数增长法：是指以最近若干时期的业务量为基础，根据其业务发展方面计算出他的业务增长系数，并以此系数来计算出下一阶段的业务量。

5. 上期值法（一次移动平均法）：以上一话务周期的话务量为标准，作为下时期话务量。

6. 加权移动平均值法：加权移动平均法就是根据同一个移动段内不同时间的数据对预测值的影响程度，分别给予不同的权数，然后再进行平均移动以预测未来值。

四、人力编排

人力编排是在工作效率和人性化舒适度之间找到相对平衡。排班师首先考虑的是工作效率，在合理工时之下，在不影响服务水平的情况下，尽量满足员工的班务舒适度。

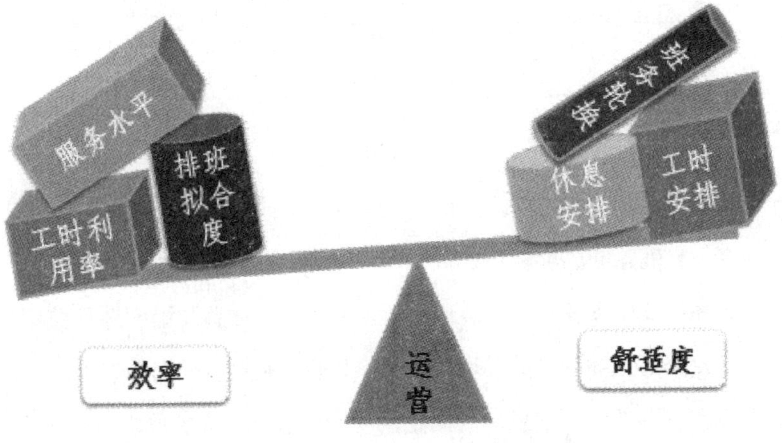

排班需兼顾效率与舒适度

（一）考虑到员工对班务的个性化需求，也可以设置一些个性化班次作为员工的激励：

1. 行政班：班务时段为 8：30-18：00，休息周末

2. 欢乐长假班：当月安排一次连休 3、4 天的班务

3. 勤奋班：全月多休一天，每天工时较其他类型多 0.5 小时

4. 规律班：上五休二的班

5. 黄金下单班：班务时段安排在销售高峰时段

6. 轻松班：当月不安排跳班

7. 亲情班：休息时间安排在周末，让员工有更多时间与家人恋人在一起

（二）要确定哪个班组在哪天上什么班次，细化到每个班组每天在什么坐席位置。在编排时需要考虑以下因素：

影响因素	建议
连续上班	连续上班天数≤ 5 天
连续休息天数	1 天≤连休天数≤ 2 天
工时平衡	员工不希望出现月工时不足
月休息天数	6 天≤月休息天数≤ 9 天
轮换规则	“中→早→晚→休→中”的轮换规则
月工时	167 小时
休息天数均衡	坐席代表每个月休息的天数保证公平
晚班均衡	坐席代表每个月上晚班的次数保证公平
班次均衡	坐席代表每个月上的各种班次的出现次数相对公平
员工工时均衡	坐席代表每个月上班的总时间相对均衡
节假日休息均衡	坐席代表在周末，黄金周等节假日能够排休的几率均衡

排班因素

1. 为具体班组安排未来日程，即每天上班的班次或者休息

（1）参考上月班务，安排第 1 天各班组所上的班次及坐席地理位置

（2）根据轮换规则安排第 2 天各班组所上的班次、休息及坐席地理位置

（3）统计每个班组被安排的各班次数量、休息天数以及工时总数

（4）根据步骤 3 的统计信息，依据轮换规则安排下一天各班组所的班次、休息及坐席地理位置，依次安排，公平轮换地安排班次，直至排班周期的最后一天。

2. 排班沟通与修正

（1）班表预发布：每个月 23 日之前预发布

（2）意见反馈：员工在收到预发布班表的 3 天内给出反馈意见

（3）意见处理：排班师在收到反馈后的 2 天内研究意见，并与反馈者联系

（4）结果修正：在落实沟通后的 1 天内完成修正

（5）班表发布：在每个月 29 日前正式发布

五、现场管理

现场管理主要是通过对排班遵时、应急调度、技能调整的管理来保障服务水平。

（一）忙时预警

1. 黄色警报：平均等待时长 >90 秒，某队列等待数达到队列客服代表总数的 25%，并持续至少 15 分钟；

2. 橙色警报：话务特忙，针对话务出现外等且外等用户数持续超过 30 ~ 50 人，且持续时间超过 30 分钟以上的情况；

3. 红色警报：话务超忙，针对话务出现外等且外等用户数持续超过 30 ~ 50 人，且持续时间超过 45 分钟以上的情况；

4. 应急调度：调配其他空闲队列支持；该时段下班人员延迟下班时间；启用应急人员加入接话；启用互联网服务渠道互联。

（二）闲时预警

1. 空闲人数>座席数 *20%，持续至少 10 分钟以上

2. 启用分层辅导、小结会等方式

六、排班效果评估

排班效果评估一般需从指标的完成情况，员工的接受度，人力的安排是否与全年计划相匹配等来考虑。一般建议考虑以下几个方面：

（一）主观评估：是否所有时段的人力资源安排均能够保障期望的服务水平；是否存在较多的随机变动因素，是否考虑周全。

（二）客服评价：员工对工时、班次长度、轮换频次等的接受程度；预发布的反馈情况。

（三）指标评价：接通率 / 服务水平、话务利用率、话务排班拟合度、运营成本等。

□ 第七节：人财物的管理管控

一、新员工招聘

客服中心的新员工招聘是一个体系化的工作，首先需要对人员需求进行周期性预测，其次去匹配合适的招聘渠道，第三要组建一支相对固定的招聘面试官队伍，第四要建立规范化的招聘面试流程，第五要对各渠道的通知、面试、培训、录用情况进行跟踪记录，作为合作渠道的评估选择依据。

（一）招聘需求预测：招聘需求预测的核心是确定招聘岗位的人员数量和素质要求。

1. 根据需求岗位的工作量、缺编现状和历史流失来预测人数。

2. 根据员工的培训成长周期来预测人数。

3. 根据岗位目前的男女比例、育龄结构情况提出招聘要求。

（二）招聘渠道选择：大型招聘会、网络媒体、校园招聘会、人才市场、短信群发、外包公司、内部员工推荐、校企合作。

1. 分析现有人员的招聘渠道占比，避免某个渠道占比过大。

2. 分析各渠道从电话通知、参加面试、参加体检、参加培训、培训合格签约的损耗和占比、以及年度留存率，优先选择损耗最小的渠道。

3. 大力拓展内荐渠道，给内荐留存的员工给予物质激励。

（三）组建面试官队伍：兼职的面试官队伍应相对固定，以尽量统一面试标准。

1. 客服中心各个岗位都应该有人加入到兼职面试官的队伍中来，以确保面试官熟悉不同岗位要求。

2. 面试官队伍要定期进行标准培训、任期评估。

3. 面试官培训内容应包括面试提问的分工和顺序，面试提问技巧，面试评分办法。

（四）招聘面试流程：组建招聘团队→明确测评标准→初步筛选→基础知识测试→面试组织实施→分析测评结果→录用→办理入职手续

1. 组建招聘团队：从兼职面试官队伍中选出岗位熟悉度最高的面试官

2. 明确测评标准：招聘需求方和面试官共同确定本次招聘面试的标准，包括性别、年龄、能力要求、测评方法和评价标准。示例如下：

✓基础知识 10%，包括文化知识、专业认知

✓心理测试 5%，包括自我意识、性格特点

✓汉字输入测试 15%，包括计算机操作水平、打字速度

✓录音分析测试 25%，包括分析思考能力、总结提炼能力

✓现场面试评估 45%，包括普通话水平、工作认知、合作意识、理解能力、表达能力等

3. 初步筛选：信息登记、简历筛选、听试筛选、通知复试

4. 基础测试准备：包括《行业基础认知题库》《新员工心理测试评估试卷》《汉字输入测试文档》《各场景录音库》《新员工结构化面试框架》等

5. 面试组织实施：

✓初试程序：心理测评→打字测速→确定是否进入复试→通知候选人。

✓复试程序：话务旁听（候选人跟听 15 ~ 20 分钟，实地了解岗位工作内容性质，考虑自身与该岗位的匹配度）→面试（主要了解求职动机、家庭背景、学历背景、工作经历等基本信息，考察沟通力、理解力等。部分专业性较强的岗位还需考核其专业知识、专业能力、必备技能等，以审查是否能够胜任职位要求）→笔试（录音分析为主，候选人在听录音同时完成相应笔试题目，通过笔试简单了解候选人概括表述能力、理解力、判断需求能力）→评定是否录用。

面试提纲参考：
一、开场语
您好，很高兴您参加今天的面试
请简单作下自我介绍
二、面试提问
※ 工作动机与个人意愿
1. 你在以前实习／工作的公司从事什么样的工作？
2. 你为何要跳槽？
3. 你为何选择应聘我们公司？
※ 个人兴趣、优缺点
1. 你认为自己最大的缺点／优点是什么？
2. 你有哪些兴趣爱好？
※ 工作经验与态度
1. 你大学刚毕业，工作经验较为欠缺你怎么看？
2. 学校学的课程对所应聘的工作有些什么帮助？
3. 在以前的就业经验中，你感觉收获最大或最失落的一件事是什么？
4. 你为什么这么长时间没有工作？
5. 你对自己未来（三年或五年）的规划是怎么样的？
6. 你喜欢什么样的上司和同事？
7. 你的专业好象不适合到我们公司工作？
※ 工作岗位介绍
1. 培训期、签约、试用期、转正薪资结构
2. 培训期间工作时间
3. 试用期、转正后工作时间
4. 宿舍、补贴等介绍
三、结束语
请问你还有问题要问吗？
面试到此结束，感谢您能参加面试，再见

面试提纲

分析结果测评：根据测评成绩评定等级分为 ABCD 四级：

指标等级	指标等级定义	等级分数
D 级	不熟悉计算机操作，打字速度慢，分析思考能力和目标意识较弱，自制能力差，缺乏团队合作意识。	64 分以下
C 级	计算机操作掌握一般，打字速度一般；分析思考和目标意识尚可,分析思考能力和目标意识有待加强,有一定的团队合作意识。	65 ~ 74 分
B 级	熟悉计算机操作系统，打字速度较快；分析思考能力和目标意识较好；具有良好的个人品质，为人坦诚，较为进取，有一定的变通能力和团队合作意识。	75 ~ 84 分
A 级	计算机操作水平熟练，打字速度快；有很强的分析思考能力和目标意识；具有良好的个人品质，为人坦诚，积极进取，沉着冷静，能有效控制自我；善于自我总结和反省，有很强的团队合作意识。	85 ~ 95 分

成绩评定等级

☆ 通知录用:对于意向录用人选,以电话的形式发出通知(复试结束 1 ~ 2 个工作日)，并在培训前一周左右组织参加指定医院、指定项目的入职体检。

☆ 办理入职：包括发放员工攻略、员工日常生活五件套；要求员工填报员工资料信息，提供个人照片身份证、学历证书、户籍 / 户口本原件进行扫描入库，并要求原曾有工作经历人员提供原单位离职证明；签订培训协议；办理饭卡、临时出入证、安排住宿。

二、骨干员工选拔

骨干选拔是客户中心阶梯式人才培养的必要动作。首先要明确适合客户中心运营实际的人才标准，其次是要有规范的选拔流程，第三是对选中的人员纳入体系化的成龙计划培训。

（一）客服中心后备人才标准

包括了对后备人才的知识、经验、能力、价值观、文化等方面的要求。知识和经验属于硬技能，可以通过考试等方式衡量；能力、价值观等属于软技能，需要一些特殊的流程来进行甄选。万号大学在选拔后备时会关注管理自我、管理任务和管理人际及团队三个方面。

评价内容	定义描述
管理自我	
积极主动	为达成目标及时采取行动；采取行动超越所需的要求；工作态度积极，不依赖指示才行动。
管理任务	
计划组织	为自己和他人制定行动方案，能协调各部室关系、调动他人积极性，并及时处理和解决目标实现过程中各种问题的能力，确保工作有效完成。
问题分析	在确定问题、寻求相应数据、识别重要信息和确定问题的可能原因等方面的有效性。
应用所学	积极寻求学习机会，增长知识、提高技能，能及时吸收并应用与工作相关的新知识。
管理人际及团队	
合作精神	愿意与他人分享知识、信息、资源、责任以及成就，能通过各种方法与别人建立相互信任的合作关系。
赢得认同	运用适当的人际交往方式及技巧使他人接受计划；根据任务、情景及参与者特点调整个人行为。
改进型辅导	提供及时时指引和反馈，帮助他人强化特定的知识／技巧，以完成工作或解决问题。
建立成功团队	使用适当的方法和灵活的人际互动，在团队中形成良好氛围，促进班组目标的达成。

选拔评价指标示例

（二）规范的选拔流程

1. 自荐：考察候选人的意愿

2. 他荐：考察候选人的口碑

3. 书面测试：考察候选人的专业知识、文化认同、管理知识、综合分析能力和文字表达逻辑等素质

4. 结构化面试：面对面交谈观察测评其价值观、理解能力、认知能力（解决难题、如何学习、应用能力）

（三）规范的培养流程

1. 参与公共课堂培训

	培训目的	培训内容
公共课堂	理解指标以及指标背后的行为，学会剖析指标	呼叫中心数字化管理
	报表应用	报表使用
	培养辅导能力	员工辅导能力认证
	熟练使用办公软件	办公软件
	办公写作／宣传写作	写作培训
	学会从目的出发，掌握解决问题的思路和办法	QC 闭环管理
	掌握管人管事的管理办法	团队管理
	培养执行力、抗压能力	自我管理
	学会表达与传授	TTT 培训

公共课堂培训安排

2. 参与实践课堂

实践课堂	考察目的	考察方式
角色扮演	考察在特定角色中处理问题的有效性（协同力、排难力）	布置给候选人不同的工作情境
无领导小组讨论	捕捉责任意识、思维能力、沟通协调、团队领导力	安排候选人参与某个问题的小组讨论

实践课堂安排

3. 纳入观察期：在公众服务场景，观察候选人的组织公民行为；在团队活动场景，观察候选人的组织与协作性；在竞争场景，观察候选人的独立意见和顾全大局意识。

沟通机制	分批次月度沟通	了解培训进程是否顺利，观察培养对象意愿
反馈机制	按月反馈	将学员课堂表现及各类报告成果的评价及时反馈给本人及直线主管
考核机制	阶段性考核	优秀者给予表扬激励，表现一般者给予要求和压力

观察期考核项

4. 培养期基础考核

工作业绩	KPI 或划小承包完成情况	50%
学习态度	参加培养计划的积极性（如参课率、提交报告的及时性、实践岗位评价等）	30%
学习能力	培养期内提交报告的质量（如提交报告次数、报告质量、转培次数、转培质量）	20%

养期考核项

5. 培养期能力评价

（1）观察思维能力：习惯于关注各种可能性，有意愿吸收并分析各类信息，创新意识突出，擅长帮助团队拓展新的思路。

（2）观察执行能力：知道如何制造结果，如果需要找人实施解决方案，乐于参与、付诸实践。

（3）观察交往能力：是大团队内不可缺少的凝结剂，组织公民意识强，愿意额外付出时间和精力换取一个好的口碑。

（4）观察影响能力：擅长营造感动，对团队的荣誉看得比个人荣誉更重，团队宣讲意识很强，在员工中有感染力。

三、人员流失预警

客服中心的人员流动率是这个行业从业结构决定的特殊结果，一个客服中心月均流失率如果控制在 3% 左右，即年流失率在 30% ~ 36% 都算是一个不错的结果。所以，流失对客服中心来说并不可怕，可怕的是不可预测的流失。人员流失分为企业主动淘汰和员工自愿离职两种。这里我们主要讨论员工自愿离职的情况。

（一）定期／不定期的流失预警

定期预警是指每季度一次的人员摸底排查，信息来源包括员工主动提及、员工之间相互交流透露、各级沟通时掌握、绩效趋势等。根据摸底情况安排班长沟通了解情况、确认原因、进行挽留、登记备案。每年春节后到 5 月之间是流失高发期，其间需要多次反复地沟通挽留，才能尽量准确地确定流失人数。

不定期预警是指根据合同到期时间和到期人数，提前 1 个月进行沟通摸底。

（二）历史流失的分析参考

分析内容包括历年的男女比例占比、籍贯占比、学历占比、工龄占比、月度流失人数／趋势、团队内流失人数、离职原因、离职去向、离职成本测算。

1. 男女比例和籍贯的分析可以成为我们下阶段招聘的参考依据。

2. 学历和工龄的分析可以回头审视我们为员工提供的晋升是否合理、畅通。

3. 月度流失趋势分析可以产出几个思考：一是春节后人员缺口是否可以通过分批回乡、分期发放春节红利进行调控缓解；二是各月合同到期人数是否相对均匀；三是留意某些校招实习生的批量转岗意向。

4. 团队内流失人数可以评估团队长在管理上是否需要优化支持。

5. 离职原因和离职去向是流失挽留沟通的主要依据。

（三）规范化的离职挽留程序

分为信息来源阶段、挽留阶段、跟踪阶段和确认阶段，具体如下图所示：

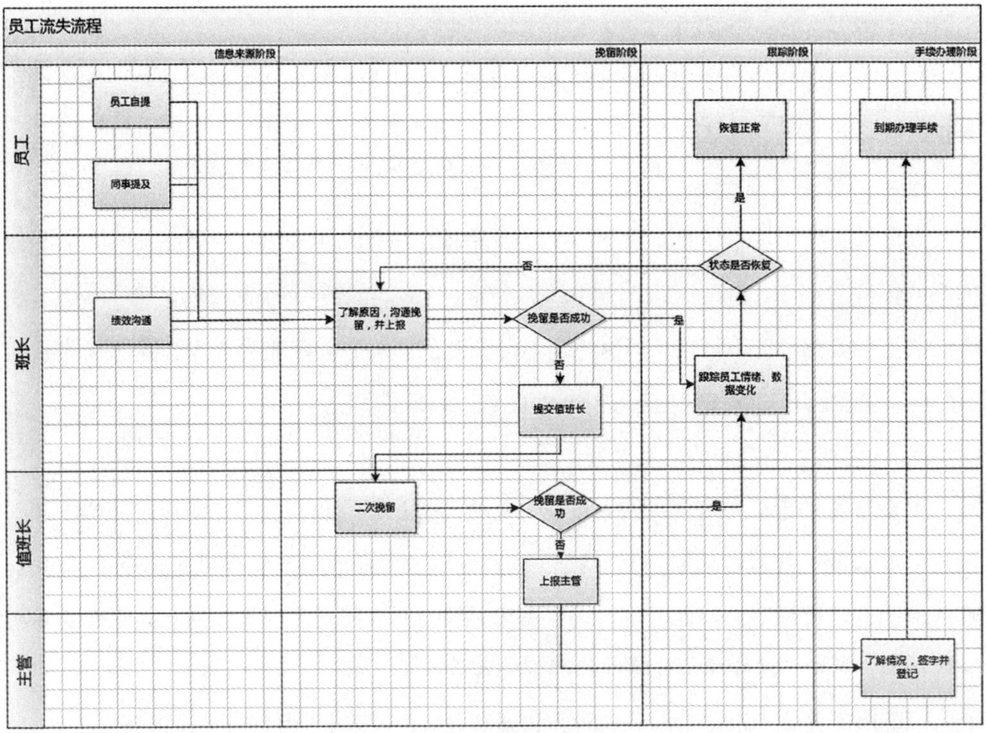

工流失流程

（四）明确的离职手续办理规范

1. 申请审批流程

（1）员工应提前 30 日提出离职申请，向直接上级递交《离职申请表》。

（2）直接上级与员工进行离职面谈，了解员工离职原因，必要时对员工进行挽留。进行书面的离职面谈记录（存档）。

（3）各相关主管分别在《离职申请表》上加具意见并转交至客户中心经理审批签字。

（4）综合支撑向员工发出《员工离职申请及手续办理通知书》。

（5）员工按要求在规定期限内办理各项离职手续。

2. 离职善后工作

（1）通知部门相关岗位停止工资的发放和社保、公积金。

（2）将员工离职材料收录人事档案后，转移至离职员工人事档案库并更新该员工的 HR 系统信息，确保系统信息的一致性。

（3）根据离职手续表，及时删除门户工号、系统账号，做好信息安全。

（五）持续完善流失管控的可优化环节

1. 招聘环节

在 3 个月内流失的员工主要是因为心里预期与实际感受的差异比较大。因此在招聘时增加“体验环节”就很有必要，体验客户中心文化的同时，也体验工作岗位的胜任力。

员工的第一学历和专业也是导致员工短期内流失的主要原因。因此在招聘面试时应综合考虑岗位要求的匹配度，挑选合适的人员，而非是最优秀的人员。

2. 晋升通道

“90 后”希望在 1 ~ 2 年内就看到自己未来的发展，但企业希望他们能更成熟更专业。因此我们可以通过有序的成龙计划把有意愿的员工纳入后备人才库，在短期内给员工一个学习提升的机会，通过训练让骨干能力得到成长，更好地为企业所用。

不定期的轮岗机会，对员工全方位能力培养和换位思考的协同能力是很好的训练，同时也缓解了员工的岗位倦息。

3. 沟通机制

增加一些小范围的沟通会，让一线员工与客服中心经理一起下午茶，了解一些员工层面真实的想法和建议，及时给出反馈、做出改进。

每年进行一次员工满意度调查，关注员工满意和不满意点的转移，召开员工代表大会对调查结果进行反馈和公示。

制造各种节日来拉近与员工的距离，譬如客服中心周年庆、感恩节老员工座谈、教师节专兼职培训师欢乐趴、员工生日会、万号故事会、我的大学我的团风采展示等等。

□ 第八节：团队文化怎么做

文化的形成是一个渐进的过程，是从被员工认可、接受到真心实意自觉实行，是从实践到理论、再从理论到实践的认知深化过程。

文化看似无形，却渗透在每个岗位每个细节。譬如班前会上培训师引领大家对当天生日的员工热情祝贺；员工在教师节写卡片感谢曾经的导师；运动会结束大家自动留下来清理场地。

文化不是管理方法，却是形成管理方法的理念。譬如客服中心各层级管理举措都贯穿着 PDCA，这就是一种责任文化、目标文化。

文化不是行为活动，却是产生行为活动的原因。譬如员工会不会在洗手间吸烟，会不会随手捡起地上的纸屑，会不会自动自发把台席卫生搞干净。

文化不是人际关系，却是人际关系反映的团队融洽程度。譬如组织活动的参与程度，在楼道走廊里遇见相互招呼都能看到文化的渗透力。

文化不是工作状态，却是这种状态所展现出来的工作责任。譬如员工为解决客户问题的多方协调，班长对疑难客户的主动承担，团队为确保服务水平加班加点，这些行为都来自于对组织文化的认同。

文化不是服务态度，却是服务态度中体现的职业素养。员工们在合适的场景以合适的分寸给出合适的解决方案也是公司的文化。

可见，文化是需要诠释的。让每个员工记住公司倡导什么，反对什么，就有必要让我们的文化显性化、简单化。

一、定义专属的团队文化

万号大学提倡员工遵循“热爱”“专业”“协同”“高效”“创新”的团队精神。

(一)“热爱”是鼓励员工喜欢上所从事的工作，为自己在工作中的小成功感到欣喜，成为自燃型的人。

（二）“专注”是鼓励员工紧盯目标，认真思考、积极践行，将努力凝聚成持续的力量。

（三）“协同”是鼓励员工无缝协作，工作归根结底是一项团队活动，不是依靠一己之力，而是依靠群策群力，才有机会将不可能变为可能。

（四）“高效”是提倡员工具有市场意识，从速度响应、责任结果上规划提升自己的能力。

（五）“创新”是鼓励员工参与到渐进式改良的队伍中来，把创新作为一种心态融入日常思维，乐观构想、乐观实验。

要打造专属的团队精神，不妨想一想，曾经或者现在仍然让我们愿意在这个岗位上为之付出的非物质满足的事情是什么——组织的吸引力、找到了要好的朋友、工作给你的成就感、领导的认同、同事的敬重和信任、收获很多荣誉、很多学习机会、可以获得成长……相信每个人内心都有一些故事，有时候需要去回味，去感悟。我们曾经在意的就是你的员工现在在意的，所以我们需要时常换一个位置换一个角度去思考，才能建立一个被小伙伴们接受的文化环境。一个组织的高效发展，需要聚集每个人的内在动机。文化就是帮助组织营造一种积极的氛围，把员工的内在动力呼唤出来。

二、围绕文化精神打造承接载体

文化不仅仅是口号和目标，而应该是组织运营的推动器，因此决定了文化载体必须紧紧围绕文化的目标和导向。

（一）思想引力：团队应重视对员工价值观的引领。万号大学通过一季度一公益的主题品牌活动来培养员工的社会责任感，把价值认知转化为员工生动活泼、特色鲜明、富有成效的道德实践。譬如一季度“衣旧换心”、二季度“向日葵结对”、三季度“义务献血”、四季度“冬日暖阳义卖”。

（二）服务能力：团队应倡导“久久为功、持之以恒”的支撑服务理念。万号大学通过四大计划（快乐计划、暖心计划、健康计划、减压计划）系列活动的策划来传递组织对员工的关爱。

（三）创新动力：降低创新定义的门槛是员工敢于参与创新的关键因素，团队应认同员工的渐进式改进。万号大学开设“创意园”“最强大脑”“我的大学我的团”等各类平台载体，鼓励员工立足岗位创新，收获成就感。

（四）快乐活力：社团活动的开展是万号大学自发组织的最小活动单元。社团通过员工选票达成，社团长由员工自荐，社团成员由社团长负责策划招募。社团长负责发布当月活动计划、活动组织和宣传报道，每年由员工投票选出年度最佳社团。这种小投入，大出彩的社团活动，可以挖掘员工非工作场合的兴趣、技能，让员工通过社团交到朋友，提升他们的业余生活品质和幸福感。

团队文化的转化某种程度上说，就是组织对内部客户－员工的服务承诺，组织践行的成功与否直接关系到文化的形成。

三、文化如何在组织落地

让文化落地有一个简单地原则：无信则不立，坚持分享。信是一种正能力，不信就不会认真，分享是一种正影响，不分享就无法聚集能量。所以，文化的核心是团队里所有人都能够相信自己的口号，而这需要一系列的策划。万号大学的文化策划是由以下六个关键词构成的：

（一）成文入册：设计团队文化手册，包括团队价值观、团队 Logo、行为规范、团队大事记、文化故事集等等内容。

（二）触目可及：全方位的文化宣传，平面宣传（墙面、工卡、办公用品、内刊）、视频宣传（标杆人物采访、价值观微电影）、网络宣传（微信公众号、公司 APP、内部网站）。

（三）培训宣导：有意识的强化宣导，抓住新员工入职、成龙计划、导师计划、专家活动圈等场合。

（四）机制保障：奖惩制度结合价值观导向，充分应用于面试进阶、任职考核评价。

（五）仪式强化：入职宣读、领奖宣读、承诺书签订等仪式不断巩固文化的影响力。

（六）互动参与：设计各种活动鼓励不同员工参与其中，譬如创意园、专家圈子、最强大脑围绕创新工作展开；内部征文、演讲比赛、欢迎你来讲故事等围绕价值观引领展开；快乐计划、暖心计划、健康计划、减压计划等围绕员工关爱展开。

□ 第九节：员工心得分享

一个木桶能装多少水取决于木桶每块板的咬合程度，客户中心的支撑配套体系就是一个咬合紧密的水桶，每一个支撑岗位的同事都必须做好对一线岗位的扶持，“站前一步、主动协同”是客户中心组织机构中每一个部门应该遵循的原则。下面就来听一听中心各岗位员工的心声吧。

一、员工实际案例一

我叫小罗，现任技术支撑组组长。

记得2012年3月刚进入万号大家庭时，恰逢杭州中心整体搬迁下沙，新场地、新起点，百废待兴。作为技术支撑角色，我也有幸参与了很多平台体系的讨论及建设，提出了自己的想法和建议。在万号大学支撑配套体系上，我的观点就是员工减负、管理减负，以技术创新的手段帮助员工减负提效，推动中心内部运营更加高效集约。

知易行难。回想万号大学建设初期，几大体系还刚成型，在支撑平台和工具上还很薄弱。当时第一个搭建的，还是中心的内部网站，初步实现中心各类信息资料的集中交流分享，然后逐步开发嵌入各种内部工单和支撑功能，规范内部流程、支撑薄弱业务，随后创新开发万号报表云，将各种运营管理报表进行集中开发、分级管理使用。这算是最初的一套支撑配套平台了。

从2015年起，万号大学支撑配套体系引入了互联网化思维和产品化定位，将万号大学中的先进管理方法、流程、工具进行了体系化设计、产品化包装，并创新开发互联网工具万宝APP，实现了游戏化工作、扁平化支撑、碎片化学习、数字化评价等较为先进的配套支撑功能，得到了各级领导和员工的一致好评并推广全省万号员工使用，这对我们技术支撑员工也是很大的鼓励。

随着万号大学体系的完善和深入发展，我明显感到自己也在不断的提升和成长，近年来这种参与感、带动感特别强烈。万号大学给了我们平台和土壤，可以充分发挥和实践员工的创意想法，也让技术支撑有了更大的舞台。创新来源一线，成果服务一线，员工满意就是我支撑的动力，我将一如既往在技术支撑岗位上与万号大学共成长。

二、员工实际案例二

我是娟子，是一名业务管理员。

我从事这个岗位的时候常常会想一个问题：“业务管理的价值是什么，是在企业运营中能够满足发展核心需求”，于是知识管理和智慧化培训成为了我主要的工作抓手。

做知识管理需要把业务当作产品，了解整个生产线、销售线及售后服务及客户体验感知，上至业务出台背景，下至用户体验反馈，以及和现有业务的关联信息，都需要掌握及了解，以便对知识定位更准确，对市场风向更敏感。

培训内容知识库都有，为什么还要培训？如果只是照搬知识库的内容，还不如让客服自学。就好比将林业生产的原木加工成木板，卖给了需要桌椅的人，那个人虽然拥有了木板，却用不了，就如同我们的客服知道了这个知识点但运用不到实际场景中去。所以怎么做成适合有不同需求的客户的“桌椅”？首先懂得角色转换，站在客户角度：考虑客户想要什么、还要什么。想要什么只能解决用户的基本需求，还要什么是在基本需求解决基础上提供主动走心的服务。作为培训师，应该把提醒和服务技巧融入到每一次培训中。其次要懂得创造客服主动思考机会，学会从填鸭式培训向引领式培训转变。课程设计上，多设互动环节。培训师负责宣讲客服需要知道的（也是客户想要知道的）基础部分，然而主动服务部分（即话务价值提升部分）可设计提问环节，让客服参与思考，加深对知识的理解。运用手法犹如相声中的“抖包袱”，是画龙点睛那一笔。

三、员工实际案例三

我叫娜娜，是一名质检员。

在万号这个朝气蓬勃的团队，我已算得上是个“老”质检。记得7年前我刚进入质检组的时候，其实内心并不喜欢“质检”这个称呼。曾经在一线接话5年的我，尽管业绩名列前茅，但每每提到质检，我的脑海里总会浮现一张严肃的脸，沉重地指出我的问题，这种场面会令人不由自主地连呼吸都不敢大声。

来到质检组之后，我们通过耐心细致地辅导跟踪来获得员工们的信任，让员工们感受到质检除了“挑毛病”也会帮助大家“改毛病”。我们发现有的员工会过于关注质检得分，但却常忽略自身的问题，容易将时间浪费在“为什么扣分”的误区中，随后我们优化了话务评价标准、质检考核办法、系统支撑等一系列问题，渐渐地员工和班组长们见到我们不再有意回避，遇到问题开始主动向我们提问，有时下了班我们还一起搞活动。

为了员工能力提升，我们投入了百分百的热爱和激情。4年前的一次会议中，领导提出打造一个记录员工问题的“健康档案”，从此我们开启了智慧化转型的创新尝试。我们从海量话务中梳理制作出能有效解决问题的场景化服务方案，设计搭建出了能精准锁定员工问题和对应补短的全流程线上能力提升体系。现在，痛苦的找录音和数据分析不再日复一日；每一位员工点点手机就能自助学习，并且能获得专属自己的提升策略。这一切的改变，就在我们日复一日的付出中慢慢积累，当我们的创新成果在万号大学展示的时候，一份深深的成就感在我心中油然而生！感谢万号大学这个活力开放的平台，给予我们无微不至的关爱和支撑，在这个“大家庭”里工作，常常觉得既自豪又幸福。

“山不辞寸土，故能成其高；海不舍涓滴，始能成其深。”对于质检而言，帮助员工更好进步的追求没有尽头，我将一直在路上。

四、员工实际案例四

我们是综合支撑组员工，平均在职年限已超过六年；我们见证了万号大学的成立、成长和壮大。如组名“综合”二字所述，我们组主要围绕着万号大学的“队伍建设”“宣传引导”和“各类日常支撑管理”等维度，担负着“综合”类工作支撑。

就队伍建设而言，我们牵头推进从新员工招募、面试到入职等一系列环节，并重点组织策划文体类、精神文明建设类和团队凝聚力打造类等各种群体性活动，如万号大学运动会、万号好声音歌唱比赛、五讲四美班组季度评选、万号感动人物选树推活动等。彰显电信品牌形象，持续开展季度公益品牌活动，通过这些丰富多彩的群体活动，正向引领员工价值观，有效拉动万号大学队伍建设。

宣传引导也是我们组重要的工作着力点。通过万号大学微信公众号、万号大学内网、内Q、EIP等多种线上载体，认真传达各上级单位工作指导和要求，及时宣传万号大学各类大事要闻和电信行业前沿报道，实时推送各类创先争优案例，营造并引导积极向上的团队正能量氛围，牢牢掌握万号大学舆论高地。

此外，我们组各个组员之间分工不分家，紧紧围绕员工衣食住行做好各类日常支撑与管理。如工作服定制、食堂饭菜质量提升管理、员工宿舍管理、单位班车合同洽谈与运行管理等。衣食住行，纷繁复杂；员工感知，至关重要。我们把员工衣食住行与员工感知提升紧密结合起来，开动脑筋、下足功夫，助力员工带着幸福感工作，无后顾之忧，工作起来有获得感和成就感。

作为万号战队的“后勤兵”和“通讯兵”、“小号手”和“擎旗手”，我们综合支撑组责任重大，我们全体组员拧成一股绳，不断提升综合技能、服务水平和管理高度，为万号学子的饮食起居保驾护航，为万号大学的发展壮大添砖加瓦！

第六章

[评价体系——解决做得好坏如何应用的问题]

近代系统性的评价体系应用，最初为人熟知的案例是在 20 世纪 40 年代，被用于英国军方设立的评价中心，用于评估部队的战斗能力以及选拔士兵。从 50 年代起，逐步被引入工商企业，用于岗位分析以及管理人员的能力评价、筛选与安置，并在 80 年代后逐步完善并成为各大公司企业人力资源管理与开发的重要工具之一。

作为企业中的一员，员工工作完成的好与坏，决定了企业达成目标的快与慢，工作效率的高与低，完成质量的优与劣。如何综合全面的考评员工在工作中做得好坏并如何应用，即如何对员工个人进行 360 度的全面评价呢? 那么就需要借助一定的评价模型与工具，制定一套科学、严谨、系统的评价体系并严格执行下去，使工作完成的结果得以有效的应用。

□ 第一节：评价体系总述

“没有评价，就没有管理”。人力资源管理的根本任务是实现企业价值和个人价值的最大化。企业价值最大化需要员工全力创造价值，这就涉及到企业应如何对员工创造的价值或价值创造的要素进行科学合理的评价。

评价体系是基于企业达成目标与企业预期的对比，从而从正向的角度，基于一系列量化或非量化的评定方式，给予企业下面的组织、骨干和人员相应的具体评价。

一、建立评价体系的目的

对于呼叫中心来说，只有解决好价值创造、价值评价、价值分配这一条价值链的连接和平衡，才能构筑员工的动力机制。

（一）界定岗位胜任标准的需要

举个案例，某呼叫中心员工小万，常常接续客户来电时出现知识点错误，经领导提醒警告后，签署了绩效改正通知，保证不再触犯类似的错误，考评周期为一个月。在考评周期内，又出现上述错误，被企业以“不能胜任本职工作”为由，予以解雇。该员工提出，企业并未量化业务知识错误这一过失，没有任何评价标准作为依据，即无法界定“不能胜任本职工作”的法律范畴；并且员工的过失行为，经改正，并未给企业带来经济损失及不利后果。

界定“不能胜任本职工作”，需建立完善的员工评价体系，分别对评价标准和评价周期予以明确约定，并规定无法完成时劳资双方所应承担的责任。对于业务部门，可通过完善绩效体系，约束业绩考核标准；而对于职能部门来讲，针对每一个岗位，在一定程度上细化、量化考核评价内容，并完善以 KPI 为核心的绩效评价体系。

（二）规范企业管理，防范法律风险的需要

第二，该企业没有足够的员工评价体系，存在很大程度的法律风险。但就其案件，企业出示了 5 ~ 6 份该员工财务数据统计错误报表。在企业欠缺员工评价体系时，“以量取胜”，足够充分的证据收集，往往让企业在证据支持方面处于积极有利地位。即企业以胜诉告捷。

完善员工评价体系，为“解雇、辞职、证据、工会、裁员、医疗期、离职手续、服务期、培训、竞业限制、工资福利、年终奖、年休假、违约金”等一系列劳动争议事件，提供足够的法律依据，以规避劳资纠纷。

（三）推动企业发展，提高企业效能的需要

华为任正非曾提出如下观点，一个企业的员工如果不合格，其便发展不起来，而一个企业缺少正确的价值评价系统则无法壮大。由此也可以看出，价值评价体系对 10000 发展具有同样重要的作用。

员工评价体系是对人力资源创造的价值或价值创造的要素（绩效、能力、行为、态度等）进行系统和科学评价的一整套标准、过程和方法。员工评价体系极大地促进了 HR 的职业态度及关注重心的转变，完成 HR 成功转变三部曲。

人力资源管理第一层，主要关注人力资源成本的控制，为企业节省开支，有效支持企业运营；人力资源管理第二层，重视签订、变更、解除劳动合同的合法性及劳动关系的合法性，有效掌握劳动关系的相关实务操作技能，在劳动关系合法的基础上，大大节省了企业的隐形风险，降低劳资纠纷；而人力资源管理的第三层，则是明晰企业战略调整中的法律问题，寻求最优解决方案；即以何种“话述”进行企业与员工之间的有效沟通，注重调整“话述”表达策略、应对态度及出发点，从而厘清企业战略调整的法律风险，实现人力资源的合规管理。

二、评价体系设计原则

（一）科学性原则

科学性原则主要体现在理论和实践相结合，以及所采用的科学方法等方面。在理论上要站得住脚，同时又能反映评价对象的客观实际情况。

设计评价指标体系时，首先要有科学的理论作指导。使评价指标体系能够在基本概念和逻辑结构上严谨、合理，抓住评价对象的实质，并具有针对性。

同时，评价指标体系使理论与实际相结合的产物，无论采用什么样的定性、定量方法，还是建立什么样的模型，都必须是客观的抽象描述，抓住最重要的、最本质的和最有代表性的东西。对客观实际抽象描述得越清楚、越简练、越符合实际，科学性就越强。

（二）系统优化原则

评价对象必须用若干指标进行衡量，这些指标是互相联系和互相制约的。有的指标之间有横向联系，反映不同侧面的相互制约关系；有的指标之间有纵向关系，反映不同层次之间的包含关系。同时，同层次指标之间尽可能的界限分明，避免相互有内在联系的若干组、若干层次的指标体系，体现出很强的系统性。

1. 指标数量的多少及其体系的结构形式以系统优化为原则，即以较少的指标（数量较少，层次较少）较全面系统的反映评价对象的内容，既要避免指标体系过于庞杂，又要避免单因素选择，追求的是评价指标体系的总体最优或满意。

2. 评价指标体系要统筹兼顾各方面的关系，由于同层次指标之间存在制约关系，在设计指标体系时，应该兼顾到各方面的指标。

3. 设计评价指标体系的方法应采用系统的方法，例如系统分解和层次结构分析法（AHP），由总指标分解成次级指标，再由次级指标分解成次次级指标（通常人们把这三个层次称为目标层、准则层和指标层），并组成树状结构的指标体系，使体系的各个要素及其结构都能满足系统优化要求。也就是说，通过各项指标之间的有机联系方式和合理的数量关系，体现出对上述各种关系的统筹兼顾，达到评价指标体系的整体功能最优，客观的、全面的评价系统的输出结果。

（三）通用可比原则

通用可比性指的是不同时期以及不同对象间的比较，即纵向比较和横向比较。

1. 纵向比较。即同一对象这个时期与另一个时期作比。评价指标体系要有通用可比性，条件是指标体系和各项指标、各种参数的内涵和外延保持稳定，用以计算各指标相对值的各个参照值（标准值）不变。

2. 横向比较。既不同对象之间的比较，找出共同点，按共同点设计评价指标体系。对于各种具体情况，采取调整权重的办法，综合评价各对象的状况在加以比较。对于相同性质的部门或个体，往往很容易取得可比较的指标。

（四）实用性原则

实用性原则指的是实用性、可行性和可操作性。

1. 指标要简化，方法要简便。评价指标体系要繁简适中，计算评价方法简便易行，即评价指标体系不可设计得太繁琐，在能基本保证评价结果的客观性、全面性的条件下，指标体系尽可能简化，减少或去掉一些对评价结果影响甚微的指标。

2. 数据要易于获取。评价指标所需的数据易于采集，无论是定性评价指标还是定量评价指标，其信息来源渠道必须可靠，并且容易取得。否则，评价工作难以进行或代价太大。

3. 整体操作要规范。各项评价指标及其相应的计算方法，各项数据都要标准化、规范化。

4. 要严格控制数据的准确性。能够实行评价过程中的质量控制，即对数据的准确性和可靠性加以控制。

（五）目标导向原则

评价的目的不是单纯评出名次及优劣的程度，更重要的是引导和鼓励被评价对象向正确的方向和目标发展。绩效考评是管理工作中控制环节的重要工作内容之一。

三、万号大学评价体系概况

评价体系通过落实三个维度的评估建立三个层级的成效测评机制，分别是对团队及个人进行评价的。

1. 团队评价机制

包含了上下级中心之间的评价机制，如省中心对分中心评价，分中心对团队的评价等，而评价的项目包括月度考核、季度考核及年度考核，月度考核约占 60%、季度考核约占 20%、年终考核约占 20%，考核结果作为年度标杆团队评选的依据。其中月度考核包含四个一体化管控考核以及 KPI 指标考核；季度考核包括季度业绩、季度巡查以及阶段性重点工作考评，占比分别为 70%、25%、5%。分中心针对团队的评价往往较分中心之间更加细化，以万号大学为例，分中心通过对团队的 KPI（关键业务指标）、KBI（关键行为指标）、KCI（关键能力指标）评价标准。月度评价包含 KPI 与 KBI，建议占比分别为 85%，15%；年度评价包含 KPI、KBI 和 KCI，建议占比为 80%、10%、10%。KPI 分别根据各模块职责的关键指标进行测评，KBI 根据团队所有成员的关键行为进行测评，KCI 包含能力指标结果评价和综合能力测评两个方面，分别从团队建设、满意度管控、业务能力、问题解决能力以及敬业程度、精神风貌、服从和执行能力、沟通能力等方面进行测评。

2. 个人评价机制

以万号大学学分做为对个人的评价依据，分别从业绩好、修养好、身体好等方面进行评价，其中业绩好占 60%，修养好和身体好占 30%，综合能力测评指标占 10%。

学分按月进行计算，并进行年度累计，学分可以应用于年终奖励、工资晋级、先进评选、疗休养以及实物兑换等。其中业绩好积分根据月度绩效考评结果进行核算；修养好积分主要由素质提升类、荣誉奖项类、思想文化类、行为习惯类、公益活动类等构成；身体好积分根据参加各项文体活动情况进行测评。

□ 第二节：团队评价（3K）

当今的社会是互联网的社会，是一个越来越注重团队协作的时代，越来越多的现代管理思想都在强调未来的组织形式将会是充满活力的团队模式。“10000 号”呼叫中心，一直都提倡以责任单元为模块的团队协作，这样的划小管理模式更灵活更方便管理。但随之而来的，如何考量各个团队工作，如何发挥团队的潜能，以及如何挖掘团队价值，成了“10000 号”呼叫中心迫在眉睫的问题。

为了解决该问题，“10000 号”呼叫中心在评价体系中特别提出了团队评价体系，围绕团队的综合能力设置了对应的评价标准。

一、什么是呼叫中心团队评价

呼叫中心团队评价，也称为责任单元评价，是指通过各团队的 KPI（关键业绩指标）、KBI（关键行为指标）、KCI（关键能力指标），分别从团队建设、满意度管控、业务能力、问题解决能力、敬业程度、精神风貌、服从和执行能力、沟通能力等方面进行评价，并利用评价结果对“10000 号”各责任单元的相对价值作出评价，以此作为薪酬管理和评优评先的重要依据。

二、呼叫中心团队评价的重要性

呼叫中心建立团队评价，不是简单的确立团队考核指标，其关键在于通过对团队的评价，发现能够真正反映团队综合能力的价值点。而究竟哪些方面可以真正反映出团队评价的价值呢？KPI 占整个团队评价体系的 70% ~ 80%，KBI 占比 10% ~ 15%，KCI 占比 10% ~ 15%。

（一）KPI（关键业绩指标评价）——实现企业核心目标

“10000 号”呼叫中心人员多，指标多，要求高，往常呼叫中心对个人行为设置评价指标，在激发员工个人上会起到一些效果，但也造成了一些项目在协调和配合中出现问题。每个人都注重个人自身的利益，而不是整个“10000 号”呼叫中心的集体利益。单独个人利益导向阻碍了整个中心前进脚步。而现今，“10000 号”呼叫中心设置责任单元划小承包，按照团队认领对应指标，协调了个人利益与团队之间的关系。既可以让员工统一目标，让员工思维从“我”转换为“我们”；又可以让团队员工增加收益；还能创造企业价值，一举三得。

目前“10000 号”团队执行划小认领机制，由各责任单元负责人(值班长)将 KPI 分解后，根据自己责任单元的情况“认领”不同档次的指标，由下至上主动进行认领，而非企业从上往下强制分配指标，化被动为主动，不仅可以提高工作效率还能创造更高价值。

案例：下图是某呼叫中心针对团队 KPI 的考核办法，涉及多项指标，难管理且复杂。

某呼叫中心绩效考核办法（团队）				
指标名称		权重	周期	指标解释
中心指标		5%	月	普通客户 20 秒内人工接通量 ÷ 该类客户呼入人工总量；(6–7 星级 15s ≥ 90%；4–5 星级 15s ≥ 85%；1–3 星级 20s ≥ 75%；普通客户≥ 75%；高技能专席≥ 80%
产量指标	话务量	15%	月	客服代表所接通通话 10 秒外的话务量（当月 30 天每档少 100 通）
	重点产品发展量	20%	月	参照销售积分酬金附件表
	咨询单派单率	5%	月	以报表取数为准（不该派单率≤ 1 件 加 0.5 分）
能力指标	宽带新装 ITV 渗透率	2%	月	以报表取数为准，新装宽带 ITV 渗透率≥ 85%（一季度≥ 60%；二季度≥ 85%）
	重复呼入接通率	15%	月 月	重复呼入用户数（＞1 次呼入）／个人接话量（上半年 13.5%，下半年 13%）
	10000 号自助协同服务占比 >50%	3%	月	口径：客服代表服务过程中发送短信和转接 IVR 的量除以话务服务量
	平均小结时长	5%	月	平均小结时长
质量指标	话后满意度参评率	5%	月	以报表取数为准，考核话后满意度参评率
	对客户代表不满意	10%	月	以报表取数为准，考核客服代表不满意率
	话务质量	10%	月	6 月为过渡月，暂时考核感知优良率，后期将做调整
	宽带预处理率	2%	月	以报表取数为准，考核宽带故障预处理率
	ITV 预处理率	3%	月	以报表取数为准，考核 ITV 故障预处理率
	工单差错	—	月	考核维度：咨询单、故障单、商机单；差错扣 0.1 分／件
	客服代表有责投诉	—	月	1. 越级有责投诉成立扣 5 分／起； 2. 越级内控有责投诉扣 3 分／起； 3. 客服代表服务态度投诉成立扣 2 分／起；专席内部定责扣 0.5 分／起； 4. 客服代表业务差错和专席内部定责差错考核指标为 0.02%（如：团队实际接话 10000 通容错 2 件），超出 0.02% 扣 1 分
	服务表扬／优秀录音／劣质录音	—	月	1. 服务表扬：服务态度表扬（质检核实）一起奖励平衡积分加 1 分／起（加分最高不超过 3 分），但同一绩效月份同一员工出现多次表扬时，就高 1 次给予加分 2. 精品话务：省中心精品话务加 0.5 分／起；分中心精品话务加 0.1 分／起。（加分最高不超过 2 分）
	省／集团／内部拨测	—	月	集团／省级拨测＜ 80 分以下，扣 1 分／通，130 分加 0.5 分／通；内部拨测（省中心抽检）＜ 80 分，扣 0.2 分／通，≥ 90 分，加 0.1 分／通； 一次知晓率＜ 70% 扣 1 分（暂不考核）

某呼叫中心绩效考核办法

下图是“10000 号”呼叫中心团队认领方案只需关注 5 项重点指标，更简单，易关注。

<table>
<tr><th colspan="4">“10000 号”呼叫中心团队认领方案</th></tr>
<tr><td colspan="4">一、话务量承包（团队）：R0、R1、R2、R3 阶段式层级指标认领</td></tr>
<tr><td rowspan="2">R 值目标认领</td><td rowspan="2">话务承包量</td><td>成功奖励</td><td rowspan="2">团队话务能力（关联项）</td></tr>
<tr><td>话务量系数</td></tr>
<tr><td>R3</td><td>>班组排班总工时 *（平均小时接话量 +1.5）</td><td>*1.3</td><td rowspan="5">5 项话务能力：话务质检、不满意率、接通重复率、宽带预处理率、派单率。每增加一项未达标，奖励 *0.9
（值班长 / 划小支撑：五项指标一项不达标，所有奖励 *0.9）</td></tr>
<tr><td>R2</td><td>>班组排班总工时 *（平均小时接话量 +1）</td><td>*1.2</td></tr>
<tr><td>R1</td><td>>班组排班总工时 *（平均小时接话量 +0.5）</td><td>*1.1</td></tr>
<tr><td>R0</td><td>>班组排班总工时 * 平均小时接话量</td><td>*1</td></tr>
<tr><td>未达标</td><td><班组排班总工时 * 平均小时接话量</td><td>*0.9</td></tr>
</table>

呼叫中心团队认领方案

小万是“10000 号”呼叫中心 A 团队的值班长，在 3 月份认领了指标 R3，如认领指标完成，则话务量酬金 *1.3，如 5 项基础指标一项未完成则话务量 *0.9，相当于所有团队成员话务量绩效打 9 折。故小万将指标按天分解，并将团队完成后的绩效跟为完成的绩效做了对比，然后在团队会议上做了解释说明，争取大家的意见及意愿，大家均表示愿意接受该项认领。最后通过数据跟踪，互相监督，团队最终获得完成指标，拿到了高绩效。通过数据分析，A 团队 3 月与某呼叫中心的绩效算法做对比，人均绩效提升 13%。

团队 3K 中，KPI 是以绩效做导向，正向引导员工完成既定目标，从而达到企业增值的目的。而 KBI 与 KCI 更侧重于团队的综合能力，通过一些手段提升员工对企业的认同感、归属感跟幸福感，从而降低员工离职率，从成熟员工中培养企业自己的骨干人员。

（二）KBI（行为指标评价）和 KCI（能力指标评价）——提升员工归属感

“10000 号”呼叫中心设有各大社团，万号跑团、羽毛球社、篮球社、登山社、厨艺插花社、针织社、影音社等，这些社团的设立都是为了“10000 号”的成员除了工作之余，还可以有放松调节、学习知识、锻炼身体的机会，所有人都能快乐工作，快乐生活。一个氛围好的团队，你会发现各大社团、中心各项比赛活动中都有他们的身影，而且你会发现这个团队在组织的活动中频繁获奖，团队的凝聚力及默契度也直线上升，员工离职率为中心最低且绩效成绩一直保持中心前列。

案例：小万是 E 团队的成员之一，她进入"10000 号"已有 3 年已进入了疲劳期，因工作一直无突破，有离职倾向。今年班组重新分配后，小万进入了 E 团队，一进入该团队就被组内的小伙伴拉着参加跑团。以前小万一下班回家就是玩手机看电视，现在小万一下班就被组内的小伙伴带着跑步，打羽毛球，或是去谁家里做饭。两个月下来，小万整体气质不一样了，每天都面带笑容，给人很阳光的感觉，以前不爱运动的她，也爱上了跑步，体质也好了不少。小万再也没有想过要离职，看到团队的伙伴都那么优秀，自己也想向他们靠拢，对待工作也不再随意，个人绩效也提升了不少。就像一句话说的：跟着优秀的团队，你也会变得优秀。

三、团队评价的原则

"10000 号"呼叫中心团队评价原则承载了整个呼叫中心团队评价的核心部分，关系到整个团队评价的可信度。"10000 号"呼叫中心团队评价遵循目标导向原则、通用可比原则、实用性原则：

（一）目标导向原则：呼叫中心的团队评价不是针对员工个体的，而是同类团队的对比。更重要的是引导和鼓励各个团队朝着企业正确的方向和目标发展。另外，利用实际成果的评价对团队的行为加以管控，引导向目标靠近。

（二）通用可比原则：通用可比性指的是不同时限以及不同对象的比较，即纵向比较和横向比较。"10000 号"呼叫中心有多个团队，有些团队需要纵向比较，有些需要横向比较。如分中心内部普席与普席各项指标做纵向比较，如不同分中心的高技能专席做横向比较。

（三）实用性原则：指的是实用性、可行性和操作性。

1. 指标要简化，方法要简便：团队评价体系要繁简适中，计算评价方法简便易行，如围绕现有的指标，围绕团队设立对应的评价指标。

2. 数据要易于获取："10000 号"呼叫中心对应的团队评价体系大部分可以通过数据报表取数后整合，避免逐个取数或人工登记。

3. 整体操作要规范。设置评价指标及其相应的计算公式，数据做到标准化、规范化。

四、团队评价的基本步骤

团队评价是一个按事先确定的工作目标及衡量标准，考察团队实际完成情况的过程。可以根据具体情况和实际需要进行月、季、半年、年度评价。在评价实施过程中收集到的、能够说明团队表现的数据和事实，可以作为判断团队是否达到指标要求的依据。

（一）明确评价指标：这是评价工作的第一步，即根据团队管理工作的需要，确定评价期内的评价指标。如:KPI(关键业绩指标)、KBI(关键行为指标)、KCI(关键能力指标)。

（二）确定评价时间:根据周期的不同,结合企业实际情况制定相应的考评时间。比如:KPI 按照月度评价、优秀责任单元按照季度跟年度评价，并在季度、半年度跟年度表彰大会上表彰。

（三）核算评价结果：根据所有指标的考核情况，核算每个团队的最终评定结果，最后通过呼叫中心主管会议讨论表决选出优秀团队。

五、团队评价的结果应用

团队评价的过程不是为某一个团队打出分数或者给优秀团队发了表彰就可以了。呼叫中心需要了解团队在完成目标中遇到的困难，可以请求上级指导和理解，也可以通过此次评价对发现各团队的短板，针对性的进行提升。概括起来就两个层面的应用：

（一）能力提升的判断依据:通过团队评价体系的数据分析，找出出各个团队的短板，围绕该短板做能力提升培训。

案例：A 团队连续 3 个月评价结果反馈得出：越级管控风险上能力较弱，3 个月连续被发越级服务预警，最终导致 KPI 指标评价低。针对该评价结果，呼叫中心提出 A 管控和投诉处理区结对。让 A 团队参与投诉的骨干例会，参加投诉内部能力提升培训，让 A 团队学习以投诉视角去看到用户反映的每一个需求，从而针对性地解释，准确判断评估风险点，及时采取应对措施，从而降低越级投诉单量。另该团队可向培训组发发起培训需求，由培训组开发针对性课件给该团队或是有需求团队培训。

（二）奖励惩罚的判断依据：团队评价最终结果是优秀的，则该责任单元会有对应的奖励。这里说的奖励分两种形式，一种是团队经费奖励，另一种是团队荣誉。如团队评价不合格，则该团队面临绩效打折，团队重组。

案例：某团队在第一季度被评为优秀责任单元，呼叫中心会给予 80 元／人的团队经费提供团队活动使用。按照人均给奖励，20 个人就成了 20 份荣誉感，让每个人都觉得这份荣誉有自己的一份功劳，故而更加珍惜，这份喜悦也会更持久。另外团队会获得一份流动责任团队的牌子,这个牌子挂在团队最显眼的地方,时时提醒每位员工保持这份优秀,下个季度仍然留住这块牌子。这个牌子无形中起到了鞭笞和提醒的作用。

六、团队评价的不利因素

每一件事物均有两面性，团队评价亦是如此，它的设立对企业带来了很大的益处，但它也有自己不利因素存在：团队评价易造成新员工的流失率增加。

大部分团队在团队评价体制的作用下，形成了一种团队成员间互相督促以获得共同利益。但是我们忽略了新员工这个特殊群里，他们经过培训期后刚分入各个团队，在团队内必定是属于指标个能力较弱的群体，这并非是新员工拼命努力就可以短期内解决的问题。这需要一个较长的过程，而在这熟悉跟磨合的期间，对新员工的身心都会造成一定的压力，也许是指标的压力，也许是团队内部同事对他的压力，也许是他自己给自己的压力。部分抗压能力弱的员工很可能就会因为受不了这些压力而选择离职。所以这也是后期团队评价在运用过程中需要注意跟优化的地方。

□ 第三节：如何评价员工（三好）

一、什么是员工评价体系

员工评价体系，即员工三好，是指把万号大学学分用于对员工的管理，以学分做为对个人的评价依据，分别从“业绩好、身体好、修养好”等方面按比例权重进行综合评价，来反映员工的综合表现，并将学分的评价结果运用到内部的奖励和晋升。

二、为什么要建立员工评价体系

人,是呼叫中心运营管理的灵魂！“10000 号”作为一个大型呼叫中心,“85 后”“90 后”员工已成为中心的主力大军,其人员占比已达 94%。他们个性张扬,敢于表达,充满朝气,传统的管理手段已不能完全适应,不能再是用简单、粗暴的办法“驯服”。如何让追求新鲜、乐趣以及自身价值实现的“85 后”“90 后”员工,充分发挥潜能,实现从“要我做”向“我要做”的转变，重要的有一套科学有效的员工评价体系，促使员工能够将个人目标和企业的发展目标紧密联系在一起，顺利实现员工个人与企业双赢的目标。

（一）满足员工的精神需求

“10000 号”是一个劳动密集型的呼叫中心行业。作为新生代的主力大军，物质要素的重要性已经逐步有被精神因素替代的倾向和趋势，如认同感、自我价值实现等正在逐步替代经济报酬的重要性。新生代的管理，促使我们需要与时俱进，需要不断探索适合他们的管理模方式，来增强员工对企业的归属感，调动员工的工作热情、让员工在工作中不断地体现自我价值，实现属于精神层面的需求。

（二）培养员工可持续发展的能力

“10000 号”不仅仅只是提供员工的生计，而是想更多的承担起社会和家庭的责任，来培养员工可持续发展的能力。成长、发展是每个人的内在需要。作为管理者，我们应当把鼓励和帮助员工成长作为基本理念，制定科学有效的评价体系，让员工不仅有高绩效的收入，更重要的是给员工成长的环境和展示的舞台，全面提升员工自身的综合素养，让员工为自己的未来奠定更好的基础。

（三）人性化管理，有利于留住人才

“10000 号”是一个“重复性强、挑战较多、充满活力”的呼叫中心行业，如何用好人、留好人，让队伍保持稳定、健康发展是关键。但“85 后”“90 后”员工不再受缚于条条框框，不喜欢说教。因此，我们需要建立科学有效的评价体系，对员工有更人性化管理，让员工接受，能够激发自己的潜能去快乐的工作。

所以，建立一套科学、有效的员工评价体系，对“10000 号”员工的成长和运营的健康发展，起着非常关键的作用。

三、万号大学员工评价体系的应用

（一）评价对象

“10000 号”所有客服代表、投诉处理相关人员、管理支撑人员。

1. 客服代表：包含综合台席、专席（故障、高技能、销售）。

2. 投诉处理：投诉处理员、回访人员。

3. 管理支撑人员：值班长、培训师、业务支撑、质量监督员。

（二）评价周期

万号学分，以月为评价周期进行学分的核对、通报、展现和表彰。

1. 每月 10 号前，学分取数专员，负责员工个人的学分汇总和核对；

2. 每月 12 号前，学分取数专员，提交学分至学分委员会组长；

3. 每月 13 号起，开展学分的通报、展现和表彰，且员工可以通过学分自助平台，实时查询学分积存情况。

（三）评价方法

员工“三好”评价，采用业绩好（60%）、修养好 / 身体好（30%）、综合能力测评（10%）

三个纬度的权重进行综合累计评价。

即总学分 = 业绩学分 *60%+（修养好、身体好）学分 *30%+ 其他能力测评分 *10%

1. 业绩好评价维度

主要包括月度关键业绩指标、岗位练兵。

（1）关键业绩指标：根据“10000 号”各岗位专业序列，采用本专业月绩效按排名或权重，设置学分奖励标准。

项目	评价方式	学分标准
关键业绩指标	按本专业绩效排名	排名前 10%，得 60 分
		11%–20%，得 55 分
		21%–30%，得 50 分
		31%–50%，得 45 分
		51%–70%，得 40 分
		71%–90%，得 30 分
		后 10%，得 20 分
	按本专业绩效排名	按权重的 30% 计算

关键业绩指标学分标准

（2）岗位练兵：围绕服务能力关键指标，定期开展内部岗位大练兵，根据练兵要求和目标，对岗位能手设置 5 分 / 次的奖励。

例：小万是三星级客服代表，每月要参加应知应会考试、打字考试、知识库运用能力、系统实操四项岗位练兵，练兵目标要求：应知应会考试≥ 95 分；打字考试≥ 80 个，知识库运用能力≥ 100 分；系统实操≥ 100 分，4 月岗位练兵中小万四项练兵成绩均达标，她即可获得 5 个学分的奖励。

2. 修养好评价维度

主要包括忠诚年限类（工龄）、素质提升类、荣誉奖项类、思想文化类、行为习惯类、公益活动类、岗位创新类、其他加分类。

（1）忠诚年限类：根据员工为企业工作的年数，对在职 1 年及以上年数的员工，按年限设置学分奖励标准。

年限类型	学分标准
在职 1 年以上	3 分
在职 2 年以上	6 分
在职 3 年以上	10 分
在职（3、5）年以上	15 分
在职（5、10）年以上	20 分
在职 10 年以上	25 分

修养好 - 忠诚年限类学分标准

（2）素质提升类：根据获得的职业资格 / 技能、学历证书（大专及以上）、人人为师分享、培训公开课等方面的素质类提升设置学分奖励标准。

学分项目	学分标准
当年度获得职业资格 / 技能认证，凭有效证件到综合支撑登记（初 / 中 / 高）	5/10/20 分 / 次
在岗学习，获得大专、本科学历，凭有效证件到综合支撑登记	10 分 /15 分
担任中心兼职培训师参加授课（按课时）	1 分 / 课时
人人为师经验分享（按次）	5 分 / 次
积极参加各类业务学习、培训（公开课）	0.5 分 / 次
分中心 / 分公司、省公司、市级 / 管局、集团 / 省级各类比赛入围	5/10/20/30 分 / 次

修养好——素质提升类学分标准

（3）荣誉奖项类：根据“10000 号”内部、分公司、省公司、市级 / 管局、省级 / 集团获奖级别不同设置学分奖励标准。

学分项目	学分标准
分中心 / 分公司、省公司、市级 / 管局、集团 / 省级获奖（QC 类撰稿人奖励标准相同，发表人比撰稿人低 10 分，配合人比发表人低 10 分）	10/15/30/50 分 / 次
分中心 / 分公司 / 省公司、市级 / 管局、集团、省级获最高奖（QC 类撰稿人奖励标准相同，发表人比撰稿人低 10 分，配合人比发表人低 10 分）	20/30/50/80 分 / 次

修养好——荣誉奖项类学分标准

(4) 思想文化类：积极参与入团、入党，参与爱国主义教育、警示教育、宣传、读书学习活动等设置学分奖励标准。

学分项目	学分标准
新入团／入党	2分／5分
向中心综合支撑、团总支投稿并最终发表到省中心网站／杂志／外部杂志	1分／5分／10分次
积极参加中心或公司性的各类论文／征文比赛、爱国主义教育、警示教育、宣传、读书学习、大讨论活动征集等	2分次

修养好—思想文化类学分标准

(5) 行为习惯类：根据好人好事事迹、客户表扬、现场行为规范检查、台席卫生等设置学分的奖励和扣罚标准。

学分项目	学分加分／扣分标准
现场行为规范检查	检查通过，加2分／人；检查违规，扣2分／次
各台席卫生状况检查（每周一次）	检查通过，加2分／人；检查违规，扣2分／次
季度出勤全勤，无任何请假记录	10分／次
春节（节假日）期间坚守岗位上班	2分／天
出现好人好事等经确认根据贡献值计分	2/5/10分／次
用户表扬等经确认根据贡献值计分	5/10/15分／次

修养好—行为习惯类学分标准

(6) 公益活动类：参加植树扫墓、扶孤助学、捐款捐物献血、省市县济难解困互助活动等参与公益事业活动，给予2分／次的学分奖励。

例:3月5日是学雷锋日，小万利用休息时间，与中心团总支一起主动参加“奉献爱心，温暖空巢老人”志愿者活动，她即可给予2分的学分奖励。

(7) 岗位创新类：在工作岗位上创新自己的工作能力，产生新的思路，方法，根据创新的贡献大小设置学分奖励标准。

学分项目	学分标准
岗位创新视成效价值（组长），副组长按70%计分	20/30/40分
岗位创新视成效价值（成员）	10/15/20分／次

修养好—岗位创新类学分标准

(8) 其他加分类：万宝每日答题互动、合理化建议奖（如：系统功能、作业流程、管理措施等设置学分奖励标准。

学分项目	学分标准
知识库优化建议被采纳	2分／次
万宝每日答题互动	0.1分／次

修养好—其他加分类学分标准

例：小万，每天利用碎片时间参与班前会的学习，并且根据班前会的重点知识，参与每日重点知识的答题考试，答题准确率100%，她即可获得0.1／次学分奖励。

3. 身体好评价原则：

主要是指参加内外部各类文体活动类，根据项目不同设置学分奖励。

学分项目	学分标准
参加中心／分公司／省公司及以上各级各类党政工团活动	2分/3分/5分次
参加中心／分公司／省公司及以上各级各类党政工团活动获奖一、二、三、优秀奖	8分/6分/4分/3分
牵头组织中心各类活动／担任主持	15分/10分／次
为各级活动担任其他支撑／礼仪、演出	4分/6分／次
参加中心各类文艺汇演或体育竞赛获奖，根据奖项重要等级（一、二、三等奖）	15/10/5分／次
代表中心参加各类文艺汇演或体育竞赛获奖，根据奖项重要等级（一、二、三等奖）	20/15/10分／次
每年的全员运动会（报名且按照规则参赛）或外部马拉松赛事	5分／次

身体好学分标准

4. 综合能力测评

指从敬业精神、团队精神、服从和执行能力、业务指导能力等纬度进行综合评价。

（四）结果运用

为让员工对“三好”的评价有感知，并能为之努力，最终实现员工与企业“双赢、双满意”。在员工“三好”的评价体系上，中心建立了配套的评优评先和表彰机制，主要包括月度表彰、季度、年度三好员工等不同方式的结果评比，并给予物质和精神的奖励。

1. 学分兑换

“三好”获得的学分，员工可根据中心兑换主题不同，选择性的兑换，兑换活动将季度、半年度、年度开展，并以趣味化、游戏化方式开展，使员工保持浓厚的兴趣和新鲜感，并激发员工“挣”学分的动力。

【注：兑换形式下章节做详细阐述】

2. 月表彰、季度三好评比

(1) 月度表彰：每月 10 号中心召开经营分析会上，学分季员会对各岗位序列排名前 20 名的“三好”学分获得情况，进行对比对标和表彰。

(2) 季度三好员工评比：每季度开展三好员工评比，将以 60% 业绩学分 +30% 修养好、身体好学分 +10% 综合评价进行综合成绩的排名，排名前 10% 将获得三好员工的称号，在季度表彰会上表彰，并给予物质和精神奖励。

3. 年度评比

员工年度评价，将根据年度总学分，进行优秀（15%）、称职（70%）、基本称职（10%）和不称职（5%）五个等级的划分。

(1) 年度学分优秀：将享受年终奖金系数、岗位工资晋级及年度三好员工的评选。其中年度三好员工，在优秀员工基础上评选产生，被评为年度“三好员工”，即可获得中心疗休养的奖励。

(2) 年度学分称职、基本称职：根据员工短板进行分层分级培养，建立结对帮扶，针对性提升服务能力。

(3) 年度学分不称职：年度学分评比排末 5% 员工，将待岗学习三个月，经考评合格方能上岗，对考评不合格将被淘汰。

四、员工评价体系学分运用之实操案例

例 1：小万 2014 年 1 月入职，已有工龄 4 年，2018 年 1 ~ 3 期间，个人绩效连续排客服序列第 18 名，每天利用碎片化时间自主学习业务知识，共计 90 次参地万宝的每日答题互动，2 月用户致电“10000 号”，表扬小万服务态度好（经质检审核表扬成立），3 月参与丽马 10 公里，获得奖牌。一季度综合能力测评为 98 分，请问小万一季度总共获得了多少分？

原则：季度总学分 = 业绩学分 *60%+（修养好、身体好）学分 *30%+ 其他能力测评分 *10%。

业绩好：小万排名在 11% ~ 20% 之间，每月可获得 55 分，3 个月共获是 165 分。

修养好：用户表扬 5 分，万宝每日答题每次 0.1 分，90 天总计 9 分，即修养好累计可获得 14 分。

身体好：参加马拉松可得 5 分。

小万一季度总学分:（业绩好）165*60%+（修养好、身体好）19*30%+（综合能力测评）98*10%=114.5 分

□ 第四节：学分体系

大型呼叫中心的运营管理，离不开数字化绩效管理工具，如果说绩效是产出，是结果，那么学分体系就是过程管理，是一种意识引领。团队文化是在所有团队成员的共同参与过程中产生高度认可，从而形成共同价值观的结果。所以用好学分兑换体系，能够有效激发员工的积极性和创造性，有利于实现员工的获得感、管理成就感、平台幸福感。

一、学分评价体系的意义

学分评价体系是一种意识引领，它为评优评先提供了可量化的过程管控考核依据，在团队中起到价值导向的作用，是一种有别于绩效考核的评价手段：在绩效获得的基础上，提供了附加价值。主要表现为:根据个人能力的差异性表现，和完成目标的行为过程，给予评价和激励。它具有以下几种特性：

（一）具有灵活性

绩效的考核作为薪酬体系的重要组成是不宜经常变更的，尤其是客服代表岗位的计酬方式相对复杂。与之相比，学分评价就灵活的多，针对不同时间节点的重点攻坚内容，可以制定相应的活动方案及奖励，而这些阶段性的方案和奖励既能起到激励作用，又能形成全年的评价维度。比如：一季度集团公司开展了客服机器人体验劳动竞赛，为了提高活跃度，结合团队参与率、积分排名快速制定了《关于“小知”体验的团队参与奖励》，激励全员进行体验。“小知”体验的参与度得到明显提升。

（二）具有导向性

简单来说就是我们希望培养拥有怎样的特质员工，就放大某一种特质，对员工行为进行引导。比如：希望提高团队的学习能力，营造学习氛围，通过学分激励，结合开展读书分享会、共读、主题交流等活动，给予组织者、参与者学分奖励。

（三）具有针对性

学分的评价可以到非常具体和细化，里面的奖励项目可以是千变万化的。比如：小万

4月的满意度指标排名第2名，得到了5个学分的奖励，同时他主动报名参加了志愿者活动，服务时间达到3小时，得到了2个学分的奖励。他还参与了跑团的跑步训练计划，得到2个学分奖励。可以看到，小万在业绩好、修养好、身体好方面均有获得奖励。

（四）具有权威性

学分评价是否能发挥作用一方面取决于它设计得是否合理；另一方面取决于它执行得是否严格。各级主管人员特别是上层主管人员要严格遵守程序。维护学分评价的权威性。比如：主管小翼想要对当前销售意愿较低的问题进行专项攻坚，向经理提出想法后制定了一套学分激励方案，同样需要通过学分委员会进入审核流程，审核后方可执行。

（五）具有时效性

通常在绩效考核中，偏重对员工业绩结果的考评，但学分体系就能很好的结合员工的工作表现、行为及时给予奖励及肯定。比如：小天的绩效分数一直处在团队中下游，但平时在工作中表现非常积极，乐于参与各类活动。在修养好、身体好方面取得了不少学分。学分评价体系对员工行为类的考评、激励让员工保持良好的工作积极性。

二、学分评价体系的组织架构

学分管理需要设置专门的标准委员会，负责统一制定、协调、审核、发布程序及其他管理标准的监督实施，由企业中高层管理者兼任委员会负责人。

（一）人员配置

组建学分委员会虚拟团队，需要配置一名负责人、1～2名管理员、每一个部门（模块）至少有一个专员，负责学分事项的接应、落地，明确工作职责及奖励。

（二）工作职责

建立学分委员会进出入机制及对应奖励考核办法。公开对学分管理员、学分委员会成员进行竞聘。

学分管理员工作职责		
基础分	1. 熟知学分管理办法、奖励机制、方案申请流程等基本内容，并做好宣传、引导等工作	15 分
常规工作	2. 每月学分汇总、分析、学分情况审核、上挂	25 分
	3. 组织每月学分讨论分享会，并整合相关讨论材料	20 分
	4. 做好学分优化意见收集、分析，提前做好学分优化讨论会议相关材料准备	10 分
	5. 做好学分委员会成员日常管理情况考核打分的汇总及奖励申报	10 分
其他	6. 牵头做好学分兑换活动的相关工作安排（抢购等小型兑换 10 分、全员年中兑换活动 20 分，年底大型兑换活动 30 分）	10 ~ 30 分
	7. 主动配合上级交代的其他临时工作（如无不加分）	10 分

学分管理员工作职责

学分委员会考核规则		
基础分	学分委员会成员必须熟知学分管理办法、奖励机制、方案申请流程等基本内容，如出现宣贯时对管理办法转达失误，给予每次 10 分的扣分处罚	40 分
常规工作	准时参加会议	10 分
	按时提交学分汇总清单（如有特殊原因需主动说明）	20 分
其他	积极参与学分兑换活动的讨论、兑换、采购等工作	20 分
	主动配合上级交代的其他临时工作（如无不加分）	10 分

学分委员会考核规则

注：低于 60 分给予警告一次，连续 3 月低于 60 分视为主动退出学分委员会

三、学分评价体系的规划与预算

规划并不等于预算或预测。严格的讲，预算是将组织的既定计划转化为财务数据的形式，因此，预算只是规划过程的一部分。

（一）学分评价的项目规划

根据“10000 号”对员工关键行为和习惯的不同要求，结合团队文化情况，有所侧重，尤其是对于不同岗位的个性化需求设定，听取不同意见，对全年学分分块规划，统筹安排。

（二）学分额度的年度预算

学分投入的费用主要是用于学分兑换和学分管理团队奖励。根据“10000 号”财务预算情况，对学分所需费用按年统计总包额度，按照学分兑换的价值比例，测算全年总

的增量学分值，用于项目规划。比如一个500人的团队，如果投入每年10万元成本作为学分评价激励，从中测算各学分项可分配的占比，及人均学分的额度等。

四、学分评价体系的应用

结合各部门（模块）运营实际和员工行为导向的评价需求，理清学分评价想要达成的目标和目的，再从不同角度出发设定评价维度。

（一）学分体系适用对象：主管级以下人员。

（二）学分评价周期：月度、季度。通过对学分项目内容设定，结合日常运营、能力提升、劳动竞赛、工会活动等，在周期内为评优评先提供可量化的过程管控参考依据。

学分评价的三个维度：业绩好、修养好、身体好。

评价维度	序列	项目名称	项目内容
业绩好	A1	全能之星	绩效综合排名第一（ 普席6+高级能1+宽带1+夜服1+投诉1）
	A2	满意之星	前台：月接话3000以上，对客服不满意排名最低，5名； 投诉：满意度排名第一，接触率43%以上，1名
	A3	进步之星	每月进步之星（按照平衡积分排名提升情况，上月月度基数高于65以上）每个责任单元取1名 （ 普席6+高级能1+宽带1+夜服1+投诉1）
	A4	接话之星	话务量最高排名取前3名，话务量不低于3500（9月－次年2月3400）
	A5	销售之星	销售明星：每月各项产品营销积分总和最高，前5名，5分 每月单项重点产品：100M以上宽带新装、续包、天翼高清，按发展有效营销量排名各取1位，共3名（不与销售之星重复见奖）取3名，3分
	A6	工单量之星	每月工单量最高，投诉处理、宽带专席、销售专席各取1名
	A7	最佳现场支撑	根据求助量、收集反馈条数、满意度三项指标分值排名；取1名
	A8	劳动竞赛	劳动竞赛：各指标负责人根据中心运营情况，制定劳动竞赛，提交学分委员会审核，【季度团队人均不超过3分（正常在岗），个人最高不超过6分】
修养好	B1	在岗学习A	当年度获得，凭有效证件到综合支撑登记（初／中／高）
	B2	在岗学习B	在岗学习，获得本科学历，凭有效证件到综合支撑登记
	B3	活动演出	为各级活动担任其他支撑／礼仪、演出（具体奖励以活动方案为准）
	B4	技能竞赛	省公司、市级／管局、集团／省级各类比赛入围
	B5	党政工团	参加中心／分公司／省公司及以上各级各类党政工团活动获奖一、二、三、优秀奖
	B6	文体竞赛	代表中心参加各类文艺汇演或体育竞赛获奖，根据奖项重要等级（一、二、三等奖）
	B7	好人好事	出现好人好事等经确认根据贡献值计分（包括但不限：植树扫墓、扶孤助学、捐款捐物献血、省市县济难解困互助活动等公益事业）
	B8	志愿者	志愿者活动根据活动内容难易、时间安排等进行给予奖励不足2小时内给予1分，半天时间2分，全天候需安排参加的给予3分（封顶3分）
身体好	C1	社团活动	中心、社团不定期组织活动，对积极参与活动者见奖（具体奖励以活动方案为准）（重大、有主题的活动0.2分/0.3分/0.5分／次）

学分体系的应用

（三）学分按照设置的评价维度不同，奖励的周期会有所不同，按照每月进行清算和分析，对于各学分项目的得分异常情况要及时预警。

（四）学分申请流程审核机制：学分评价项除了常规的项目外，还有根据不同运营目标，开通的学分方案审批流程。比如：劳动竞赛就是在总盘学分中的一个分支。每个部门（模块）根据自身情况和每月、每季度需要攻坚的重点目标制定具有针对性的专项提升计划，发起学分委员会小组进行审核。

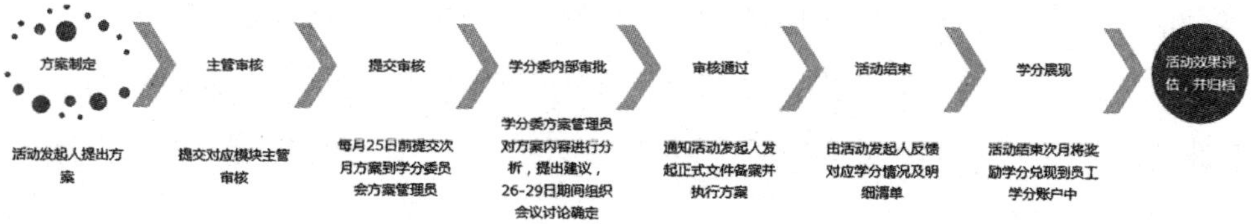

学分审核流程

五、学分的兑换流程

学分兑换奖励可以分为物质激励和精神激励两个层面，即体现员工关爱，又对员工晋升发展发挥作用。它包含了物质激励手段，物质激励的重要性是显而易见的。

（一）学分兑换的形式

根据员工的年龄、需求设定兑换形式，关键是把握好总体的统筹与规划。比如：小万通过一年的努力，获得学分 300 分，排名占公司的前 20%，年底公司推出线上兑换活动，为排名前 20% 的员工提供学分兑换定向申请通道，兑换大奖包括了带薪国内疗休养、价值 5000 元的健身年卡、省级以上优秀培训项目参培资格等。通过兑换申请、摇奖的方式，小万得到了国内疗休养的机会。此外结合小万的业绩考核、学分评价、上级评价等几个维度，他被评为年度三好员工的奖项，在年终奖发放的奖励系数中有额外加成。

兑换形式		兑换方式
物质激励	实物兑换	日常兑换、节假日抢购、年度兑换（根据意愿调查）
精神激励	培训机会	每年企业提供了能力提升的外部培训资源，未在培训对象序列中的员工，还可以通过学分兑换参培机会
	特权兑换	兑换休息日、高价值礼品抢购权（学分排名前 X 位）、岗位竞聘优先录取（同等条件下，参考学分）、荣誉的优先推荐（同等条件下，参考学分）
	疗休养	国内游

学分兑换形式

（二）学分的评价作用

如果在意愿调查中加入代金券、或者可以直接与货币画上等号的商品，不难发现绝大部分的员工会选择这样的兑换方式。但是这样做很容易让人产生学分就是钱的印象。我们在使用学分评价体系的运用过程中需要避免学分与钱画上等号，因为学分首先是服务于评价的。

（三）学分兑换的渠道

根据不同条件，学分可以分为线上兑换和线下兑换两种方式。线上兑换：开发 App、论坛、微信公众号多种渠道嵌入学分兑换、学分查询等内容，支撑线上自助式学分兑换、抢购等。线下兑换：主题兑换活动、“购物”节、“游园会”等，既能营造气氛，又能体现游园“购买”乐趣。

学分体系是评价体系的组成部分，它的构建完善了对企业员工的评价维度，它所具有的灵活性、导向性、针对性、权威性、时效性特点使其在工作能力、工作态度和职业素养等多方面的表现提供评价依据。学分兑换带来的满足感使其精神激励方面发挥着重要的作用，完善分配机制，留住人才。它对于团队成员的意识引领起着举足轻重的作用，符合企业高效的经营管理目标。

□ 第五节：荣誉体系

荣誉，是社会组织对一个人基于其某方面突出表现或贡献而作出的正式且积极的评价，是民事主体依据自己的模范行为而取得的社会组织的评价，而不是自然产生的。荣誉可以让个人因意识到这种肯定和褒奖而产生道德情感，就是我们通称的荣誉感。

对于企业来说，荣誉体系是企业文化内涵的体现，主要是向员工宣贯企业文化以及企业的价值观，通过该体系鼓励员工在工作以及生活上积极向上，努力实现自己的人生价值。因此，搭建一个制度完善且导向明确的荣誉体系是极其重要的。

一、万号大学荣誉体系建立的意义

随着经济的快速的发展，互联网大潮的来临，就业机会与创业机会越来越多，加上“90后”“00后”也逐渐登上社会的舞台，员工对于工作的要求也开始提高。这让企业必须具有深厚的企业文化加上人性化的管理。而优秀的企业需拥有一套完善的荣誉体系，来肯定员工的劳动成果和价值，提高员工对企业的认同感与归属感，为企业创造更多的价值。呼叫中心是目前较为年轻的行业，具有一定的特殊性，因此决定了荣誉体系建立的必要性。

（一）万号大学作为一个年轻态的呼叫中心，员工年龄层普遍偏低，现阶段员工平均年龄在 25 岁左右，大部分为“80 后”“90 后”员工，个人意识较强，对自我实现的需求较大，而荣誉正是自我实现最大的体现。

（二）总体来说，呼叫中心的流动性较大。根据研究表明，呼叫中心行业内每年的离职率高达 30% 以上，（摘自论文网：降低呼叫中心客服人员离职率的用人策略），万号大学也同样面对这样的问题。这对企业的成本控制有着较大的影响，因此更需要激励效果长效化的方法来留住员工。而较为完善的荣誉体系，能持续的对员工进行激励，对企业员工的成长，以及提升员工的认同感都有巨大的作用。

（三）万号大学的工作是以团队为载体的，团队的荣誉感能提升员工对团队的责任感与归属感，从而增强团队的凝聚力，使团队合作的效益最大化。

二、万号大学荣誉体系建立的要求

为了建立多层次、广覆盖、重引导、可持续的员工荣誉体系，荣誉体系的搭建必须具备以下六个要素：

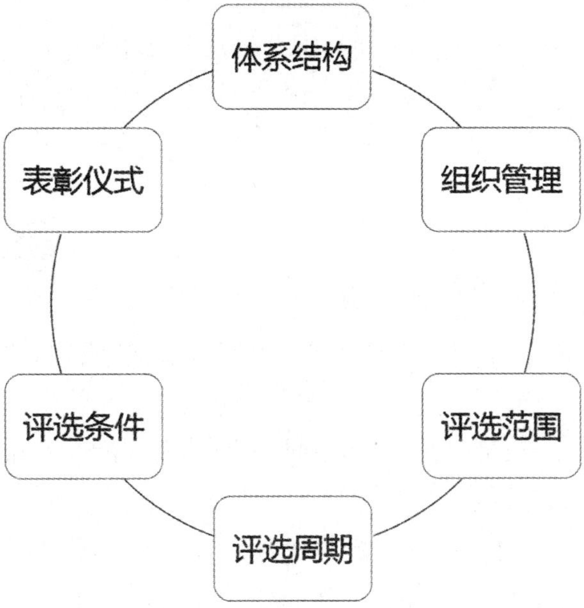

荣誉体系六大要素

三、万号大学荣誉体系

（一）荣誉体系的结构

分为外部荣誉和内部荣誉，再按照荣誉级别、类别分档。详见附件 1。

1. 外部荣誉：分为国家级、省部级、集团级、省公司级、市公司级，按照荣誉类型，每一级荣誉分别划分为综合类、专项类和专项任务类。

2. 内部荣誉：分为省 10000 级、分中心级，按照荣誉类型，每一级荣誉分别划分为综合类、专项类和专项任务类。

3. 地市级、县级地方政府或机构授予的荣誉分别比照省公司级、市公司级荣誉进行管理，不再另设层级。

4. 个别专业面窄、设计人员少、临时性的荣誉称号不在体系内，却有必要时再另行研究纳入。

附件 1：万号大学荣誉体系根据荣誉类别、级别分为以下档次：

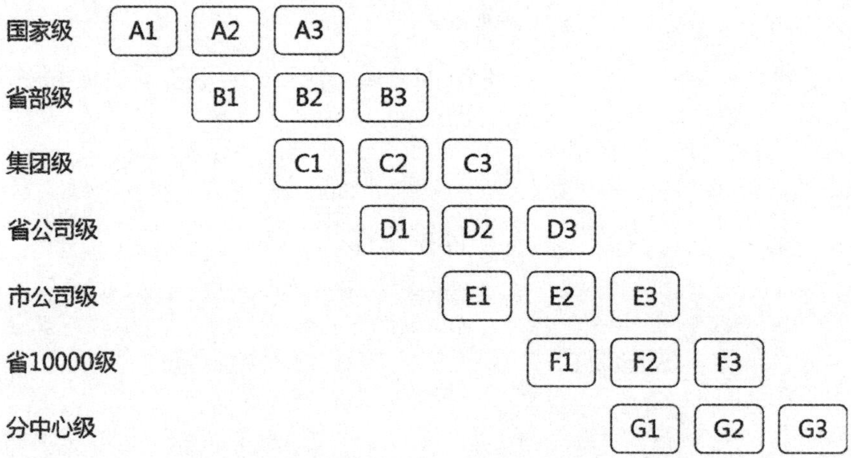

万号大学荣誉体系类别、档次

其中：1= 综合类荣誉；2= 专项类荣誉；3= 专项任务类荣誉

A 国家级荣誉

A1：党中央、国务院和中央军委授予的全国性综合类荣誉，包括劳动模范、全国科技大奖和全国抗震救灾英雄。

A2：国家相关部委以全国名义授予的专项荣誉称号，包括全国优秀共产党员、全国五一劳动奖章、全国五四青年奖章、中华技能大奖和全国技术能手等。

A3：国家相关部委以全国名义授予的专项任务类荣誉称号，包括全国三八红旗手、全国民族团结先进个人、全国巾帼建功标兵、全国青年技术能手和全国优秀工会工作者等。

B 省部级荣誉

B1：省部级政府授予的综合类荣誉称号，包括中央企业劳模和各省级劳模等。

B2：省部级政府相关部门以省部级政府名义授予的专项荣誉称号，包括省(中央企业)优秀共产党员、省五一劳动奖章、省五四青年奖章和省（中央企业）技术能手等。

B3：省部级政府相关部门以省部级政府名义授予的专项任务类荣誉称号，包括省三八红旗手、省巾帼建功标兵、中央企业青年技术能手等。

C 集团级荣誉

C1：集团公司授予的综合类荣誉称号，如中国电信集团劳模。

C2：集团公司相关部门以集团名义授予的专项荣誉称号，包括集团优秀管理者、集团优秀经营者、集团优秀共产党员、集团优秀共青团员、集团岗位创新能手，集团技术能手和集团劳动能手。

C3：集团公司相关部门以集团名义授予的专项任务类荣誉，包括在集团劳动竞赛等专项活动中涌现的先进个人，如集团营销先进个人、集团服务先进个人、集团维护先进个人等。

D 省公司级荣誉

D1：省公司授予的综合类荣誉称号，如浙江电信劳模。

D2：省公司相关部门以省公司名义授予的专项荣誉，包括省公司岗位创新能手、省公司技术能手、省公司劳动能手、省公司优秀管理者和优秀经营者等。

D3：省公司相关部门以省公司名义授予的专项任务类荣誉，包括在浙江电信劳动竞赛等专项活动中涌现的先进，如省公司营销先进个人、省公司服务先进个人、省公司维护先进个人等。

E 市公司级

E1：市公司授予的综合类荣誉称号，如市公司劳模。

E2：市公司相关部门以市公司名义授予的专项荣誉，包括市公司岗位创新能手、市公司技术能手、市公司劳动能手、市公司优秀管理者和优秀经营者等。

E3：市公司相关部门以市公司名义授予的专项任务类荣誉，包括在市公司劳动竞赛等专项活动中涌现的先进，如市公司营销先进个人、市公司服务先进个人、市公司维护先进个人等。

F 省“10000 号”级荣誉

F1:省“10000 号”授予的综合类荣誉称号,包括“10000 号”优秀管理者、“10000 号”优秀员工、“10000 号”优秀工作者。

F2：省中心以省“10000 号”运营中心名义授予的专项荣誉，包括金牌专家，服务明星，营销能手，岗位创新能手，万号大学优秀学员、万号优秀通讯员。根据集团或省公司评选项目的调整另行评选，以当年省中心下发的评选方案为准。

F3：省中心以省“10000 号”运营中心名义授予的专项任务类荣誉，包括专项形式开展的工作项目、劳动竞赛评选出的专项优秀个人，如 IM 劳动竞赛先进个人，具体以当年度省中心下发的全省“10000 号”级专项项目与劳动竞赛评选方案为准。

G 分中心级荣誉

G1：分中心授予的综合类荣誉，如分中心优秀工作者。

G2：分中心以中心名义授予的专项荣誉，包括分中心服务明星等。

G3:分中心以中心名义授予的专项任务类荣誉，由分中心根据中心实际情况自行细化。

(1) 组织管理

①外部荣誉:由荣誉颁发单位管理(如:党中央、国务院和中央军委、国家相关部委等)，省中心按照规定负责推荐。

②内部荣誉:省“10000 号”级由省中心负责评选及奖励，综合支撑组牵头负责管理。分中心级由分中心自行负责评选、奖励及管理。

(2) 评选范围

①外部荣誉的评选范围，根据荣誉颁发单位的相关要求确定。

②内部荣誉的评选范围按照荣誉类型划分如下：

荣誉类型	评选范围	
综合类荣誉	“10000 号”优秀管理者	省中心部室主任、分中心经理及副经理
	“10000 号”优秀员工	剔除参评“10000 号”优秀管理者之外的合同制员工，且当年年度考评优秀
	“10000 号”优秀工作者	所有代管外包人员，且当年年度考评优秀
专项类荣誉	所有代管外包人员	
专项任务类荣誉	所有代管外包人员	

万号大学内部荣誉评选范围

(3) 评选周期

①外部荣誉的评选周期及数量，根据颁发单位执行。

②内部荣誉评选的周期如下：省“10000 号”级综合类、专项类荣誉为年度评选，专项任务类根据专项任务周期进行评选。分中心级综合类荣誉为年度评选，其他荣誉分中心根据当地服务或运营情况，自行细化确定。

(4) 评选条件

①外部荣誉的评选要求：原则上按照荣誉颁发单位的相关规定执行。原则上申报和参加外部评选的人员，近三年内应获得过同类荣誉中的下一级荣誉或者同一级别中下一类别的荣誉。

例：万经理在 2018 年评选浙江省级劳模，需在 2015 年～ 2017 年中的任一年获得省优秀共产党员等或者市级劳模等荣誉。

②内部荣誉的评选要求：近三年内应获得过同类荣誉中的下一级荣誉或者同一级别中下一类别的荣誉。

例：小万在 2018 年评选分中心优秀工作者，需在 2015 年～ 2017 年中的任一年，获得过分中心服务明星等专项荣誉或者专项任务类荣誉，如：分中心服务明星、分中心 × 季度营销劳动竞赛先进个人等。

③综合类荣誉原则上要求近三年的年度考评均称职且至少一年优秀。

④专项任务类荣誉的评选对象，原则上应全程参加该项任务或在该项工作中做出突出贡献。

具体以当年度下发的评选通知为准。

(5) 表彰仪式

针对内部荣誉，万号大学在荣誉表彰时，非常注重表彰的形式与表彰的工具，尤其是在互联网的大形势下，近几年通过丰富的多媒体形式强化荣誉颁发的仪式感，给与精神上的鼓励，加深员工的归属感。

在荣誉表彰形式方面，万号大学一直秉承形式多样化的原则，一般以现场会以及互联网多媒体形式为主。现场会一般分为年度、半年度、季度与月度的表彰会，不同等级的荣誉应在不同的表彰会上进行表彰仪式，以保证荣誉与仪式的对等性，以及颁发荣誉的及时性。在较多的现场会后，会以互联网多媒体手段作为辅助工具，通过论坛、微信公众号、话务区电视大屏等宣传渠道，对员工的荣誉进行宣传，彰显员工价值。

为了强化表彰的仪式感，遵循正确的目标导向原则，避免表彰道具单一，万号大学在表彰工具方面也贴合了现在年轻员工的需求，除了常规的奖状、证书、奖杯、锦旗以外，近几年增加了鲜花、纪念品、图书、插画笔记本等表彰工具。但同时表彰工具也需要根据荣誉的等级、表彰的形式合理安排，以保证表彰仪式的协调性。

例 1：小万作为万号大学的新员工，在培训期间努力学习，各门成绩在班级中较为突出，因此在以现场会的表彰形式，在月度表彰会中颁发分中心月度优秀新员工，表彰工具为奖状与插画笔记本作为奖励。除了及时的肯定了小万为学习付出的努力之外，同时给新员工树立了标杆。

例 2：小万作为一个老员工，一直伴随着万号大学成长，是分中心话务量记录的保持者，为了肯定小万工作的成就，以现场会的表彰形式，在年度表彰会为小万颁发分中心接话量吉尼斯奖，表彰工具为奖杯与鲜花，表达了分中心对小万的重视，也凸现了小万工作的价值。

例 3：分中心 A 责任单元在 2018 年度各项指标排名前列，整体团队氛围积极向上，一年来为分中心创造了很多的价值，因此以现场会的形式，在年度表彰会上，对其团队进行表彰，表彰工具为流动锦旗与团队纪念品，并在话务区的电视大屏上进行滚动式播发。从精神上给与了较高的评价，同时振奋了整个团队的气势，也树立了团队的标杆。

（6）其他

①各级各类荣誉的评选程序，由组织单位和责任部门根据评选要求制定。省“10000号”级各类荣誉的评选程序，由省中心统一制定。分中心在中心内部的各类荣誉表彰评选活动中，需严格按照荣誉体系的规定和要求，自行制定评选、表彰、激励等方案，并报省中心审核备案。

②所有评选均确保程序规范，过程公开，结果公正，严格执行相关公告、公示等要求，评选出的员工典型应具有相应层级的代表性、示范性、先进性。

③省中心将根据省公司要求和“10000 号”内部发展的需要，不断丰富和完善荣誉激励体系。

□ 第六节：员工案例分享

万号传奇人物——小马，中心“拿奖王”。

小马，“10000 号”呼叫中心的一名优秀员工，她业务能力、表达能力、以及创新能力都非常强，曾揽获分中心、省级、集团级各大奖项，大家都笑说：小马是我们“10000 号”呼叫中心的“拿奖王”。她曾经获得的奖励跟荣誉拿出来可以堆成一座小山。是什么让她能够获得如此多的荣誉呢？她曾经在季度表彰会上说过三个感谢：

一、感谢“10000 号”呼叫中心 —— 提供平台，展示才能

小马说：“2010 年如果不是那么凑巧走进“10000 号”呼叫中心，也许自己就不会有这么多尝试的机会，也就不会发现自己身上的才能，而更加想不到这些才能所带来的荣誉。所以“10000 号”呼叫中心对我有知遇之恩，唯有更加努力予以报之。”

小马进入“10000 号”呼叫中心已是第八个年头，从前台客服、前台班长、投诉处理员到投诉班长，另外还是兼职培训师及省级体验师。小马从经常犯错的菜鸟，通过自己的努力跟毅力熬成了前台班长。但是因为身体原因小马转岗至后台成为了一名投诉处理员。原本以为，自己的职业生涯也就到头了，没想到“10000 号”呼叫中心又给她开启了另外一扇窗，让她去尝试兼职培训师，没想到就这么成功了，还让其负责投诉组的培训。这让原本已经没有冲劲的她，再一次燃起了斗志，也找回了以前的自信。

从此之后，“10000 号”呼叫中心的各项比赛或是活动中你都能看到小马的身影。万号好声音、万号朗读者、培训师 PK 大赛、喜迎十九大展青春风采朗诵比赛、集团案例比赛、省投诉技能大赛、小微创新等，只要是符合条件参加的，小马都会去尝试，不知不觉中，小马获得的奖励越来越多，在“10000 号”呼叫中心也成了风云人物。

小马的话很朴实却触动人心，但凡跟小马有同样经历的人都能引起共鸣。“10000 号”呼叫中心的魅力在于：它给所有人提供多样化的平台；它给所有人尽情展现自己才能的机会；它给所有有才能的人“鼓励”。

二、感谢“10000 号”团委—— 提供机会，挖掘能力

2017 年，因为小马的组织协调能力、活动策划能力、艺术表现能力，她成功进入了“10000 号”呼叫中心团委。一进入该团队就接手了运动会开幕式主持一角，小马凭借自己标准的普通话、动听的声音，良好的台风以及超乎的控场能力给大家留下了深刻的印象。

之后，小马被分配到年末感人事迹情景剧的导演工作，刚开始接到这个通知时，小马非常的担忧，这是全省的表演，马虎不得，自己之前在这方面也没有什么经验，也没有导演方面的经历，所以很不自信。但小马没有退缩，剧本改了一遍又一遍，选角色也是斟酌了再斟酌，在舞台上的表演她更是要精益求精，最终在现场表演，看到观众感动地流泪，她的这颗心才落下。

经过了这次导演经历，小马发现了自己在编排舞台剧的才能，下次再遇到这种情况，她肯定不会再怕了。

三、感谢自己的团队—— 提供支撑，鼓励发展

当然，小马的成绩离不开她团队对她的支撑跟支持，她的直属主管一向秉承因材施教这句话，她了解自己员工的性格跟才能，鼓励员工去自己擅长的领域展示才华。小马的团队非常和谐温馨，有成员比赛，但凡能去现场加油的，都会派代表去帮忙加油，如果不能去现场的，也会通过其他方式给予鼓励跟祝福。

小马在参加万号朗读者决赛时，她刚上台就看到会场的最后刚冲进来的小伙伴们，在对着她喊口号加油，让她瞬间幸福感爆棚，顺利拿下第一。小马在省里参加培训师 PK 赛时，一早收到了小伙伴们发来的祝福信息，说预感她可以拿第一，这给了她很大的信心，最终她真的拿了一个一等奖回来。小马第一次做直播授课时，紧张到不行，团队的很多小伙伴登入直播在互动平台不停地鼓励她，安抚了她那颗快跳到嗓子眼的心。

正因为处在这样的团队里，每天上班都很欢乐，你可以看到自己一天天的进步。所以，小马对自己的团队充满了感激。

小马只是“10000 号”呼叫中心里的一位员工，她所体现的也仅仅只是“10000 号”呼叫中心的一部分成绩。小马的故事告诉我们：“10000 号”呼叫中心不缺资源不缺平台，只要你有一颗坚定的心，你就可以在这里自由翱翔，找到更加优秀的自己。

[附录："iCustomer 好客之道"客服成长系列课程]

好客之道 (iCustomer) 是客户世界机构 (CCM WORLD GROUP) 旗下流媒体平台，定位为客户管理轻学院。为了更好地藉由互联网技术的发展和交互手段的变化，使传统的内容产品实现多媒体化、互联网化、实时互动化等形式而特别推出。同时基于《客户世界》纸介质媒体、"好客会" O2O 会员俱乐部、"客户世界研究院"线下培训、由客户世界机构组织的线下会议等交流方式而整合而成的线上会员交流平台。以实现网刊互动、线上线下互动的多维度会员交流体系，搭建行业领域内优质资源整合的平台，打造健康客服行业生态圈。

探讨分享客户中心各阶层管理者感兴趣的话题，节省掉高昂的培训费用及大量时间成本，在"互联网 +"的热潮中真正享受免费的专业培训，与行业大咖零距离交流，全面接收行业前端资讯，深度学习客户中心管理的精髓，让更多从业者健康快速成长、获益并享受于服务工作之中。

课程定位：

"客服成长系列"在线课程的目标受众为客户中心一线操作员工和基层管理者。其目的是系统全面地对相关受众进行客户中心管理知识体系的梳理和专业操作能力提升的训练。以帮助客户中心行业的相关运营机构快速培训人才并提供长期持续的在岗辅导训练和在线交流和答疑。

适合对象：

本系列课程适合以职业学校或社会招聘的途径进入客户中心工作的相关从业者，重点帮助他们快速融入客户中心的工作氛围和业务团队，熟练掌握相关的专业技能和管理基础能力，逐步训练成长为掌握一定基层管理能力并能够充分胜任客户中心高级操作岗位的熟练员工。

课程体系

本系列课程按照员工进入客户中心后的主要工作阶段及该阶段主要面临的问题和亟待掌握的知识 / 技能进行内容的组织，主要分为如下 3 个阶段课程：

阶段课程	课程内容	核心任务
破茧计划	基础技能 服务技能 心理健康	适合客户中心新晋员工（入职 1 ~ 6 个月员工） 帮助新晋员工快速掌握客服基础服务技能和应对客服工作压力的心理情绪平衡方法，同时具备基本的自我管理能力
蜕变计划	服务技能 自我管理 心理健康	适合客户中心成熟员工（入职 12 个月以上员工、投诉处理 & 高级技能座席） 帮助成熟员工掌握服务沟通技巧、具备一定程度的自我管理意识，以及具备应对投诉方面的心理情绪平衡能力
成龙计划	管理技能 辅导技能	主要针对团队标杆、储备管理人才的自身领导能力和辅导能力的培养，使其具备带领团队的基本管理以及辅导能力

□ 第一阶段课程：破茧计划

适用阶段：

适合客户中心新晋员工（入职 1 ~ 6 个月员工）

破茧计划课程简介：

课程包括基础技能、服务技能、心理健康三个板块，帮助新晋员工快速掌握客服基础服务技能和应对客服工作压力的心理情绪平衡方法，同时具备基本的自我管理能力。

阶段课程	课程类型	课程名称
破茧计划	基础技能	打造良好行为习惯
		打造好声音
	服务技能	服务中的硬规定
		倾听用户心声
		说用户听得懂的话
	心理健康	学校到企业的心态改变
		态度决定心态
		面对压力如何应对

破茧计划课程介绍：

类型一：基础技能

课程 1：打造良好行为习惯

主要内容：帮助新员工了解公司对员工行为修养上的要求，争做"业绩好、修养好、身体好"的三好员工。

课程 2：打造好声音

主要内容：解决在服务过程中，要掌握什么样的发声技巧才能使用户听了舒服，客服嗓子不累。

类型二：服务技能

课程 1：服务中的硬规定

揭开电话服务的面纱，逐步对标服务标准和服务底线。

课程 2：倾听用户心声

解决服务过程中，由于客服倾听不到造成答非所问的问题。

课程 3：说用户听得懂的话

正确把握用户诉求后，要具备换位思考的能力，使用用户听懂的语言来交流。

类型三：心理健康

课程 1：学校到企业的心态改变

初入职场，新员工要从学校式的被动学习和应试文化逐步向主动学习转变，提升学习力。

课程 2：态度决定心态

帮助新员工建立积极的心态和正向的看待问题理念。

课程 3：面对压力如何应对

当压力出现时，可以技巧性的释放压力，变压力为动力。

□ 第二阶段课程：蜕变计划

适用阶段：

适合客户中心成熟员工（入职 12 个月以上员工、投诉处理 & 高级技能座席）

蜕变计划课程简介：

课程包括服务技能、自我管理、心理健康三个板块，帮助成熟员工掌握服务沟通技巧、具备一定程度的自我管理意识，以及具备应对投诉方面的心理情绪平衡能力。

阶段课程	课程类型	课程名称
蜕变计划	服务技能	缔造优质服务体验
		有温度的投诉服务
		服务即营销
	自我管理	忠诚品质的价值
		治理拖延症
	心理健康	应对投诉的心理准备

课程介绍：

类型一：服务技能

课程1：缔造优质服务体验

解说优秀客服提供的优质服务的标准。

课程2：有温度的投诉服务

罗列典型的投诉处理场景，帮助员工掌握应对技能。

课程3：服务即营销

解决服务和销售的关系问题，做一名为企业创收的理财专家。

类型二：自我管理

课程1：忠诚品质的价值

优秀的员工必定具备忠诚的品质，帮助员工建立忠诚品质。

课程2：治理拖延症

帮助员工学会时间管理，告别拖延症。

类型三：心理健康

课程1：应对投诉的心理准备

要想成为投诉问题解决专家，需要先在心理上和理念上做转变，正确地看待用户的"怒气"。

□ 第三阶段课程：成龙计划

适用阶段：

适合客户中心团队标杆

成龙计划简介：

课程包括管理技能和辅导技能，主要针对团队标杆、储备管理人才的自身领导能力和辅导能力的培养，使其具备带领团队的基本管理以及辅导能力。

阶段课程	课程类型	课程名称
成龙计划	管理技能	如何带团队的士气在
		打造高效执行力
		员工健康模型
	辅导技能	员工面辅怎么做
		掐断式录音分享怎么做
		班组会怎么开

成龙计划课程介绍：

类型一：管理技能

课程 1：如何带团队的士气

帮助团队带头人建立管事先管人的理念。

课程 2：打造高效执行力

从团队带头人自身和团队成员两个维度，针对团队带头人通病，说明执行力提升关键点。

课程 3：员工健康模型

解决唯指标衡量员工能力难题，提倡全面性评价员工，并介绍几款员工健康模型。

类型二：辅导技能

课程 1：员工面辅怎么做

消除团队带头人在面辅过程误区，提高面辅效率。

课程 2：掐断式录音分享怎么做

解构高效率的录音分享方式，帮助员工更针对性的提升能力。

课程 3：班组会怎么开

解构高效率的录音分享方式，帮助员工更针对性的提升能力。

本系列课程学习方式：

为了方便客户中心从业者们学习本系列课程，除了在"好客之道"官网以及微信公众号开放学习通道外，还为大家开通了其他网络课程渠道，例如：网易云课堂、腾讯课堂、跟谁学，直接登录所属网站账号，搜索"客服成长系列"即可，或直接采用学习方式信息，随时随地，随学随用。

通过"好客之道—客户管理轻学院"网站（iCustomer.org ）进行全课程在线学习；

通过"好客之道"官方微信公众号：icustomer-family，关注后选择"好客官网"，选择本系列课程，即可在移动端进行全课程在线免费学习。

后 记

“客服”两个字很简单，自古以来，有“客人”就有“服务”。服务的根和源就是要追求客人的满意度。无论时代怎么变；无论技术怎么提升；无论产品怎么创新，服务永远离不开满意度。近几年来，移动互联网带动人类社会凡百一新。新时代下，新零售、新金融、新技术带动新兴企业层出不穷。但是，随之而来的各种客服问题也屡见不鲜，这些企业面对突发事件、紧急事件、服务事件完全不知如何应对，或者应对仓促、草率，后遗症不断。客服必须根植在一个企业的基因里面，什么样的种子长出什么样的花朵。这就要从制度和运营的全局去寻找问题。

编写此书的过程，也是一个自身总结提高的过程。随着时间的推移，无论是传统行业还是新兴互联网行业，其客服中心日益成为企业的核心部门，也同样随着社会的进步、企业的发展向着人工智能的方向演进。“万号大学”同样不例外。编写此书的同时，人机协作互动的新体系正在“万号大学”内部逐渐形成。未来，一个由机器人承担大量辅助性、重复性工作，融合各种碎片式社交渠道，汇通全部通信专业能力的，覆盖所有政企、商业、个人客户的客服中心正在形成。这个客服中心是“全智能、全渠道、全客服、全专业”的，是更加关注人性因素，关注员工获得感、幸福感、成就感的新型企业。

感谢“万号大学”同仁们悉心总结创造的运营经验！

感谢社会各界和行业朋友的关注和支持！

感谢为本书出版做了大量具体工作的赵溪先生及客户世界团队！

作者

2018 年 11 月